Eine Arbeitsgemeinschaft der Verlage

Böhlau Verlag · Wien · Köln · Weimar
Verlag Barbara Budrich · Opladen · Farmington Hills
facultas.wuv · Wien
Wilhelm Fink · München
A. Francke Verlag · Tübingen und Basel
Haupt Verlag · Bern · Stuttgart · Wien
Julius Klinkhardt Verlagsbuchhandlung · Bad Heilbrunn
Mohr Siebeck · Tübingen
Nomos Verlagsgesellschaft · Baden-Baden
Orell Füssli Verlag · Zürich
Ernst Reinhardt Verlag · München · Basel
Ferdinand Schöningh · Paderborn · München · Wien · Zürich
Eugen Ulmer Verlag · Stuttgart
UVK Verlagsgesellschaft · Konstanz, mit UVK/Lucius · München
Vandenhoeck & Ruprecht · Göttingen
vdf Hochschulverlag AG an der ETH Zürich

Ruth Großmaß / Gudrun Perko

Ethik für soziale Berufe

Ferdinand Schöningh

Die Autorinnen:

Ruth Großmaß ist Philosophin und als Hochschullehrerin an der Alice Salomon Hochschule in Berlin tätig. Sie unterrichtet das Fach Ethik im Studiengang Soziale Arbeit, in den Erziehungswissenschaften sowie in einigen der neuen Gesundheitsstudiengänge. Die Verknüpfung ethischer Fragen mit den Anforderungen der beruflichen Praxis ist ihr aus langjähriger beruflicher Erfahrung in Beratung und Supervision vertraut und zugleich eine immer wieder neue Herausforderung in der Begleitung von Studierenden in der Praxisphase.

Gudrun Perko ist Philosophin und diplomierte Sozialarbeiterin. Sie arbeitet als Wissenschaftscoach, Mediatorin und freiberufliche Trainerin in der Erwachsenenbildung. Z. Z. ist sie Gastprofessorin an der Fachhochschule Potsdam für den Themenbereich Gender und Diversity Management (im Fachbereich Sozialwesen). Sie unterrichtet die Fächer Gender, Queer, Diversity und Ethik.

Online-Angebote oder elektronische Ausgaben sind erhältlich unter **www.utb-shop.de**

Bibliografische Information der Deutschen Nationalbibliothek

Die Deutsche Nationalbibliothek verzeichnet diese Publikation in der Deutschen Nationalbibliografie; detaillierte bibliografische Daten sind im Internet über http://dnb.d-nb.de abrufbar.

Gedruckt auf umweltfreundlichem, chlorfrei gebleichtem und alterungsbeständigem Papier ⊗ ISO 9706

© 2011 Ferdinand Schöningh, Paderborn
(Verlag Ferdinand Schöningh GmbH & Co. KG, Jühenplatz 1, D-33098 Paderborn)

Internet: www.schoeningh.de

Printed in Germany.
Herstellung: Ferdinand Schöningh, Paderborn
Einbandgestaltung: Atelier Reichert, Stuttgart

UTB-Band-Nr: 3566
ISBN 978-3-8252-3566-6

Inhaltsverzeichnis

1. Einleitung

In vielen öffentlichen Diskussionen tauchen heute Fragen nach Ethik oder ethischen Entscheidungen auf, z. B. hinsichtlich der medizinischen Versorgung sterbender Menschen bzw. bei machen Forschungsprojekten der „Lebenswissenschaften" oder wenn besorgt über Klimaschutz oder technologische Entwicklungen gesprochen wird. Auch in den sozialen Berufen gewinnt Ethik zunehmend an Bedeutung – dabei geht es jedoch um mehr als den allgemeinen gesellschaftlichen Trend. Ethik und damit die Fragen, welche Prämissen einem professionellen moralischen Handeln zugrunde liegen, wie ethisch reflektierte Entscheidungen getroffen und professionell moralisch gehandelt wird, bildet die Matrix sozialer Berufe. Allerdings wurde erst mit der Theoretisierung der sozialen Berufe (Soziale Arbeit, Pflege, Mediation etc.), mit der Einbeziehung von sozialwissenschaftlichen Grundlagen und seit der Akademisierung der Ausbildung an (Fach)Hochschulen die Frage der Ethik ausdrücklich zum Thema gemacht und als Ausbildungsgegenstand in die Studiengänge einbezogen. Dabei wurde Ethik zu Recht an den meisten Ausbildungsorten als eigener Bestandteil des Curriculums verankert.

In Diskussionen über Ethik, die zwischen Studierenden oder Praktiker_innen geführt werden, entsteht jedoch nicht selten der Eindruck eine so ausdrückliche Beschäftigung mit Ethik sei gar nicht erforderlich: Alle wissen Bescheid, jede_r weiß mitzureden bei moralischen Belangen, es bedarf keines zusätzlichen Wissens, wenn es um die richtigen moralischen Entscheidungen und Handlungen geht. Verknüpft damit ist nicht selten die Auffassung per se moralisch zu handeln, weil soziale Berufe an sich ethische Berufe sind. In einer beruflichen Welt, in der Menschen unterschiedlicher moralischer Haltungen und mit unterschiedlichen Vorstellungen über das moralisch Richtige aufeinander treffen, trägt eine solche Haltung nicht. Es ist erforderlich, sich auszutauschen und zu begründeten Entscheidungen zu kommen. Ethik gewinnt in sozialen Berufen erst dann an Gehalt und bekommt erst dann eine produktive Form, wenn die Wichtigkeit argumentativer Begründung ernst genommen wird, die über die einzelne persönliche Meinung und das Gefühl der je Einzelnen hinaus reicht. Wie können wir moralische Handlungen ethisch so begründen, dass sie auch anderen (den Adressat_innen, den Kolleg_innen etc.) als solche erscheinen?

Das vorliegende Lehrbuch greift diese Frage auf und wendet sich mit praxisbezogenen Überlegungen und ausgewählten philosophischen Konzepten an Studierende und Praktiker_innen der sozialen Berufe. „Soziale Berufe" werden dabei nicht als eine geschlossene Disziplin verstanden; die Bezeichnung wird vielmehr für die Professionen und beruflichen Tätigkeiten verwendet, die sich dadurch charakterisieren lassen, dass mit Menschen gearbeitet wird: Sozialarbeit und Sozialpädagogik, Ergotherapie und viele Bereiche der Pflege, Erwachsenenbildung und Frühpädagogik, Beratung und Supervision, Mediation und Coaching – all diesen Berufen ist gemeinsam, dass ihr fachliches Handeln *im Kern* aus Interaktionen mit anderen Menschen bzw. aus Interventionen in soziale Beziehungen besteht. Aus dieser Gemeinsamkeit ergibt sich – trotz der im einzelnen unterschiedlichen fachlichen Expertise der einzelnen Berufe – dieselbe Anforderung an die ethische Reflexion des beruflichen Handelns. Wenn wir professionell mit Menschen arbeiten, dann reicht „meine" Meinung und „meine" Haltung – wie gut ich es immer auch meinen mag – nicht aus, um professionell moralisch zu handeln. Im Zusammentreffen der beteiligten Akteur_innen, ihrer divergierenden Meinungen und unterschiedlichen Moralkodexe, angesichts der verschiedenen Bedürfnisse und Vorstellungen sind wir gefragt, über den eigenen Tellerrand hinauszusehen und das, was in der Philosophie mit dialogischem Denken, Perspektivenvielfalt und Perspektivenwechsel beschrieben wird, im beruflichen Alltag umzusetzen. Dies umso mehr als die sozialen Berufen durch ein asymmetrisches Machtverhältnis zwischen Professionellen und Adressat_innen gekennzeichnet sind.

Das vorliegende Lehrbuch greift die hier existierende Komplexität auf und plädiert für ein Ethical Reasoning, für ein Nachdenken über ethische Dimensionen der sozialen Praxis und für ein moralisches Handeln, in dem Abstand davon genommen wird, ausschließlich das eigene Ich oder die eigenen kulturellen Werte ins Zentrum der Überlegungen und Handlungen zu stellen. Die Einbeziehung anderen Denkens, Fühlens, anderer Bedürfnisse und anderer Wertvorstellungen, das Einnehmen möglichst vieler Sichtweisen verknüpft sich in sozialen Berufen mit dem direkten Dialog. Fragen und – im tiefen Sinne des Begriffes Dialog – reflektierendes und aktives Zuhören stehen an erster Stelle. Da, wo ein direkter Dialog z. B. wegen körperlicher oder psychischer Gegebenheiten nicht angemessen möglich ist, greifen wir auf Methoden z. B die des Biografischen Arbeitens zurück, wir beziehen das Umfeld von Adressat_innen ein, und streben an, uns vorzustellen, was die andere Person wollen könnte. Gerade die Praxis des Dialogischen kommt dann zu kurz, wenn – was nicht selten geschieht – der kategorische Imperativ Kants als „goldene Regel" verstanden wird. Im beruflichen Alltag wird dann pragmatisch operiert mit: „Was du nicht willst, dass man dir tut, das füg auch keinem andern zu." Neben der damit vorgenommenen Banalisierung des kategorischen Imperatives blendet diese Form der „goldene Regel" alle ethischen Überlegungen aus, die uns motivieren können *zugunsten* der Anderen zu handeln: Denn, woher weiß ich, ob der Andere dasselbe will wie ich? Ethical Reasoning rückt das Interesse am Anderen ins Zentrum – ohne das eigene Ich aufzugeben. In diesem Lehrbuch plädieren wir dafür, dass das Ich – auch das professionelle Ich – nicht die letzte und nicht die einzige Grundlage einer Ethik sein kann, dass es aber trotzdem Verantwortung – und in Bezug auf soziale Berufe professionelle Verantwortung – übernimmt.

Es werden Werkzeuge erarbeitet und zur Verfügung gestellt, mit deren Hilfe ethische Entscheidungen und moralisches Handeln diskutiert und begründet werden können. Dazu werden philosophische Theorien und Konzepte an Hand von zentralen ethischen Kategorien (Gerechtigkeit, Anerkennung, Verantwortung und Care) dargestellt. Dies ist nicht mit dem Anspruch – man könnte auch sagen der Anmaßung – verbunden, dass wir als „Ethikexpert_innen" Handlungsanweisungen für die Praxis in sozialen Berufen geben könnten. Vielmehr steckt darin die Einladung an alle Professionellen, über ethische Fragen und über moralisches Handeln nachzudenken. Ethik ist immer wieder neu gefragt in einer Welt, in der sozial-gesellschaftliche Ungleichheiten, Diskriminierungen und Exklusionen keine Ausnahmen sind, wie uns auch empirisches Datenmaterial vor Augen hält, sondern alltägliches Geschehen auf individueller wie institutionell-struktureller Ebene.

Das Lehrbuch ist in vier Kapiteln gegliedert, die nicht unabhängig von einander sind, sondern auf einander aufbauen und verweisen. Jedes Kapitel ist jedoch so konzipiert, dass es auch einzeln gelesen werden kann. Das Sachregister hilft, wichtige Definitionen oder vorausgesetzte Bedeutungen aufzufinden.

Der erste Abschnitt (Kapitel 2) klärt die für das Ethical Reasoning wichtigen begrifflichen und theoretischen Voraussetzungen. Die sozialen Berufe werden als Produkt gesellschaftlicher Transformation aufgezeigt, ihre historische Eingebundenheit und historische Veränderungen werden diskutiert. Hierzu gehört auch, die Notwendigkeit ethischer Reflexion professionstheoretisch zu erklären. Im Anschluss werden die philosophischen Grundlagen und Begriffsbestimmungen von Ethik, Moral, Ethos eingeführt sowie die Frage aufgegriffen, ob es ein verbindliches Berufsethos geben soll. Abschließend wird das Verhältnis von Theorie und Praxis in seinem Spannungsfeld diskutiert, wie es sich in ethischen Entscheidungen und im moralischen Handeln der sozialen Berufe zeigt.

Im Mittelpunkt des zweiten Abschnitts (Kapitel 3) steht die Frage, wie sich ethische Kompetenz erwerben lässt. Moralische Gefühle und Intuitionen werden eingeordnet und die Bedeutung des moralischen Urteils erörtert. Es folgt die Einführung des Ethical Reasoning als Verfahren, das in die in sozialen Berufsfeldern üblichen Fallkonferenzen und Teambesprechungen einbezogen werden kann. Auch der Stellenwert ethischer Überlegungen für Supervisionsprozesse wird thematisiert.

Der – vom Umfang her größte – dritte Abschnitt (Kapitel 4) stellt Theorien aus der philosophischen Ethik dar. Auswahlkriterium ist deren Relevanz für die Ethik der sozialen Berufe. Zunächst wird die Bedeutung von Gerechtigkeit, Anerkennung, Verantwortung und Care dargestellt sowie begründet, inwiefern diese als zentrale ethische Prämissen und Reflexionskategorien gelten können. Die Notwendigkeit moralisches Handeln zu reflektieren und argumentativ zu begründen wird erneut aufgegriffen und nun aus philosophischer Sicht dargelegt. Schließlich werden die vier Reflexionskategorien – Gerechtigkeit, Anerkennung, Verantwortung und Care – ausführlich in ihrer historischen und gegenwärtigen Bedeutung diskutiert und es wird gefragt, inwieweit sie als philosophische Konzeptionen für soziale Berufe anwendbar sind. Kapitel vier endet mit der Reflexion des asymmetrischen Machtverhältnisses, in dem sich die Professionellen in den sozialen Berufen befinden, und der Darstellung möglicher ethische Konfliktsituationen, die im beruflichen Handeln entstehen können. Hier schließt sich die Frage nach der (Handlungs-) Freiheit des Subjektes an sowie Überlegungen dazu, wie Handlungsspielräume in sozialen Berufen ausgelotet werden können. Das Kapitel endet mit der Diskussion von Gründen (Pflicht, Solidarität, Verbündet-Sein mit anderen Menschen), auf denen moralisches Handeln basiert.

Der vierte Abschnitt (Kapitel 5) wirft einen Blick zurück auf die erarbeiteten Themen und liefert einen Ausblick: Die aus heutiger Sicht perspektivisch zu erwartenden Veränderungen und Entwicklungen im Berufsfeld werden thematisiert und die Frage wird aufgegriffen, welche Rolle Ethikkommissionen in sozialen Berufen haben können bzw. warum es kein ethisches Expert_innentum gibt. Einige Überlegungen zur Ethik in Forschungsprozessen schließen das Kapitel ab.

Das Lehrbuch ist insgesamt so konzipiert, dass (auch anspruchsvolle) theoretische Positionen mit Blick auf die berufliche Praxis aufgegriffen und verständlich gemacht werden. Philosophische Fachbegriffe werden daher in allen Abschnitten alltagssprachlich eingeführt, ausgewählte philosophische Konzeptionen vertiefend besprochen und mit Fallbeispielen aus sozialen Berufen untermauert. Dabei greifen wir zum einen auf Konzepte zurück, die in der philosophischen Tradition ausformuliert und diskutiert worden sind/werden, und es wird überlegt, inwiefern sich philosophische Ethikkonzeptionen in der Praxis sozialer Berufe anwenden lassen. Zum anderen werden in den einzelnen Kapiteln auch neue Einteilungen vorgenommen, eigene Ansätze und Konzeptionen entwickelt, die über eine bloße Rezeption vorhandener Konzeptionen hinausgehen. Um die Darstellung nicht mit Detailwissen zu überfrachten haben wir viele einordnende und weiterführende Hinweise in die Fußnoten verlegt. Dem Fußnotenapparat kommt daher eine besondere Rolle zu: Hier werden Informationen und Wissen vermittelt, die es ermöglichen das Gelesene detaillierter in philosophische Traditionen und Denkrichtungen einzubetten. Um den Bezug des in den einzelnen Kapiteln Dargestellten auf die verschiedenen sozialen Berufe zu erleichtern, endet jedes Kapitel des Lehrbuches mit Rekapitulationsfragen, die es ermöglichen, das Gelesene in Bezug auf die eigene Profession nochmals zu reflektieren.

Noch zwei Hinweise zur sprachlichen Gestaltung des Lehrbuchs:

- In dem Lehrbuch wird eine Gender gerechte Sprache in Form der Unterstrichvariante verwendet. Diese mit „performing the gap" bezeichnete Form (vgl. Hermann 2003) spricht sich gegen die Exklusion von Menschen aus, die zumeist über die sprachliche Nicht-Benennung erfolgt. So meinen wir z. B. mit Expert_innen Frauen, Transgender, Intersexuelle, Männer etc. in allen ihren Unterschieden.
- In den einzelnen Kapiteln wird immer wieder das Pronomen „Wir" verwendet. Dies ist nicht als identitätslogisches bzw. identitäres „Wir" zu verstehen, bei dem Menschen durch gleiche Merkmale charakterisiert sind und sich dadurch immer schon von einem Ihr bzw. von den Anderen abgrenzen. Vielmehr spre-

chen wir entweder von uns als Autorinnen oder wollen die Professionellen der einzelnen sozialen Berufe ansprechen (zu denen auch wir Autorinnen gehören). Manchmal sprechen wir damit auch die Verbindung zwischen Autorinnen und Lesenden an: diese möchten wir in einen gemeinsamen Denkprozess einbeziehen und einladen, den Gedankengängen kritisch zu folgen.

Im Sinne dieses „Wir" sind Sie als Leser_innen dazu eingeladen, sich mit den Inhalten dieses Lehrbuches auseinanderzusetzen, Theorien und Konzeptionen weiterzuentwickeln und in der Praxis zu erproben. Die Aufgabe eines Lehrbuches, das ob der Fülle an ethischen Konzeptionen auch den Mut zur Lücke erfordert, besteht nicht nur darin, Wissen zu vermitteln. Vielmehr bietet es Anregungen, sich mit (professionellen) ethischen Entscheidungen und Urteilen sowie mit moralischem Handeln in einer argumentativen Weise auseinanderzusetzen.

Auch Bücher entstehen nicht aus der Einzelheit professioneller Autor_innen-Ichs, sondern eingebettet in Anregungen und Unterstützung Anderer. In unserem Fall sind diese Anderen vor allem Studierende, kollegiale Mitdiskutant_innen, kritische Gegenleser_innen sowie die Mitarbeiter_innen des Verlages. So bleibt uns, uns bei allen zu bedanken, die zum Erscheinen dieses Buches beigetragen haben.

2. Einordnung der Ethik in die Systematik der sozialen Berufe

Ethik für soziale Berufe als eigenständige Dimension der beruflichen Praxis und Ausbildung zu etablieren, ist keine Selbstverständlichkeit – haben sich doch viele dieser Berufe erst im Laufe des 20. Jahrhunderts aus den Fürsorgeparadigmen der Kirchen und einer der Bevölkerung unterstellten gemeinsamen Sittlichkeit befreit und auf eine wissenschaftliche Basis gestellt. In diesem Kapitel werden wir begründen, wie dieser Ethikbedarf entsteht und auf welche Theorien und Konzepte bei seiner Etablierung zurückgegriffen werden kann.

2.1 Soziale Berufe – ein Produkt gesellschaftlicher Transformation

Um Ethik für Ausbildung und Praxis der Sozialen Berufe einordnen zu können, ist es sinnvoll eine historische Perspektive in die Überlegungen und die Darstellung einzubeziehen. Man kann den Herausforderungen, vor denen soziale Berufe heute stehen, besser begegnen, wenn man sie auf dem Hintergrund der sozialhistorischen Veränderungen versteht, die sie hervorgebracht haben. Heute steht (in den ausdifferenzierten Gesellschaften westlicher Prägung) ein relativ breites Spektrum sozialer Dienste und Unterstützungsangebote ganz selbstverständlich zur Verfügung – von der Pflege über Sozialarbeit und Sozialpädagogik, von unterschiedlichen Angeboten der Erwachsenenbildung bis zu Beratung im Bildungs- und Gesundheitsbereich. Historisch gesehen sind diese Institutionen doch relativ jung. Die Geschichte der Sozialen Arbeit, der Kranken- und Armenpflege reicht bis in die Antike[1] zurück und etabliert sich in besonderer Weise im Mittelalter, wenn man die von den (dörflichen, städtischen und religiösen) Gemeinden getragenen Einrichtungen berücksichtigt und die Initiativen einzelner Adliger und begüterter Bürger_innen einbezieht. Zu Berufen (mit eigener Ausbildung und der Möglichkeit der Erwerbsarbeit) werden die darin ausgeübten Tätigkeiten allerdings erst im 19. Jahrhundert. Seit der Mitte des 19. Jahrhunderts wird die Krankenpflege zu einem Beruf[2]. Etwa zur selben Zeit entstehen in Europa und den Vereinigten Staaten eigenständige Einrichtungen der (nicht-schulischen) „Volksbildung"[3]; gegen Ende des 19. Jahrhunderts werden in breitem

---

[1] Aristoteles überliefert uns praktische Maßnahmen, die im klassischen Athen als Unterstützung armer Menschen und Menschen mit „Behinderungen" eingesetzt wurden (vgl. Aristoteles 1993). Eine weitere Quelle dafür gibt Thukydides 2000.

[2] Zur Geschichte der Krankenpflege vgl. Schweikardt 2008.

[3] Zur Geschichte der Erwachsenenbildung vgl. Pöggeler & Arlt 1975.

Umfang Einrichtungen der staatlichen Armenfürsorge[4] geschaffen und es wird über die Notwendigkeit von (Berufs- und Erziehungs-) Beratung diskutiert. Damit soll nicht behauptet werden, vor dieser Zeit und anderswo auf der Welt habe es keine soziale Unterstützung und keine Weitergabe von Lebenserfahrung gegeben. Nein, in allen Kulturen bzw. Gesellschaften finden sich Formen sozialer Unterstützung und die Unterweisung in kommunikativen Kompetenzen. Man könnte sogar behaupten, dass die Kunst der Lebensgestaltung und die Weitergabe von Wissen und Erfahrung ein zentraler Bestandteil menschlicher Kultur überhaupt ist. Die Art und Weise, in der dies bis ins 18. Jahrhundert in den europäischen Ländern geschehen ist, ist jedoch – wie wir heute sagen würden – stark lebensweltlich gebunden. Im Europa des Mittelalters und der frühen Neuzeit bewegten sich die meisten Menschen nicht über einen engen geografischen Raum hinaus, vor allem im ländlichen Bereich war der Ort, an dem man geboren wurde, meist auch der Ort, an dem man sein Leben lebte und beendete. Auch die soziale Mobilität war vergleichsweise gering, wer in einer Handwerksfamilie geboren wurde, lebte, erwachsen geworden, dann auch selbst in dieser ständisch geordneten Welt, der Bildungsgrad der Eltern wurde selten überschritten, sozialer Aufstieg durch Ausbildung und Beruf war kaum möglich. Regionale und nationale Unterschiede in der Organisation und den Möglichkeiten des sozialen Lebens gibt es auch heute, doch in allen Gesellschaften moderner Prägung lassen sich gemeinsame Merkmale der Lebensverhältnisse ausmachen. Gerade hinsichtlich des gesellschaftlichen Modells für soziale Hilfe und (sozial)pädagogische Bildung zeigen sich heute einige grundsätzliche Unterschiede zu anderen Zeiten und Kulturen: soziale Bildung findet nicht vorwiegend innerhalb von sozialen Einheiten (wie Familie, Dorfgemeinschaft oder Stand) statt, die für die Einzelnen überschaubar sind und in denen sich die Autorität derer, die bilden oder Rat geben, aus der sozialen Umwelt fast selbstverständlich ergibt. Soziale Unterstützung und Bildung wird vielmehr von dafür ausgebildeten Expert_innen in eigens dafür geschaffenen Institutionen vermittelt. War in vormodernen Zeiten und Gesellschaften die Unterstützung bei Krankheit, Armut oder in sonstigen Notlagen fast ausschließlich an nahe Beziehungen (Verwandtschaft, Nachbarschaft, ständische Berufsorganisation, Zugehörigkeit zu einer religiösen Gemeinschaft) gebunden – eine *konkrete Solidarität*, bei der man wissen konnte, warum jemand zu Hilfeleistung und Unterstützung verpflichtet ist, so basieren Hilfe und Unterstützung heute auf einer *abstrakten Form der Solidarität*, dem Wissen, dass Menschen irgendwie aufeinander angewiesen sind: Jede_r kann in Notsituationen kommen, wenn auch das Risiko unterschiedlich groß ist; jede_r ist zumindest am Anfang und am Ende des Lebens auf die Fürsorge und Unterstützung anderer angewiesen. Zudem können komplexe Gesellschaften nur einigermaßen störungsfrei „funktionieren", wenn (durch Krankheit oder Not verursachte) „Ausfälle" abgesichert werden. Vorsorgesysteme, die Notfälle absichern, sowie soziale Einrichtun-

---

[4]   Zur Geschichte der Sozialen Arbeit vgl. Hering 2002; Großmaß 2008.

gen, die Unterstützung und Bildung gewährleisten, sind gesellschaftlich erforderlich und auch wenn im Einzelnen immer wieder umkämpft ist, welche Ressourcen bereitgestellt werden (sollen) – es gibt die Bereitschaft, soziale Hilfen gesellschaftlich sicherzustellen und zu finanzieren.

Die skizzierten Veränderungen der Lebensverhältnisse haben Auswirkungen auf das in einer Gesellschaft gegebene Gesamtspektrum beruflicher Tätigkeiten. Nicht nur was die sozialen Belange angeht, insgesamt ist eine Ausdifferenzierung des Arbeitsmarktes festzustellen, es entstehen neue Berufe (z. B. der Ingenieurberuf) bzw. neue Spezialrichtungen (z. B. in den kaufmännischen Kontoren und im Handwerk). Berufe im Bereich des Sozialen (mit jeweils eigenständiger Ausbildung) jedoch stellen als solche eine Innovation dar. Denn diese Berufe unterscheiden sich von anderen dadurch, dass sie nichts herstellen, sondern „personenbezogene Dienstleistung" (Dewe 2006, 23) bzw. Unterstützung bieten, was mit dem Begriff der „Profession" verbunden ist. Modell hierfür sind die „freien Berufen", Ärzt_innen und Anwält_innen, die bereits im 19. Jahrhundert zu Professionen werden – Berufe mit eigenständiger Fachlichkeit, wissenschaftlicher Grundlage und einer besonderen Verantwortung gegenüber dem Gemeinwesen und dem Staat. Im 20. Jahrhundert entstehen „neue" Professionen für viele soziale Tätigkeiten: Pflege und Logopädie, Soziale Arbeit und sozialpädagogische Bildung, Erziehung, Psychotherapie und Beratung. Seit der Mitte des 20. Jahrhunderts erhalten diese Berufe Schritt für Schritt auch Merkmale, die als Kriterien für Professionen gelten: Fachzeitschriften und Berufsverbände werden gegründet, die Ausbildung wird akademisiert, Standards für die Berufsausübung werden formuliert. Das Tätigkeitsfeld sozialer Hilfe und Bildung hat sich durch den Prozess der Verberuflichung und Professionalisierung in einigen nicht unwesentlichen Aspekten vollständig verändert: An die Stelle von persönlicher Autorität und Bekanntsein mit Personen und Ritualen ist Expertise getreten – soziale Hilfe, Unterstützung und Bildung bieten Fremde Fremden an. (vgl. Stichweh 1992)

Die skizzierten Veränderungen sind natürlich nicht isoliert eingetreten ohne von anderen Entwicklungen beeinflusst zu sein. Es ist eher umgekehrt: Sie sind Teil einer die Gesellschaft insgesamt betreffenden Transformation, die in der Soziologie unter dem Begriff der „Moderne" beschrieben und erklärt wird.[5] Dabei wird unter „Moderne" ein ganzer Komplex von Entwicklungen verstanden, die nicht auf einzelne Verursachungsfaktoren zurückgeführt werden können, sondern sich wechselseitig beeinflussen. Als Beginn wird das 16. Jahrhundert gesehen, in dem sich durch Buchdruck, individuell nutzbare Uhr und Arbeitshäuser (vgl. Foucault 1977) erste wichtige Veränderungen ankündigen. Das 18./ 19. Jahrhundert bringt durch den Einsatz von Kapital, Dampfmaschine und Elektrizität wachsende Arbeitsmobilität hervor (vgl. Marx 1972) und im 19./ 20. Jahrhundert

---

[5] Die Autoren, auf die hier zurückgegriffen werden kann, sind Foucault (1977 b), Habermas (1981), Bourdieu (1996), Luhmann (1997); eine kritische Sichtung bietet Nassehi (2009).

vollzieht sich dann die Ausdifferenzierung von Funktionssystemen (vgl. Luhmann 1997), begleitet von der Ausbreitung von Bildung, individueller Mobilität
und der Dominanz von Lohnarbeitsverhältnissen. Die Entstehung von Professionen (Berufe, die „personenbezogene Dienstleistung" respektive Unterstützung
anbieten) ist mit den Veränderungen der Lebensverhältnisse verknüpft, die durch
die skizzierte Transformation entstehen. Auch die Anfänge der „neuen" Professionen (Erziehung und Bildung, Soziale Arbeit, Psychotherapie und Beratung)
liegen hier.[6]

In den *Nachkriegsgesellschaften* ist seit Mitte des 20. Jahrhunderts ein weiterer
Modernisierungsschub zu beobachten,[7] dem Phänomene wie die zunehmende
Psychologisierung des Alltagslebens und das Bedeutendwerden persönlicher
Identität zugerechnet werden (vgl. Kaufmann 2005). Damit verbunden ist eine
größer werdende Anforderung an persönliche Entscheidungen, sie werden zahl-
reicher – in Schullaufbahn und Berufsfindung, Konsum und Lebensform genauso wie in Bezug auf Geschlecht, sexuelle Orientierung, Partner_innenwahl und
Kinderwunsch. All dies wird den Einzelnen als Entscheidung zugerechnet, obwohl die Individuen selten gänzlich frei entscheiden und obwohl sie die Konsequenzen solcher Wahlen kaum überblicken können.[8] Die Möglichkeit, aber auch
der Druck, die eigene Person körperlich, psychisch und sozial zu gestalten, führt
nicht nur zu kulturellen Veränderungen, sondern auch zu psychischen Irritatio-
nen. Es sind die veränderten Anforderungen dieser zweiten Moderne, die neuen
Unterstützungsbedarf hervorbringen und zu weiteren Ausdifferenzierungen in
den neuen Professionen führen: Die heute sichtbare Vielfalt an sozialpädagogi-
scher Bildung, die zahlreichen Formen von Beratung, die Ausdehnung von Supervision auf weitere Berufsgruppen, Neuentwicklungen wie Coaching und Mediation – bei all dem handelt es sich um Produkte der angesprochenen Entwicklung.

Welche Bedeutung hat das alles für das Nachdenken über Ethik in den Sozialen Berufen? Eine doppelte: Zum einen belegt dieser Blick in die Geschichte der
Moderne, dass die Sozialen Berufe nichts überzeitlich Gegebenes sind, sie sind
historisch entstanden und ihre Entwicklung ist noch nicht zu Ende. Soziale Arbeit, Beratung, Supervision, sozialpädagogische Bildungsarbeit, Mediation und
Coaching entstammen in ihrer heutigen Gestalt unterschiedlichen Phasen der
(zweiten) Moderne, der Professionalisierungsprozess kann in all diesen Berufen

---

[6]   Anzumerken ist an dieser Stelle, dass diese Entwicklung nicht gradlinig und ohne gravierende
       soziale Kämpfe stattgefunden hat: Soziale Unruhen, koloniale Eroberungen, Verfestigung des
       Nationalstaatskonzeptes, Weltkriege und Genozide sind die markanteren „Ereignisse" zumindest
       der (ersten) Moderne. Der Nationalsozialismus in Deutschland hat die gravierendsten Exzesse
       „moderner" Menschenverachtung und -vernichtung hervorgebracht. (vgl. Bauman 2002).

[7]   Dieser zweite Entwicklungsschub wird von einzelnen Theoretikern unterschiedlich bezeichnet:
       als „zweite Moderne" (Giddens 2001), „Postmoderne" (Lyotard 1982) oder „Reflexive Moderne"
       (Kaufmann 2005).

[8]   Dieser Tatbestand hat Ulrich Beck zur Kennzeichnung der Gesellschaft der zweiten Moderne als
       „Risikogesellschaft" motiviert. (Beck 1986).

nicht als abgeschlossen gelten, die Etablierung der für eine Profession relevanten Merkmale – akademische Ausbildung, sozialwissenschaftliche Forschung, eigenständige fachliche Selbstkontrolle und Entwicklung durch eigene Fachorgane und Berufsverbände – ist in den einzelnen beruflichen Richtungen unterschiedlich weit gediehen. Zum anderen lässt sich von hier aus die Bedeutung einer Reflexion der *moralischen Dimension des beruflichen Handels* deutlich machen und begründen.

Personenbezogene Dienstleistungen bzw. Unterstützungen wie sie in den Sozialen Berufen erbracht werden, zeichnen sich durch einen Doppelcharakter aus. Es handelt sich einerseits um Interaktionen zwischen Personen, die sich fremd sind und in klar definierten Rollen aufeinander treffen: Sozialarbeiter_innen arbeiten mit Klient_innen, in manchen Bereichen auch Kunden genannt; Berater_innen gestalten eine Arbeitsbeziehung mit ihren Klient_innen oder Ratsuchenden; in der Supervision treffen Supervisor_in und Supervisand_innen aufeinander, auch für die freie Bildungsarbeit, für Coaching und Mediation gibt es eine entsprechende Rollenverteilung, auch wenn sie sprachlich nicht einheitlich benannt wird. Die in dieser Rollenverteilung stattfindenden Interaktionen sind strukturell *asymmetrisch*. Auf der einen Seite ist Expertenwissen und -kompetenz anzutreffen sowie die für Berufsrollen typische öffentlich handelnde Seite der Person. Auf der anderen Seite trifft dies auf Bedarf bzw. Bedürftigkeit, meist auch auf die privat-intime Seite der Person. So wird in dieser Asymmetrie eine Grenze überschritten, die gerade in den Gesellschaften der westlichen Moderne ansonsten geschützt z. T. sogar von Tabus belegt ist: die Grenzen zwischen dem öffentlichen Bereich des gesellschaftlichen Verkehrs und der Berufe auf der einen Seite und dem privat-persönlichen Bereich der Individualsphäre andererseits. In lebensweltlichen Kontexten darf der privat-persönliche Bereich eigentlich nie einseitig betreten werden, er wird vielmehr in Prozessen wechselseitiger Öffnung (zwischen Nachbarn, Kolleg_innen, in Freundschaften und erotischen Beziehungen) *geteilt*. Die Fachkräfte der sozialen Berufe jedoch greifen, indem sie ihre Arbeit tun, einseitig in die persönlichen Lebensverhältnisse und die Intimsphäre ihrer Klientel ein. Um es anschaulicher zu machen, eine exemplarische Handlungssituation aus einem sozialen Berufsfeld:

> Eine Mutter, Frau M., sucht bei einer Erziehungsberatungsstelle Unterstützung, weil sie den Eindruck hat, ihr vierjähriger Sohn R. – in allen kinderärztlichen Untersuchungen als gesund eingestuft, sei motorisch sehr viel ungeschickter als gleichaltrige Kinder, die sie in seiner KiTa mitbekommt. R. verliert schnell die Geduld und neigt zu aggressivem Verhalten, wenn er etwas, das er tun will, nicht hinbekommt. Die Beraterin erklärt, dass Kinder sich gewöhnlich nicht im selben Tempo entwickeln, und geht dann dazu über sich – freundlich und im Ton eher unbekümmert – danach zu erkundigen, wie R. spielt, wie die Lebenssituation der Familie ist, ob Frau M. sich noch über andere Dinge Sorgen macht und wie sie

eigentlich damit umgeht, wenn R. sich ungeschickt anstellt oder ungeduldig wird. Nachdem sie sich in dieser Form „ein Bild gemacht" hat, erklärt sie der Mutter, wie in der Einrichtung gearbeitet wird und welches Angebot sie machen kann, um Frau M. bei der Lösung ihres Problems zu unterstützen.

Die Asymmetrie der Beziehung zwischen Frau M. und der Mitarbeiterin der Erziehungsberatung ist deutlich: Es treffen zwei Frauen aufeinander, die sich nicht kennen, bereits vor Beginn des Gespräches ist eine ungleiche Rollenverteilung etabliert. Frau M. kommt mit einem Anliegen, die Beraterin stellt ihre berufliche Kompetenz zur Verfügung. Die Lebenssituation der Beraterin wird nicht zum Thema (und zwar nicht zufällig oder aus Versehen, sondern systematisch und methodisch begründet), während Frau M. persönliche Details ihres Alltagslebens, der Beziehung zu ihrem Kind, ihres Erziehungskonzeptes, ihrer emotionalen Verfasstheit (vielleicht auch ihrer Ehe oder Partner_innenschaft) beschreibt; woraus sich die Beraterin ein „Bild macht", das vermutlich diagnostische Anteile enthält und das Mitgeteilte nutzt, um Interventionsmöglichkeiten zu erkennen. Um die Intimsphäre der Klientin zu schützen und trotz der Asymmetrie einen respektvollen Umgang zu sichern, müssen sich die Professionellen an einige grundlegende *Normen und Regeln* halten. Meist gelten Vereinbarungen über die Arbeitsbeziehung, Transparenz von Methoden und Verfahren sowie Vertrauensschutz hinsichtlich der mitgeteilten oder gezeigten persönlichen Themen als zentral für eine *verantwortliche* Arbeit in den sozialen Berufen.

In diesen Anforderungen an die *berufliche Verantwortung* ist eine moralisch-ethische Dimension enthalten, die nicht einfach mit Hilfe der persönlichen Moral der jeweiligen Mitarbeiter_innen inhaltlich gefüllt werden kann. Persönliches Taktgefühl und persönliche Normen des respektvollen Umgangs mit anderen Menschen, können zwar auch im beruflichen Handeln eine Richtung weisen, können aber nicht Fragen von Verantwortung und Moral klären, wie sie in strukturell asymmetrischen Beziehungen zwischen ansonsten gleichberechtigten und gleichrangigen Personen entstehen. Dies insbesondere auch deshalb, weil in diesen Berufen Methoden zur Anwendung kommen (Techniken der Gesprächsführung, psychologisches Verstehen, erziehungswissenschaftlich fundierte Anleitung, Verhaltenstraining), die emotional berühren und das Verhältnis einer Person zu sich selbst beeinflussen.

Ein weiterer Aspekt ist von Bedeutung: Die sozialen Berufe sind nicht nur selbst Produkte eines Modernisierungsprozesses, der Mobilität von Personen und die Individualisierung von Lebensformen hervorgebracht hat – auch die Unterstützungsbedürfnisse, auf die diese Berufe antworten, sind solche von pluralisierten und individualisierten Gesellschaften. Man hat es also auch auf der Seite der Adressat_innen mit individuellen Normvorstellungen und mit unterschiedlichen kulturellen und religiösen oder atheistischen Hintergründen zu tun. Hieraus ergeben sich besondere ethische Anforderungen an die professionelle Gestaltung der Beziehung in sozialen Berufen: Der Umgang mit Differenz ist bewusst zu gestalten, die eigenen Normen gilt es als persönliche Moral wahrzunehmen (die dem Gegenüber nicht selbstverständlich unterstellt werden kann), und gleichzeitig muss man den Normen Geltung verschaffen, auf denen die helfende Beziehung basiert: Es bedarf eigenständiger Begründungen, berufsfeldspezifischer Regelungen und der Reflexion von Praxisvollzügen, um der ethisch-moralischen Dimension des beruflichen Handelns gerecht zu werden. Genau damit sind der Gegenstandsbereich, mit dem sich das Fach „Ethik" in der Ausbildung der sozialen Berufe beschäftigt, umschrieben und das Themenfeld unseres Lehrbuches.

In den Formulierungen, mit denen wir die Entstehung des Ethikbedarfs in den sozialen Berufen beschreiben, haben wir eine Reihe von Begriffen verwendet – Ethik, Normen, Moral – die nicht aus den gängigen Bezugswissenschaften der sozialen Berufe, sondern aus der Philosophie stammen. Diese Ausdrücke sind Ihnen als Leser_innen nicht unbekannt, da sie im Alltag meist ganz selbstverständlich verwendet werden. Als Begriffe, die eine präzise Bedeutung haben und mit denen wir uns im Weiteren verständigen wollen, bedürfen sie jedoch der Klärung. In den folgenden Abschnitten liefern wir die benötigten Definitionen und führen in Aufbau und Denkweise der philosophischen Ethik ein.

2.2 Kontextualisierungen

Die philosophische Ethik gehört zu den ältesten Bestandteilen der Philosophie. Im Unterschied zu einer theologischen Ethik verzichtet sie auf religiöse Voraussetzungen und beantwortet ethische Fragen in Bezug auf die Prinzipien moralischer Handlungen von Menschen. Dabei geht es um Verhaltensregeln, moralische Grundsätze, um Werte und Normen etc. Im philosophischen Diskurs werden die Begriffe Ethik, Moral und Ethos differenziert, wird Ethik eingeteilt in die reine Grundlagenethik und die praktische bzw. angewandte Ethik, deren Überlegungen immer auch Bereiche der Politik und Ökonomie betreffen.[9]

2.2.1 Philosophische Bedeutung von Ethik, Moral, Ethos

Ethik gilt seit Aristoteles (384-323v.Chr.)[10] als eine eigenständige Disziplin und ist gleichzeitig Bereichs- sowie Disziplinen übergreifend: Gesellschaftliche Bereiche (wie Politik, Ökonomie, Recht), philosophische Gebiete (u.a. Anthropologie, Me-

---

9   Vgl. zum folgenden Abschnitt Perko 2004
10 Das Sokratische Wirken ist wesentlich durch die ethische Dimension geprägt, wie uns mit den Platonischen Dialogen überliefert ist (Vgl. Platon 1982). Doch verfasste Aristoteles die erste systematische Ethik, die im Zeichen der Gerechtigkeit steht und überliefert die doppelte Bedeutung des Begriffes *ethos* als Gewohnheit, Sitte, Brauch und *ethos* als Charakter, der sich zur Grundhaltung der Tugend verfestigt und die kritische Bezugnahme zu Sitten, Bräuchen der Gesellschaft

taphysik, Logik, Rechtsphilosophie, Sozialphilosophie) und andere praxisbezoge-
ne Wissenschaften (u.a. Soziologie, Psychologie, Pädagogik, Rechtswissenschaft)
verschränken sich im Gebiet der Ethik, die sich wiederum auf diese bezieht. *Ethik
gilt als praktische Philosophie*, d. h. als die *Wissenschaft vom moralischen (sittlichen)
Handeln*.[11] Bereits in der griechischen Antike waren die Gründe deutlich, warum
ethische Konzeptionen überhaupt notwendig sind: Soziale Ungleichheit, Diskriminierung, Gewalt etc. als Verhaltensweisen von Menschen Anderen gegenüber
erforderten Konzeptionen eines moralischen Handelns (siehe Kap. 4.1). Von Aristoteles ausgehend, auf dessen Ethik wir in Kap. 4.2 und 4.5 genauer eingehen, „ist
man in der gegenwärtigen Ethikdiskussion weitgehend dazu übergegangen, den
Titel *Ethik* wie auch das Adjektiv *ethisch* ausschließlich der philosophischen Wissenschaft vom moralischen/sittlichen Handeln des Menschen vorzubehalten"
(Pieper 1994: 24).

Ethik ist daher kein Synonym für Moral. Vielmehr ist Ethik[12] eine Wissenschaft
der moralischen Praxis, deren Aufgabe es ist, über Moral (Sitte) und Moralität
(Sittlichkeit) zu sprechen und Vorschläge zum moralischen Handeln zu machen.
Moral hingegen, ein Ordnungsbegriff, ist der Inbegriff von Normen, Werten,
Regeln (Moralkodex) einer Gesellschaft, einer Gemeinschaft oder einer Gruppe.
Moral ist ferner ein Ausdruck der Moralität als Prinzipienbegriff, d. h. als das zur
festen Grundhaltung gewordene Gut-Sein-Wollen. Das Gut-Sein-*Wollen* gilt hierbei als Verbindlichkeit und Verantwortlichkeit einer handlungsfähigen Person
– in der philosophischen Begrifflichkeit: des Subjekts – Anderen gegenüber, sich
selbst gegenüber und der Natur gegenüber. Die Grundannahme, dass Menschen
per se gut sein *wollen*, löst im ethischen Diskurs ebenso Kontroversen aus (vgl. u.
a. Butler 2003) wie in praxisbezogenen Diskussionen, insofern Erfahrungen zeigen, dass das Gut-Sein-*Wollen* in der Praxis nicht immer gegeben und/oder nicht
immer verwirklichbar ist. Eigens genannt in philosophischen Diskursen wird der
Begriff *Ethos*. Auch er wird von Aristoteles abgeleitet und in der Bedeutung von
„ethische Haltung" verwendet, oder, um mit Foucault zu sprechen, als Weise zu
sein und sich zu verhalten, als Seinsweise des Subjekts, das eine bestimmte, für
die anderen sichtbare Weise des Handelns zeigt (vgl. Foucault 2007).

„Jede Entscheidung, die andere Menschen betrifft, hat eine moralische Dimension." (Tschudin 1988: 33) Moralische Handlungen sind stets intersubjektiv, d. h.
sie richten sich auf die Anderen (vgl. Pieper 2000). Im Falle von sozialen Berufen
sind die Anderen die zu Unterstützenden bzw. die Adressat_innen des pädagogischen oder helfenden Angebotes. Gerade der Bezug auf die Anderen wird zum
Anlass, die grundlegende ethische Frage Kants, „Was soll *ich* (Hvh. d. A.) tun?",

---

impliziert. (Aristoteles 1969). Zeitgenössische Reflexionen über die Bedeutung des klassischen
Athens bieten u.a. Loraux 1992, Castoriadis 1990, Vernant 1982, Perko 1993/2002.

[11]   Die Literatur zur Ethik ist sehr zahlreich, darum wird hier auf wenige philosophische Einführung
in die Ethik verwiesen: Pieper 2000, Pieper/Thurnherr 1998, Pauer-Studer 2003.

[12]   Innerhalb der Philosophie wird auch die Bezeichnung Moralphilosophie verwendet. Vgl. Nussbaum 2000.

die er mit dem Kategorischen Imperativ beantwortet,[13] umzuformulieren in: „Wie soll ich *dich* (Hvh. d. A.) behandeln"? Damit wird der Kantschen Formulierung explizit das >Du< entgegen gehalten.[14] Diese Umformulierung ist zentral, weil sie das Du, den Anderen als Person, als Subjekt explizit in die Frage der Ethik hineinnimmt. Gerade in sozialen Berufen steht das Du im Zentrum moralischer Überlegungen und Handlungen, insofern es um die jeweils einzelnen Menschen und deren Bedürfnisse geht, die im dialogischen Miteinander Unterstützung erhalten sollen (vgl. Kap. 4.3).

Die Frage – *wie soll ich Dich behandeln?* – ist eine, die uns alle betrifft. Sie stellt sich immer im Kontext sozialer Beziehungen. Das Verhältnis zwischen dem Selbst bzw. Subjekt und den Anderen ist eingebunden in das Gesellschaftliche, bezogen auf dessen Werte Normen, Regeln ebenso wie auf vorhandene Probleme und Missstände. Diese Eingebundenheit verweist auf die ineinander verwobenen Ebenen, auf die bezogen sich moralisches Handeln abspielt:

- die individuell-professionelle Ebene: wie handle ich moralisch?
- die institutionell-strukturelle Ebene: welche Moral wird von „meiner" Institution vertreten?
- die gesellschaftlich-kulturelle Ebene: welche Werte, Normen, welche Moralkodexe existieren in der Gesellschaft?

Diese Ebenen sind deshalb immer ineinander verwoben, weil kein Subjekt losgelöst von gesellschaftlichen Verhältnissen lebt und handelt und weil es diese immer auch mitgestaltet. Das Eingebunden-Sein der sozialen Berufe in gesellschaftliche Verhältnisse haben wir oben (Kap. 2.1.) beschrieben. Die damit verbundenen asymmetrischen Machtverhältnisse begründen nicht nur den Ethikbedarf, sondern sind auch die Quelle ethischer Konfliktsituationen in diesen Berufen. (s. dazu Kap. 4.6).

Ethik als Theorie menschlichen Handelns – ein Handeln, das Freiheit und Reflexion respektive Denken voraussetzt – ist an Zielen orientiert. Die Zielsetzungen sind je nach Gesellschaft, historischen Epochen und nach ethischen Richtungen[15] verschieden: So läge das Ziel im Hedonismus eines Epikurs (um 341 v.Chr.-271/270 v.Chr.) im Streben nach eigener Glückseligkeit (vgl. Bartling 1994; Euringer 2003), im Utilitarismus von Jeremy Bentham (1748-1832) im größten Glück der größten Zahl. Heute stehen vor allem Zielsetzungen im Vordergrund, die Gerechtigkeit fokussieren (s. Kap. 4.2). Die Frage, wie Menschen moralisch handeln, wie sie sich behandeln *sollen*, wird in jeder Gesellschaft und in allen historischen Epochen immer wieder neu und anders ausgehandelt und beantwor-

---

[13]   Kant formuliert: „Handle nur nach derjenigen Maxime, durch die du zugleich wollen kannst, daß sie ein allgemeines Gesetz werde." (Kant 1957: BA 52).

[14]   Vgl. auch Butler 2003: 44

[15]   Es existieren zahlreiche ethische Richtungen, u.a. Deontologische Ethik, Diskursethik, Glücksethik, Liebesethik, Mitleidsethik, Präferenzutilitarismus: Sozialeudaimonismus, Subjektive Wertethiken, Teleologische Ethik, Tugendethik, Verantwortungsethik, Vertragsethik, Utilitarismus. Einige davon werden im Kapitel 4 diskutiert.

tet. Ethische Formen und Überlegungen verändern sich, weil jede Generation andere Fragen stellt, Menschen jeweils mit neuen Herausforderungen konfrontiert sind. Doch trotz der damit verbundenen Differenzen zwischen den unterschiedlichen ethischen Konzeptionen liegt die übergeordnete Intention der Ethik im Bewirken eines glücklichen – bzw. moderner ausgedrückt – gelungenen Lebens für alle Menschen. Um Missverständnissen vorzubeugen, es kann nicht von Ethik die Rede sein (auch nicht von negativer Ethik) oder von moralischem Handeln, wenn es in einer Gesellschaft darum geht, vernichtend gegen Menschen oder Menschengruppen vorzugehen.[16] Adorno pointiert hierbei zu Recht, dass es kein *richtiges Leben im falschen* gibt (vgl. Adorno 2004).

2.2.2 Einteilung der Ethik und ihre Bedeutung für soziale Berufe

Die philosophische Ethik wird eingeteilt in die reine Grundlagenethik und die praktische bzw. angewandte Ethik, wie folgender Überblick zeigt:

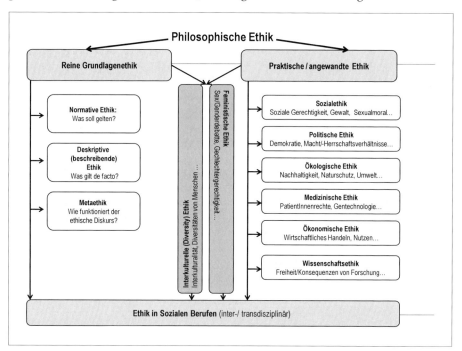

Abb. 1: Perko 2011, modifiziert nach Pieper 1998

---

[16] So werden wir in Seminaren zu Ethik zuweilen gefragt, ob es in Ordnung sei, ein Referat zu halten oder eine Hausarbeit zu schreiben über die „Ethik des Nationalsozialismus". Diese Themenbenennung widerspricht sich im Hinblick auf die Definition von Ethik und moralischem Handeln.

Jeder Bereich der Ethik beschäftigt sich mit unterschiedlichen Fragen und Aufgaben, doch gibt es gemeinsame Grundlagen und in manchen Überlegungen Überschneidungen, insofern sie alle der philosophischen Ethik zugehören. Auch in diesen Überlegungen verändern sich Fragestellungen und Schwerpunktlegungen gemäß der jeweiligen Gesellschaften und historischen Epochen. Eingebettet in gesellschaftliche Gegebenheiten stellen die einzelnen ethischen Bereiche immer auch Herausforderungen dar, da sie nicht nur Gegebenes wiederholen, sondern auch neue Entwürfe vorlegen. Die inhaltlichen Auseinandersetzungen im Kontext der ethischen Bereiche können deshalb nicht als starre, ein für alle Mal gültige Auseinandersetzungen mit ethischen Fragen angesehen werden, sondern bedürfen immer wieder eines kritischen Blickes auf gesellschaftliche Werte, Normen, Vorstellungen etc., oder wie Castoriadis es pointiert, auf das „gesellschaftlich-geschichtliche Imaginäre" als gesellschaftliche Wirklichkeit, die sich aus imaginären, das heißt aus von den Angehörigen einer Gesellschaft gebildeten und gestalteten Bedeutungen zusammensetzt (vgl. Castoriadis 1984).[17]

Je nach sozialem Beruf werden die in der Grafik dargestellten ethischen Bereiche mit unterschiedlichen Schwerpunkten relevant:

Die *reine Grundlagenethik* als *normative Ethik* fragt *danach*, welches Moralprinzip als Maßstab guten Handelns gelten *soll*. Dieses Sollen orientiert sich an gesellschaftlichen Vorstellungen (dem „gesellschaftlich-geschichtlichen Imaginären"), an Menschenbildern, aber auch an den rechtlichen Grundlagen einer Gesellschaft, bleibt ihnen gegenüber aber keineswegs unkritisch. Insofern ist das Bedenken, die Vergegenwärtigung und die Reflexion darüber, welches Menschenbild wir haben, für die Etablierung eines Maßstabes des guten Handelns ausschlaggebend, das der moralischen Zielsetzung eines guten bzw. gelungenen Lebens für alle entspricht. Welche Vorstellungen haben wir über einzelne Menschen, über Kinder, Jugendliche, Frauen, Männer, Intersexuelle, Transgender, Queers – sowohl hinsichtlich ihren Gleichheiten als auch bezüglich ihrer Diversitäten der kulturellen Herkunft, der sozialen Herkunft, der sexuellen Orientierung und des Alters? Stellen wir uns Menschen als einer spezifischen Gruppe zugehörig vor? Begegnen wir ihnen mit bestimmten Vorstellungen und Bildern?

> Ein Beispiel aus dem Bereich der Elementarpädagogik: Haben Elementarpädagog_innen ein Bild vom Kind als eigenständige, ernst zu nehmende Person, so

---

[17] Gesellschaftliche Bedeutungen können sich auf Religion, Ökonomie, Politik beziehen, aber auch auf Geschlechterverhältnisse, Vorstellungen der Ehe, Menschenbilder. Der Begriff der Imagination (Gestalten) und des Imaginären (Gestaltungen) wurde von Castoriadis in den späten 1960er Jahren entwickelt und aus der französischen Sozial- und Geisteswissenschaften (v.a. die Sozialanthropologie und Historiographie) aufgegriffen. Imagination und Imaginäres rücken – anders als der Begriff der gesellschaftlichen Konstruktion (Herstellung) – den Charakter des Gestaltens von gesellschaftlichen Bedeutungen durch Menschen und damit vor allem die Möglichkeit der Veränderung von Gestaltetem in den Vordergrund.

wird sich ihr moralisches Handeln an Kinderrechten orientieren. Die Interaktion mit den Kindern wird sich von allen Formen des Adultismus[18] absetzen. Würden Kinder als „lästige, störende etc., noch-nicht-Erwachsene" angesehen, die mit Strenge erzogen werden müssen, kann der Umgang sich als Form des Adultismus erweisen (vgl. Ritz 2008).

Die reine Grundlagenethik als *deskriptive Ethik* beschreibt empirische Normen- und Wertesysteme (Moralkodex) einer Gesellschaft. Diese sind – im Unterschied zu Gesetzesverankerungen – nicht immer schriftlich festgehalten. Sie werden über den Sozialisationsprozess gelernt, von vielen internalisiert, können aber auch im Laufe des Lebens in Frage gestellt, dekonstruiert, verändert werden. Gemäß einer pluralen Gesellschaft kann der Moralkodex nicht als einer für alle in einer Gesellschaft lebenden Menschen bzw. Gruppen gleich seiender beschrieben werden. Vielmehr basiert der Moralkodex u. a. auf der jeweiligen kulturellen Tradition, der sich Menschen angehörig fühlen, deren Werte sie gleichsam als Referenzrahmen teilen. Neben interkulturellen Unterschieden existieren in den verschiedenen Feldern einer Gesellschaft zudem intrakulturelle Unterschiede. Gerade hierdurch können in den sozialen Berufen ethische Konfliktsituationen entstehen. Andererseits können interkulturelle Moralkodexe in affirmativer Weise auch zu einem transkulturellen Moralkodex werden, der sich in einem transkulturellen Raum (Özbek & Wohlfart 2006) als dritten Raum etablieren kann. Ethisch geht es dann nicht mehr darum, einen Moralkodex in Bezug auf eindeutige kulturelle Traditionen zu etablieren. Die deskriptive Ethik beschreibt vorhandene Moralkodexe und stellt damit Wissen um intra-/inter-/trans-/kulturelle Werte bereit, das die Professionellen der sozialen Berufe nutzen können. Um dies in der Praxis wirksam werden zu lassen, bedarf es entsprechender ethischer Kompetenzen, Wahrnehmung und Anerkennung unterschiedlicher Moralkodexe und die Stärkung transkultureller Orientierung (im Sinne eines dritten Raumes).

Die *Metaethik* beschäftigt sich mit dem ethischen Diskurs, seiner Logik und Sprache sowie mit Methoden ethischer Argumentationen. Sie ist jener Bereich der Ethik, der zunächst am wenigsten mit dem moralischen Handeln in sozialen Berufen zu tun zu haben scheint, für die Reflexion und Argumentation über moralisches Handeln jedoch nicht unwesentlich ist. So sind Handeln und Sprechen eng miteinander verknüpft, Sprechen kann zum Handeln werden: In negativer Weise wird Sprechen zum Handeln, wenn man eine diskriminierende Sprache verwendet. Dem steht als moralische Handlung eine nichtdiskriminierende Sprache gegenüber, sie kann in ihrer Auswirkung auf andere bereits moralisches Handeln sein. Die Sprache der Ethik ist eine nicht diskriminierende Sprache. Das

---

[18] Unter Adultismus wird im Kontext des Projektes Social Justice als Projekt einer Anerkennungs- und Verteilungsgerechtigkeit Altersdiskriminierung verstanden, die sich auf Kinder, Jugendliche, Erwachsene, alte Menschen bezieht (vgl. Kap. 4.2; 4.3).

bedeutet für Professionelle in Handlungsfelder sozialer Berufe: Es besteht immer auch die Notwendigkeit, sich mit den eigenen Sprach-Handlungen auseinander-zusetzten.

Ein nahezu alltägliches Beispiel aus dem Pflegebereich mit älteren/alten Menschen: Wollen die Pflegekräfte z. B. an Demenz erkrankte alte Menschen anerkennend und respektvoll behandeln, sprechen sie aber an mit Sätzen an wie: „Wie geht es uns heute, haben wir schön gegessen und getrunken?.", so stellt dies eine Diskriminierung durch Sprache dar, die die eigene moralische Absicht unterläuft.

Die *praktische* bzw. *angewandte Ethik* fragt danach, wie sich Menschen in der Praxis, dem Bereich moralischen Handelns verhalten. Die Ausdifferenzierung moderner Gesellschaften hat auch hier zu einer Ausdifferenzierung geführt. Mittlerweile existieren vielfältige Formen bzw. Bereiche der praktischen, angewandten Ethik: u.a. Sozialethik, Politische Ethik, Ökologische Ethik, Medizinische Ethik, Ökonomische Ethik, Wissenschaftsethik. Zuweilen wird Friedensethik eigens genannt, meist wird sie der Politischen Ethik zugerechnet. Diese ethischen Richtungen fokussieren in ihrem jeweiligen Gebiet Fragen der Verantwortung, der Gerechtigkeit, der Nachhaltigkeit etc. und insgesamt Fragen nach dem moralischen Handeln zugunsten des gelungenen Lebens von Menschen.

Auf dem Hintergrund des in der philosophischen Tradition anzutreffenden male-bias[19], sowie vielfacher eurozentrischer Verengungen haben sich *Feministische Ethik* und der *Interkulturelle Ethik herausgebildet*. Dabei werden vorhandene Konzepte kritisch diskutiert und gleichzeitig eigene Konzeptionen zur Diskussion gestellt:

Die *Feministische Ethik* wurde – angeregt von Caroll Gilligan (1984) – in einer kontroversen Debatte zwischen zahlreichen Philosophinnen und Wissenschaftlerinnen (Friedman 1993; Hoagland 1993; Meier-Seethaler 1997; Nagl-Docekal 1993, 1999; Nunner-Winkler 1991; Pauer-Studer 1996, 2003; Pieper 1998) entworfen. Sie zeichnet sich insgesamt durch Kritik am Androzentrismus in Philosophie und Wissenschaft aus und führte zu einer breiten Diskussion über männliche und weibliche Formen moralischen Verhaltens und zur Frage nach der Notwendigkeit einer geschlechterspezifischen Ethik. Im Zentrum stehen dabei die Kategorien Sex (biologisches Geschlecht) und Gender (kulturell geprägtes, konstruiertes/hergestelltes Geschlecht), die in ethische Überlegungen einzogen werden (siehe dazu Kap. 4.5). In den sozialen Berufen sind Fragen des Gender Mainstreamings[20] und damit verbunden von Gendersensibilität und Genderge-

---

[19] Unter male-bias versteht man die Verengung der Perspektive auf Grund einer quasi-selbstver-ständlichen männlichen Sicht auf die Welt.

[20] Gender Mainstreaming bedeutet die gesetzliche Verankerung zur Chancengleichheit von Mädchen und Jungen sowie Frauen und Männer auf allen institutionellen Ebenen. (Vgl. u.v.a. Auernheimer 1995, 2001; Meyer/Ginsheim 2002; Nohr 2002 Czollek/Perko/Weinbach 2009).

rechtigkeit von großer Bedeutung. Die Feministische Ethik hat gerade für diese Themen Argumente und Ideen bereit gestellt, die genutzt werden können, wenn über Maßnahmen und Projekte nachgedacht wird, die den Unterschieden von Mädchen und Jungen, Frauen und Männer sowie queeren Menschen gerecht werden wollen.

Die *Interkulturelle Ethik*[21] – im deutschsprachigen Raum mitbegründet von Franz Wimmer (2004) – zeichnet sich durch die Kritik der Einseitigkeit griechisch-okzidentaler Denkweisen und Vorstellungen aus, die keiner anderen Kultur eine eigene Philosophie oder philosophische Ethik zugestehen. Mit dem Credo, keine philosophische These für gut begründet anzusehen, an deren Zustandekommen nur Menschen einer einzigen kulturellen Tradition beteiligt waren (vgl. Wimmer 2004), geht die interkulturelle Ethik davon aus, Denkweisen, Theorien und Ethiken aus unterschiedlichen Traditionen und Kulturen gleichberechtigt einzubeziehen, die je kulturbedingt unterschiedliche moralische Vorstellungen haben – bezogen auf Menschenbilder, auf die Vorstellung des Glücklichseins bzw. dessen, was ein gelungenes Leben ausmacht, aber auch darüber, was moralische Handlungen sind und wie gegenseitige Hilfe und Unterstützung zu verstehen ist. (Vgl. Wimmer 2004; Mall/Schneider 1996) Hier finden sich Denkanstöße für zahlreiche ethische Fragen, die die interkulturelle Offenheit der sozialen Dienste betreffen. Bei Fragen, die sich für die sozialen Berufe hinsichtlich der Effekte zunehmender Migrationsbewegungen stellen, wird auf Konzepte des Diversity Management[22] zurückgegriffen.

Ethik in sozialen Berufen hat mit allen skizzierten Bereichen und Dimensionen der Ethik zu tun. Dabei sind die Schwerpunkte abhängig vom jeweiligen Praxiskontext. Sie divergieren je nach Beruf (Soziale Arbeit, Pflege und Gesundheitswesen, Elementarpädagogik) und unterscheiden sich auch innerhalb der einzelnen Berufe.

Die Einteilung der Ethik in die reine Grundlagenethik, die praktische bzw. angewandte Ethik sowie die mit allen Bereichen konfrontierten Ethiken (Feministische, Interkulturelle Ethik, Ethik in sozialen Berufen) verdeutlichen mit ihrem breiten Spektrum der Themenfelder und Überlegungen, dass Ethik nie losgelöst von anderen gesellschaftlichen Sphären zu begreifen ist: In der griechisch-okzidentalen philosophischen Tradition war es Aristoteles, der auf die Triade Ethik, Politik (inklusive Verfassung als „Recht") und Ökonomie hinwies

---

[21]   Immer wieder ist auch von transkultureller Ethik die Rede.

[22]   Das Konzept des Diversity Management bedeutet in Unternehmen der Wirtschaft die Förderung von Vielfalt von Menschen zugunsten der Profitmaximierung und Wettbewerbsfähigkeit des Unternehmens. In Kontexten Sozialer Berufe wird das Diversity Konzept als radikales/politisches Konzept beschrieben, in dem die Motivation der Umsetzung zugunsten von Menschen in ihren Unterschieden im Hinblick auf Alter, Behinderung, soziale Herkunft, kulturelle Herkunft, Klasse, Gender, sexuelle Orientierung etc. im Mittelpunkt steht. (Vgl. zur Interkulturellen Öffnung: u.a. Rommelspacher 2004; Gaitanides 2004; Mecheril 2005; Schröer 2005; zum radikalen Diversity Konzept: Czollek/Perko/Weinbach 2009)

(vgl. Aristoteles 1969). Wenn in dieser triadischen Verbindung ökonomische Interessen im Hinblick auf eine Kosten-Nutzen-Rechnung im Vordergrund stehen, wird moralisches Handeln oftmals begrenzt. In der Auseinandersetzung mit sozialen Berufen zwischen Ethik und Ökonomie wird auf dieses Spannungsfeld hingewiesen, insofern die ökonomische Orientierung als Umgang mit beschränkten Ressourcen einerseits notwendig ist, andererseits Professionelle gerade dann aufgefordert sind, moralisch zu handeln, wenn Ökonomie menschenwürdiges Leben nicht mehr für alle Menschen gewährleistet (vgl. u.a. Wilken 2000; Albert 2006). Der Druck der Ökonomisierung fordert soziale Berufe heraus, sich als ethisch-politische Profession zu festigen und zugleich ökonomisch gerechte Gesellschaftskonzepte zu verwirklichen. Die Möglichkeiten der Verwirklichung liegt darin begründet, dass jene Triade nicht ein für alle Mal in dem Sinne verankert ist, dass eines ihrer Bestandteile den Hauptton angäbe: Sie werden je nach gesellschaftlicher Orientierung ins Zentrum gerückt, verrückt, in den Hintergrund gedrängt. Im Idealfall stünde Politik genauso wie Ökonomie im Zeichen der Ethik, Ethik wäre dann politisch und ökonomisch in dem Sinne ausgerichtet, dass das Interesse der Anderen im Mittelpunkt bleibt. (Vgl. Perko/Czollek 2009)

2.2.3 Die Frage nach einem verbindlichen Berufsethos

Soziale Berufe haben es mit Menschen zu tun. Dieser Satz scheint eine Banalität zu sein, birgt aber de facto eine Komplexität an notwendigem Wissen und Kompetenzen im Umgang mit Menschen. Wer in professioneller Weise mit und für Andere arbeitet, muss besondere Qualifikationen haben. Neben fachspezifischen Qualifikationen, die in jeder Ausbildung vermittelt und in der Praxis vertieft werden, geht es um so genannte Schlüsselkompetenzen (Soft Skills). Auch hinsichtlich der für die Berufsausübung erforderlichen Kompetenzen lässt sich beobachten, dass das Profil der sozialen Berufe sich (noch) in einem Entwicklungsprozess befindet. So werden heute interkulturelle Kompetenzen, Gender Kompetenzen, Kommunikationskompetenzen und eben auch ethische Kompetenzen zu den Soft Skills gezählt. Es bleibt allerdings zu überlegen, ob sie nicht eher als fachliche Qualifikationen gelten sollten. (zum Erwerb ethischer Kompetenz s. Kap. 3).

Ist von Menschen die Rede, dann sind im Rahmen von Ethik (auch ohne dies explizit benennen zu müssen) immer auch Menschenrechte, Würde, Anerkennung, Achtung sowie das Recht auf Unterstützung angesprochen. Wir sprechen in der Ethik von *Subjekten*, die in ihren jeweiligen Unterschieden und Gleichheiten, in ihren jeweiligen Erfahrungen, Geschichten, Anliegen und Bedürfnissen ernst zu nehmen sind, die ganz anders sein können als wir annehmen. Wir sprechen von *moralfähigen Wesen*. Das beschreibt Schneider als eine der besonderen Herausforderungen an soziale Berufe: „Im Gegensatz zu den meisten anderen Berufen und ihrer Ethik besteht die besondere Problematik der sozialen Berufe und ihrer Moral darin, dass nicht nur ihr Ziel moralisch legitimiert sein muss und die Folgen und Nebenfolgen bedacht sein wollen, sondern dass ihre Objekte selbst moralfähige Subjekte sind" (Schneider 1999: 163). In diesem Sinne sind die Professionellen sowohl mit ihren eigenen moralischen Werten konfrontiert als auch mit denen der Anderen, sie müssen sich auf deren Lebenswelten und -bedingungen einlassen und immer auch klären, was es für die Anderen bedeutet, gut zu handeln oder ein glückliches Leben zu führen. Dieses dialogische Miteinander (siehe Kap. 4) ist auf die Autonomie der Adressat_innen orientiert und geht davon aus, „dass soziale Berufe darauf achten müssen, nicht die Probleme für die Menschen zu lösen, sondern sie in die Lage zu versetzen, sie selbst zu lösen" (Schneider 1999: 142). Menschenwürde, Autonomie und das Wohl der Adressat_innen stehen dabei im Mittelpunkt moralischer Überlegungen unter Berücksichtigung der voraussehbaren Folgen einer Entscheidung für andere (Baum 1996: 116f.).

Die unter 2.1 angesprochenen gesellschaftlichen Entwicklungen der zweiten Moderne haben die Pluralisierung von Lebensweisen und den Umgang mit Differenz in den sozialen Berufen zu einem wichtigen Thema gemacht. Damit verknüpfen sich nicht zuletzt Überlegungen, inwieweit „Eingriffe" in die Privat- und Intimsphären von Menschen – ein grundrechtlich geschützter Bereich – angemessen respektive gerechtfertigt sind, welche Bedingungen und welche Grenzen bei solchen „Eingriffen" in persönlichen Lebensverhältnissen zu berücksichtigen sind, damit sie als legitim gelten können.

Gesetzesverankerungen und internationale Konventionen geben hier klare Richtlinien vor, z. B. in Bezug auf die Menschenrechte, auf Kinderrechte oder hinsichtlich der Rechte von Menschen mit körperlichen oder geistigen Einschränkungen. So fordert die UN-Behindertenrechtskonvention, um ein Beispiel herauszugreifen, (im Artikel 3a der Allgemeine Grundsätze) die „Achtung der dem Menschen innewohnenden Würde, der Autonomie des Einzelnen, einschließlich der Freiheit, eigene Entscheidungen zu treffen, sowie der Unabhängigkeit der Person". Aus ethischer Perspektive sind in jeder konkreten Situation die vorhandenen oder einzufordernden Handlungsspielräume zu reflektieren.

> Wird z.B. die Freiheit von Menschen mit Behinderungen, eigene Entscheidungen zu treffen, mit einem Eingriff in das Persönliche überschritten, wenn Professionelle einen Menschen, der sich selbst nicht ankleiden kann und signalisiert, nicht angekleidet werden zu wollen, ankleiden; wenn Menschen nicht mehr selbst essen können und signalisieren, nicht „gefüttert" werden zu wollen, und Professionelle es dennoch tun; wenn Menschen signalisieren, nicht gewaschen werden zu wollen und es dennoch getan wird?

Werden die skizzierten ethischen Anforderungen bei gleichzeitigem Blick auf die berufliche Praxis vor Augen geführt – dann lässt sich kaum übersehen, wie komplex die alltäglichen Handlungssituationen werden, wenn (einzel-)wissenschaftliche Grundlagen, berufsfeldspezifische Methoden *und* ethische Aspekte angemessen verknüpft und wirksam gemacht werden sollen. In vielen Berufsfeldern gibt es deshalb Bestrebungen, die ethischen Normen und Themen, die für den jeweiligen Beruf von besonderer Bedeutung sind zu formulieren und in einem Kodex zusammenzustellen. Soziale Arbeit, Pflege, Frühpädagogik, Erwachsenenbildung, Beratung, Supervision, Coaching und Mediation – um die wichtigsten „neuen" Professionen noch einmal zu nennen – stehen zwar gleichermaßen in der Verpflichtung ethisch reflektiert zu handeln, doch stehen nicht überall dieselben Themen und (möglichen) ethischen Konflikte im Fokus. Pflegeberufe haben eher mit Eingriffen in die körperliche Intimität zu tun, Beratung, Supervision, Mediation und Coaching arbeiten mit der psychischen und psychosozialen Seite der Person, pädagogische Tätigkeiten vergeben Bildungschancen und beeinflussen das Verhältnis der Person zu sich selbst und ihrer Lebenswelt; Soziale Arbeit schließlich greift oft ganz direkt in die Lebensverhältnisse ihrer Klient_innen ein und kann den Zugang zu materiellen Ressourcen beeinflussen. Die bereits angesprochen ethischen Anforderungen an die Professionellen der sozialen Berufe – die Beförderung (sozialer) Gerechtigkeit, der Respekt vor dem Selbstbestimmungsrecht der Einzelnen, die Verpflichtung verantwortlich mit den öffentlichen Ressourcen umzugehen *und* den Bedürfnissen des anderen Menschen gerecht zu werden, die Berücksichtigung kultureller Differenzen (unterschiedliche Moralkodexe eingeschlossen) und die Beförderung von Gender-Gerechtigkeit – diesen Anforderungen haben sich alle Professionen zu stellen, aber in der jeweils berufsspezifischen Ausgestaltung.

Für einige der sozialen Berufe liegen inzwischen Formulierungen berufsspezifischer ethischer Kodizes oder berufsethischer Standards vor; exemplarisch genannt seien:

- Soziale Arbeit: „Ethics in Social Work, Statement of Principles" (2004), erarbeitet und formuliert von der „International Federation of Social Workers" und der „International Association of Schools of Social Work", zugänglich unter: http://www.ifsw.org/f38000032.html
- Pflegeberufe: „The ICN Code of Ethics for Nurses" (2005), erarbeitet und formuliert von der „International Council of Nurses", zugänglich unter: http://www.icn.ch/images/stories/documents/about/icncode_english.pdf
- Beratung: „Code of Ethics" (2007), erarbeitet und formuliert von der „Canadian Counselling and Psychotherapy Association", zugänglich unter: http://www.ccpa-accp.ca/_documents/CodeofEthics_en_new.pdf
- Ergotherapie: Code of Ethics" (2005), erarbeitet und formuliert von der „World Federation of Occupational Therapists", zugänglich unter: http://www.wfot.org/office_files/WFOTCode%20of%20Ethics%202005.pdf

Die berufsbezogenen Moralkodizes, die wir hier genannt haben, haben einige Merkmale, die für die Ethik-Debatte interessant sind. Sie entstehen mit Ausnahme des Pflegebereichs (hier stammt die erste Version von 1953) relativ spät, die Diskussionen beginnen in den 1990er Jahren. Die angelsächsischen Länder haben dabei eine Vorreiterfunktion, meist gehen amerikanische, britische oder kanadische Versionen der von den internationalen Verbänden erarbeiteten Fassung voraus. Da, wo deutsche Berufsverbände (bereits) existieren, werden die internationalen Codes (meist in deutscher Übersetzung) übernommen. Welchen Status haben Richtlinien und Festlegungen, die so entstehen?

Kodizes vermitteln zwar schon auf Grund ihrer äußeren Form den Eindruck von Vollständigkeit und Verbindlichkeit. Das darf jedoch nicht darüber hinwegtäuschen, dass es sich dabei um *Konventionen* handelt, die Willenserklärungen der jeweiligen Verbände darstellen. Auswahl, Schwerpunktsetzung und Formulierung sind in einem kommunikativen Abstimmungsprozess des jeweiligen Verbandes entstanden. Das hat Auswirkungen für den Geltungsanspruch einer solchen Erklärung. Sie gibt den Diskussionsstand zu einem bestimmten historischen Zeitpunkt wieder und wird in bestimmten zeitlichen Abständen überarbeitet. Kodizes dokumentieren den Diskussionsprozess innerhalb der jeweiligen Vereinigung über Berufsethik und spiegeln das Bemühen um die Herstellung eines gemeinsamen Berufsethos. Für die einzelnen Fachkräfte in ihrer beruflichen Alltagsarbeit ist ein solcher Kodex insofern hilfreich als er einen (relativ handlichen) Orientierungsrahmen liefert – für die Überprüfung der eigenen Berufsarbeit und für die Diskussion ethischer Fragen im Team oder im weiteren Fachkollegium. Allerdings lassen sich auch aus den Regeln und Normen, die in einem solchen Kodex formuliert werden, keine Handlungsanweisungen für das berufliche Handeln in konkreten Einzelsituationen ableiten. Es erfordert theoretisches Wissen und fallbezogene Praxiskompetenz um ethisch reflektiertes Handeln nicht nur zu fordern, sondern im alltäglichen Tun zu praktizieren.

So verständlich der Wunsch nach einem verbindlichen Berufsethos ist, das sich in einem Kodex festschreiben ließe, aus moralphilosophischer Sicht lassen sich auch sehr grundsätzliche Einwände geltend machen. Handlungsfreiheit, verstanden als die Möglichkeit, frei zwischen Alternativen entscheiden zu können gilt vielen Ethiker_innen als Bedingung für die moralische Entscheidung (vgl. Kap. 4). Insofern kann es keinen Zwang, keine Verpflichtung auf ein verbindliches Berufsethos in dem Sinne geben, dass Prämissen und Inhalte einer spezifischen Ethikkonzeption oder eines bestimmten Ethos festgelegt würden. Die Verankerung von Ethik als Fach bzw. Querschnittsthema an den Hochschulen und die kontinuierliche Diskussionen ethischer Fragen und Standards in den Berufsverbänden kann allerdings zur Vermittlung der Wichtigkeit moralischer Reflexionen und moralischem Handelns in sozialen Berufen beitragen und die einzelnen Professionellen dabei unterstützen ethische Kompetenz und ein eigenes berufliches Ethos auszubilden. (vgl. Kap. 3)

2.3 Das Verhältnis von Theorie und Praxis

Soziale Berufe gehören der *Sphäre der Praxis* an. Ethische Konzeptionen zählen zwar innerhalb der Philosophie zur praktischen Philosophie, es handelt sich bei der Ethik aber um eine *Wissenschaft* über das moralische Handeln. Ethiker_innen stellen Theorien zur Verfügung, die nur selten konkrete Handlungsanweisungen für die Praxis liefern, nach denen wir in der Praxis Schritt für Schritt handeln könnten. Sie intendieren aber für moralische Reflexionen, Entscheidungen und schließlich Handlungen wegweisend zu sein.

Dass es in dem Verhältnis zwischen jenen, die Maßstäbe für moralisches Handeln vorlegen[23] und jenen, die es in der Praxis ausführen sollen, immer wieder zu Spannungen kommt, ist evident – auch zwischen Moralphilosophie und Moral bildet sich das klassische Spannungsverhältnis zwischen „Theorie und Praxis" ab. Während Theoretiker_innen dafür plädieren, dass moralisches Entscheiden und Handeln erst durch die Reflexion und den Einbezug von ethischen Theorien zu einem beruflich-professionellen Handeln wird, begründen Praktiker_innen nicht selten mit Zeitknappheit und Ressourcenmangel die Unmöglichkeit ethische Theorien in der Praxis heranzuziehen. Nicht selten bleiben sie ganz unbeeindruckt von Ethiken, da sie annehmen, als „Helfende" per se schon „gut" zu handeln. Sie werfen ihrerseits den Theoretiker_innen vor, die Praxis nicht zu kennen und Theorien im „Elfenbeinturm" zu konzipieren. Theoretiker_innen wiederum halten diese Argumentationen für unreflektiert oder gar für theoriefeindlich. Theorien erscheinen aus der Perspektive mancher Praktiker_innen als zu kompliziert, als unverständlich dargestellt und deshalb nicht praxistauglich. Das Szenario an polarisierenden Vorwürfen lässt sich zweifelsohne weiter beschreiben – die Spannungen zwischen Theorie und Praxis sind historisch sehr alt und wohl auch darum gesellschaftlich tief verankert. Ihre Aufrechterhaltung ist allerdings weder für die eine noch die andere Seite sinnvoll. Sinnvoll hingegen ist die gegenseitige Bezugnahme: Theorie ohne Praxis bleibt leer; Praxis ohne Theorie bleibt handwerklerisch. Theorie muss auf die Praxis hin orientiert sein, muss sich von der Praxis inspirieren, sich von der Praxis überprüfen lassen. Praxis wiederum kann von der Theorie profitieren, Anregungen und Argumentationskraft erhalten, sie aber auch mitgestalten. In Bezug auf die Krankenpflege formuliert Tschudin: Ethische Prinzipien geben „(...) nur die Richtung an, dienen aber nicht als Landkarte. (...) Sie liefern uns keine Antworten, aber helfen uns, unser Denken auf einen Konsens zu richten bezüglich dem, was in schwierigen Situationen getan werden sollte." (Tschudin 1988: 42)

---

[23] Ob die Autor_innen jeweils selbst danach handeln, steht dabei nicht zur Diskussion – die Antwort, die Husserl (1859-1938) auf die Frage gibt, ob er sich denn selbst an das hielte, was er in seiner Ethik (1920) geschrieben hatte, wird hierfür in der Philosophie immer wieder gerne herangezogen: Hat man, formuliert Husserl, schon jemals einen Wegweiser gesehen, der den Weg geht, den er weist? (Husserl 1920)

Im Falle von ethischen Konzeptionen, wie wir sie in Kapitel 4 in Bezug auf Gerechtigkeit, Anerkennung, Verantwortung und Care beschreiben, geht es darum, Argumentationen zur Verfügung zu stellen, die es erlauben, moralische Entscheidungen und Handlungen zu begründen. Dieses Begründen spricht gegen moralische Entscheidungen und Handlungen, die *ausschließlich intuitiv* sind, ausschließlich „aus dem Bauch heraus" oder „mit dem Herzen" in einem „authentisch-Sein" geschehen oder der Auffassung geschuldet sind, helfend per se gut zu sein. Theorien sprechen nicht gegen das Herz, sondern fordern zu Reflexionen, Überlegung, Entscheidungen und Argumentationen heraus. Erst die Begründung ethischer Haltungen und Entscheidungen ermöglicht deren Verknüpfung mit einzelwissenschaftlichen Kenntnissen sowie den kollegialen Austausch darüber, was zu tun „gut", „richtig" und „angemessen" ist.

Wenn sich Theorien auch im Kontext der Ethik gegen bloß willkürliches Handeln aussprechen, so liefern sie dennoch keine starren Regelsysteme, nach denen wir moralisch handeln *sollen*. Vielmehr bieten sie unterstützend ethische Prämissen und Reflexionskategorien, entlang derer moralisches Entscheiden und Handeln in der Praxis vollzogen werden kann/soll. Die Aufforderung des argumentativen Begründens bedeutet schließlich auch, den jeweils subjektiven Blickpunkt hin zum Einbezug mehrerer Perspektiven in Bezug auf die (Hinter)Gründe moralisches Entscheiden und Handeln zu öffnen. Im nun folgenden dritten Kapitel werden wir beschreiben, *wie* die Reflexion ethischer Aspekte in die berufliche Praxis eingebunden werden kann.

2.4 Rekapitulationsfragen

- Warum ist die explizite Auseinandersetzung mit der ethischen Dimension in den sozialen Berufen notwendig?
- Was versteht man sozialtheoretisch unter Moderne?
- Was bedeuten die Begriffe Ethik, Moral, Ethos?
- Gibt es für Ihren Beruf einen „Code of Ethics" und wenn ja, welche Rolle spielt er in der Praxis?
- Inwiefern bedarf es theoretischer Untermauerungen von moralischen Handlungen im beruflichen Kontext?

3. Ethical Reasoning – berufliches Handeln reflektieren

Die Einbeziehung von Ethik in Ausbildung und Berufsausübung stellt, wie wir im vorangegangenen Kapitel verdeutlicht haben, einen wichtigen Bestandteil der professionellen Kompetenz in den sozialen Berufen dar: Erziehung und Bildung, Sozialarbeit und Sozialpädagogik, Beratung, Supervision, Coaching und Mediation – all diese Berufe und beruflichen Tätigkeiten haben eine ethisch-moralische Dimension. In diesem Kapitel stellen wir die Frage, wie sich die dafür erforderliche Kompetenz erwerben lässt. Dabei wird ein anspruchsvoller Begriff von Kompetenz verwendet.[1] Kompetenz im hier verwendeten Sinne umschreibt eine durch Ausbildung und Sachwissen ausgewiesene Fähigkeit, Handlungssituationen angemessen wahrzunehmen, fachliches und ethisches Wissen darauf zu beziehen, begründbare Entscheidungen zu treffen und diese handelnd umzusetzen. Diese komplexe Fähigkeit ist für die Realisierung der ethischen Dimension im professionellen Handeln in besonderer Weise erforderlich. Denn die ethischen Anforderungen an das berufliche Handeln lassen sich nicht durch ein von anderen Aspekten abtrennbares Fachwissen oder eine zusätzliche Methode bewältigen, ethische Aspekte spielen vielmehr in die Anwendung von Fachwissen und Methoden hinein und sind für alle Ebenen professionellen Handelns von Bedeutung. Insbesondere gilt dies für die Gestaltung der Arbeitsbeziehung zu den Klient_innen. Anstrebenswert ist dabei die Herausbildung einer ethischen Grundhaltung (Ethos), die in der professionellen Praxis insgesamt wirksam wird. Wenn wir die im vorangegangenen Kapitel entwickelte philosophische Begrifflichkeit verwenden, dann lässt sich formulieren:

> Zwar ist es weder möglich noch wünschenswert, ein verbindliches und allen Angehörigen einer Berufsgruppe gemeinsames Ethos festzuschreiben, doch professionell Tätige können ein berufsspezifisches Ethos entwickeln, das in den alltäglichen Handlungen präsent und wirksam ist und gleichwohl offen bleibt für neue Erkenntnisse bzw. neue Entwicklungen im Berufsfeld. Dabei geht es nicht um das Praktizieren einer individuellen persönlichen Moral „nach Gefühl", sondern um die Umsetzung (begründbaren) ethischen Wissens und einen entsprechenden Austausch im Team, im Fachkollegium sowie im Berufsverband.

---

[1] Anzumerken ist, dass der im Bildungsbereich verwendete, aus dem Englischen übernommene Begriff (competence = Befähigung) heute in sehr unterschiedlichen Kontexten und nicht immer mit einer klaren Definition benutzt wird. Dabei mischt sich die Bedeutung häufig mit dem aus der juristisch geprägten Verwaltungssprache stammenden Kompetenzbegriff (Kompetenz = Zuständigkeit). Diese Vermischung kommt auch vor, wenn über „Profession" und „Professionalität" diskutiert wird – sie ist aber hier explizit nicht gemeint.

3.1 Wie entsteht ethische Kompetenz in den sozialen Berufen?

Ethische Kompetenz ist wie die fachliche Kompetenz etwas sehr Komplexes, das nicht durch Wissensvermittlung oder Üben abschließbar erlernt werden kann, sondern in einem die unterschiedlichen Dimensionen einschließenden Prozess entsteht und kontinuierlich weiter entwickelt wird. Für die meisten Berufsfelder im sozialen Bereich ist der *Prozess des Kompetenzerwerbs* bereits bezogen auf die spezifischen Fachkompetenzen vertraut: Wissen (in der Regel aus unterschiedlichen Wissenschaftsdisziplinen) gilt es zu erwerben und auf die unterschiedlichen Handlungsfelder hin zu konkretisieren; berufsspezifische Handlungsmethoden werden erlernt und durch Verknüpfung mit den über die Sozialisation erworbenen Kommunikations- und Handlungskompetenzen eingeübt sowie in Fallbesprechungen und Supervision reflektiert und weiterentwickelt.

Um es an einem Beispiel zu erläutern: Eine Erzieherin erwirbt in ihrer Ausbildung Kenntnisse über Entwicklungspsychologie und Pädagogik. Sie beschäftigt sich mit den ethischen Aspekten von Erziehung und lernt soziologisches Wissen (über klassen- und kulturspezifische Lebenswelten) auf das Arbeitsfeld hin zu konkretisieren, für das sie sich spezialisieren möchte, die Frühpädagogik beispielsweise, die Heimerziehung oder die Alltagsbegleitung alter Menschen. Alters- und situationsangemessene pädagogische Methoden (zur Unterstützung des Wissenserwerbs, zur Anleitung gestalterischer Tätigkeit, zur Entwicklung von Bewegung, Kommunikation und Sozialkompetenz) kommen hinzu. In einer Abfolge von (hoch-)schulischen Ausbildungsphasen und Praktika soll die Verknüpfung von Wissen, Situationswahrnehmung, Handlungsentscheidung und Performanz angeregt, eingeübt und verbessert werden. Fachliche wie ethische Reflexion und Supervision dienen dem besseren Fallverstehen, der Selbstkorrektur und der Erweiterung des je individuellen Handlungsrepertoires.

Ziel ist hierbei – und das gilt für alle sozialen Berufe – die Entwicklung eines beruflichen Habitus[2], der schnelle und einigermaßen sichere Handlungsentscheidungen ermöglicht, dabei flexibel auf unterschiedliche Situationen reagiert. Das Ethos der Professionellen sollte zum selbstverständlichen Bestandteil des jeweiligen beruflichen Habitus werden. Bezogen auf die Bildungsbiografie der Einzelnen stellt ein beruflicher Habitus keinen Bruch mit allem bis dahin Gelerntem dar. Er basiert auf dem in der individuellen Sozialisation erworbenen persönlichen

---

[2]   Mit „Habitus" ist mehr gemeint als eine innere Haltung. Der (berufliche) Habitus schließt Wahrnehmungs- und Bewertungsschemata ein – die berufstypische Diagnostik eingeschlossen. Ein Habitus wird in Sozialisation und Ausbildung erworben und umschreibt die Offenheit und Bereitschaft, auf eine Situation in einer bestimmten Richtung (fachlich) handelnd zu reagieren – und zwar ohne in jedem Fall eine bewusste Einzelentscheidung zu treffen. Zum theoretischen Hintergrund dieses Begriffs vgl. Bourdieu/Wacquant 1996.

Habitus – insbesondere was Kommunikations- und Interaktionsformen betrifft, aber auch hinsichtlich von Wahrnehmungsstrukturen, Bewertungsschemata und der Bereitschaft sich einzubringen. Die individuelle Fähigkeit zu kommunizieren, die Reaktions- und Verhaltensmöglichkeiten, die persönliche Ansprechbarkeit für die Situation und Bedürfnislage Anderer sowie die Motivation sich zu engagieren – all diese Fähigkeiten werden in der Ausbildung beruflich geprägt, weiter entwickelt und nicht selten korrigiert. Wenn vom *beruflichen Ethos der Professionellen in den sozialen Berufen* die Rede ist, dann ist eine ethische Grundhaltung angesprochen, die Teil des beruflichen Habitus geworden ist.

Da sich Ethik – anders als einzelwissenschaftliches Faktenwissen – nicht mit dem beschäftigt, was faktisch gegeben ist, sondern mit dem, was *sein soll*, knüpft das berufliche Ethos auch an andere Seiten des persönlichen Habitus an als der Wissenserwerb oder der Transfer von Methoden in die Praxis. Diese Differenz ist sowohl für die individuelle ethische Haltung im Beruf von Bedeutung als auch für den Austausch mit anderen über ethische Fragen und Probleme. Das individuelle berufliche Ethos nutzt nicht nur Urteile und Reflexion, sondern auch (moralische) Intuitionen und (moralische) Gefühle. Intuitionen und Gefühle sind allerdings nur begrenzt tragfähig (vgl. 2.3 und 3.1.1) und – das ist für den beruflichen Kontext von besonderer Bedeutung – sie führen keine Begründungen mit sich, sind folglich auch kaum argumentativ zu verwenden. Argumente benötigen fachlich-empirisches wie theoretisches Wissen, sie nutzen definierte Begriffe und fügen sich in logisch nachvollziehbare Verknüpfungen. Dies gilt für ethische Argumente wie für das Argumentieren in anderen Wissensbereichen. Die *Art der Gründe* aber – hier macht sich die Differenz des „Sollens" gegenüber dem „Ist" bemerkbar – ist in der Ethik eine andere, da man sich hier mit den Regeln für die Gestaltung der sozialen Welt beschäftigt und nicht Gegebenes möglichst genau zu beschreiben und zu erklären versucht. Nicht Beweise und Belege gilt es zu liefern, sondern *Gründe für die Geltung von Regeln* und die ethische Beurteilung einer Situation (vgl. Tetens 2004).

Nicht jede Norm und jede Regel lässt sich so zwingend begründen, dass man ihr folgen *muss*. Zwingend im Bereich des professionellen Handelns sind z. B. das Gebot der Schadensvermeidung und das Diskriminierungsverbot. Für viele andere Fragen – insbesondere wenn es um Fragen der positiven Ausgestaltung sozialer Verhältnisse geht – ist das Sollen nicht so eindeutig zu bestimmen, hier kann durch Argumentation Plausibilität hergestellt und Zustimmung auf der Basis gemeinsamer Grundüberzeugungen erreicht werden. Schauen wir uns genauer an, worauf für die Entwicklung ethischer Kompetenz zurückgegriffen werden kann.

3.1.1 Moralische Gefühle und moralische Intuition

Obwohl Gefühle und das intuitive Handeln „aus dem Bauch heraus", keine angemessene Basis für professionelles Handeln sind (vgl. Pieper 2000), können moralische Gefühle und Intuitionen zu einer Ressource für professionelle ethischer Kompetenz werden. So können Gefühle wichtige Indikatoren dafür sein, dass in einer Situation Moral eine Rolle spielt. Aus dem Alltagsleben wissen wir, dass fast immer Gefühle mitschwingen, wenn wir auf eine Situation moralisch reagieren – beispielsweise wenn uns ein Satz wie „Das geht nun gar nicht!" durch den Kopf schießt, bevor klar geworden ist, was genau an dieser Situation nicht in Ordnung ist. Gefühle reagieren schnell, sie bewegen innerlich, haben Gedankenanteile und meist auch eine körperlich spürbare Seite (vgl. Demmerling/Landweer 2007). Oft sieht man jemandem an, dass ihn etwas emotional bewegt. Gefühle – in der Psychologie je nach Intensität als Stimmung, Emotion oder Affekt beschrieben – sind kontinuierliche Begleiter menschlichen Erlebens. Aber nur wenige Gefühle, nur ein kleiner Teil dessen, was uns im Alltag emotional bewegt, ist eine Reaktion auf Normatives und damit relevant für ethische Überlegungen. Gefühle wie Freude, Trauer oder Neid stellen persönliche Reaktionen auf Erlebtes dar, ohne moralische Anteile zu haben. Es gibt allerdings Gefühle, die sehr eng mit Moral verknüpft sind und in der Philosophie als „moralische Gefühle" diskutiert werden. „Mit dem Ausdruck ‚Moralische Gefühle' werden entweder bestimmte, mit moralisch interpretierten Situationen verbundene Gefühle bezeichnet wie Scham und Schuldgefühl, Zorn und Empörung oder aber die Fähigkeit zum Mitempfinden mit anderen wie Mitleid oder allgemeiner das Mitgefühl." (Landweer 2002: 360) Die Beachtung solcher moralischer Gefühle ist nicht unwichtig, will man so etwas wie moralische Sensibilität für berufliche Situationen entwickeln. Sie signalisieren, dass in der Situation, in der sie auftauchen, die ethische Seite der professionellen Kompetenz besonders gefragt ist. Vielleicht gibt es einen Normkonflikt, vielleicht ist eine Grenze der Unterstützungsmöglichkeit erreicht, vielleicht ist man auf eine strukturelle Ungerechtigkeit gestoßen ...

> Will man in diesem Sinne moralische Gefühle als Ressource nutzen, dann ist es sinnvoll drei Typen von Gefühlen zu unterscheiden. Schuldgefühle und Scham signalisieren das eigene Verstricktsein in ethisch-moralische Konflikte. Die beiden anderen Typen von moralischen Gefühlen stehen für die persönliche Ansprechbarkeit hinsichtlich der Situation anderer Menschen bzw. des sozialen Miteinanders. Mitgefühl oder Mitleid zeigt an, von welchen Bedürfnissen und Lebenssituationen der Anderen wir uns emotional berühren lassen, wie nah uns etwas geht, das eine andere Person betrifft (vgl. 4.5.5). Gefühle wie Empörung oder Zorn signalisieren ein Gespür für Ungerechtigkeit (vgl. 4.5.2).

Daher ist das oft sehr heftige Aufwallen moralischer Gefühle ein wichtiger Indikator für ethisch begründeten Handlungsbedarf. Allerdings: Moralische Gefühle ersetzen weder die fachliche Einschätzung noch die ethische Analyse einer Situation. Ein moralisches Gefühl liefert keine klare Einschätzung der Situation und signalisiert keine Handlungsrichtung.

Zu berücksichtigen ist zudem, dass moralische Gefühle zunächst einmal die eigene persönliche Moral repräsentieren, nicht das berufliche Ethos. Berufliche Erfahrung und deren professionelle Reflexion können zwar die eigenen moralischen Gefühle auch für spezifisch-berufliche Probleme kultivieren und so zu einer professionellen ethischen Sensibilität beitragen, dem Gefühl selbst aber ist diese Differenz nicht anzumerken.

So wird eine klinische Sozialarbeiterin, die in ihrem Berufsfeld viel mit traumatisierten Jugendlichen zu tun hat, ihr Mitgefühl vermutlich besonders für die Empfindlichkeiten dieser Jugendlichen sensibilisieren. Ein Mediator, der Familienmediationen durchführt, wird wahrscheinlich ein sicheres Gespür für die (strukturelle) Überforderung der Kinder in Krisensituationen entwickeln. Wer sich als Supervisorin/ Coach auf die Arbeit mit Frauen des mittleren Managements spezialisiert, wird ein besonders klares Gefühl der Empörung/des Zorns für das ausbilden, was als „gläserne Decke" diskutiert wird. – Eigene Betroffenheit oder eine politische Positionierung können allerdings zu einer ähnlichen Gefühlsintensivierung führen, ohne dass dies dem Gefühl selbst anzumerken wäre.

Bezogen auf einen Typ moralischer Gefühle scheint – dies zeigt ein Blick in die kritische Fachdiskussion – der berufliche Alltag weniger zu einer berufsfeldbezogenen Kultivierung von moralischen Gefühlen beizutragen, als vielmehr Verdrängung zu unterstützen: Scham und Schuldgefühle (ob bezogen auf das eigene Handeln oder das von Kolleg_innen) sind in vielen Berufsfeldern tabuisiert (vgl. Gröning 2000). Aus all diesen Gründen können Gefühle zwar als Ressource genutzt werden, bedürfen aber der Reflexion – sie sind weder vollständig hinsichtlich der beruflich erforderlichen ethischen Sensibilität, noch zuverlässig hinsichtlich ihrer Bedeutung.

Eine weitere Ressource, die sich für die Entwicklung ethischer Kompetenz nutzen lässt, ist die moralische Einschätzung einer Situation, die sich spontan einstellt – ohne viel nachzudenken, manchmal, nicht immer von moralischen Gefühlen begleitet, immer aber mit einer deutlichen Idee dazu, was in einer gegebenen Situation gut/richtig wäre zu tun, was schlecht/falsch ist bzw. wo man durch Unterlassung schuldig wird. In der philosophischen Tradition hat es Positionen gegeben, die davon ausgingen, dass solche moralischen Intuitionen „unmittelbar (‚intuitiv') einsehbare moralische Grundwahrheiten" (Düwell/Hübenthal/Werner 2002: 13) abbilden. Inzwischen jedoch geht man davon aus, dass dieses intuitive Wissen sozialisationsbedingt Gelerntes, fest Internalisiertes wiedergibt. Die meisten moralphilosophischen Theorien nehmen daher zwar oft Intuitionen zum Ausgangspunkt ihrer Überlegungen, verlangen für das, was ethisch Geltung haben soll, aber andere Begründungen. Diese Skepsis gegenüber dem, was einem spontan als moralisch richtig bzw. gut einfällt, ist durchaus berechtigt, ist doch das intuitive Situationsverstehen (wie das moralische Gefühl) als sozialisationsbedingtes an die je eigene Lebenswelt gebunden. Deshalb greifen moralische Intuitionen bei inter/kulturellen Differenzen nicht, sondern bleiben gebunden an das eigene Verstricktsein in Machtstrukturen. Moralische Intuitionen bedürfen deshalb immer der kritischen (Selbst)Reflexion. Dennoch ist es in vielen Situationen hilfreich den eigenen Intuitionen Aufmerksamkeit zu schenken: Sie sind meist etwas langsamer als Gefühle, aber deutlich schneller als Nachdenken und Analysieren *und* sie geben (anders als Gefühle) eine Richtung dafür an, wo das moralische Problem zu suchen ist, um welchen ethischen Konflikt es sich handeln könnte und wo das moralisch Gute anzusiedeln ist.

> Auch hierfür ein Beispiel: Eine Ergotherapeutin, die in einer geriatrischen Einrichtung stundenweise arbeitet, erlebt im Vorbeigehen auf dem Flur eine Szene, die intuitiv die Assoziation „Gewalt", „Übergriff" hervorruft, verbunden mit dem Impuls einzuschreiten: Eine Betreuerin ist mit einer Bewohnerin heftig in Streit geraten. Die Bewohnerin soll mit in die Küche kommen, sich am Backen beteiligen, wehrt sich aber fast verzweifelt dagegen. Die moralische Intuition der Ergotherapeutin trifft einen wichtigen Punkt: Sie wirft die Frage nach dem Selbstbestimmungsrecht der Bewohnerin auf. Wird es hier verletzt? Ist die Verletzung legitimierbar? – Eine sachkundige Beurteilung der Situation ist damit noch nicht gegeben – die Bewohnerin ist an Demenz erkrankt und alle, die regelmäßig mit ihr umgehen, wissen, dass ihr das Hantieren in der Küche Wohlbefinden und Freude bereitet.

Beide Ressourcen – moralische Gefühle wie Intuitionen haben insbesondere für das berufliche Ethos, das auf Austausch und Verständigung unter Fachkolleg_innen angewiesen ist – den Nachteil, dass sie zwar formulierbar sind, nicht aber Begründungen liefern, die gegen andere Einschätzungen abgewogen werden könnten. Man kann beschreiben, was einem in den Sinn gekommen ist und woran sich das festmacht – *Gründe für den Geltungsanspruch* der damit verbundenen Normen jedoch lassen sich weder aus moralischen Gefühlen noch aus moralischen Intuitionen ableiten. Begründungen für ethische Entscheidungen im beruflichen Handeln müssen sich auf Argumente stützen können, die Personen mit anderen Gefühlen und Intuitionen zumindest für diskutabel, im günstigen Fall für plausibel halten. In der philosophischen Diskussion spricht man von „moralischen Urteilen", wenn moralische Bewertungen von Haltungen, Situationen und Handlungen vorgenommen werden, die diesen Anforderungen entsprechen.

3.1.2 Moralische Urteile

Innerhalb der philosophischen Ethik haben moralische Urteile eine zentrale Funktion. Die Bindung moralischer Entscheidungen an vernünftige Überlegungen sowie die *Begründung des Geltungsanspruchs von Regeln und Normen* sind angesprochen, wenn von moralischen bzw. ethischen Urteilen die Rede ist. Dabei werden zwei Ebenen unterschieden, die Ebene der theoretischen Begründung von Normen und ethischen Zielen und die Ebene der Beurteilung gegebener Zustände oder möglicher Handlungen nach diesen Normen: „Im Zusammenhang mit der Bestimmung der Begriffe ‚gut' und ‚böse' wie auch ‚Tugend' ist der Gehalt moralischer Beurteilung seit der Antike Kern ethischer Fragestellungen. Der spezifische *Akt des Urteilens*, d. h. die Applikation (= die Anwendung, d. A.) dieser Begriffe im Sinne der Zustimmung bzw. Ablehnung nach Maßgabe des Guten, wird dabei auch unter Rückgriff auf Wendungen wie ‚Schätzen/Nichtschätzen', ‚Billigung/Missbilligung', besonders aber ‚Lob/Tadel' thematisiert." (von der Lühe 2002:465). Moralische Urteile verweisen zum einen auf den theoretischen Begründungszusammenhang normativer ethischer Theorien – wenn wir z. B. danach fragen, warum es in einer Gesellschaft gerecht zugehen soll. Zum anderen geht es um den „Akt des Urteilens" bezogen auf gesellschaftliche Zustände – wenn wir z. B. danach fragen, ob das dreigliedrige Schulsystem im Sinne der Bildungsgerechtigkeit als gerecht gelten kann. Und schließlich lassen sich auch die Handlungsmöglichkeiten in konkreten Situationen moralisch beurteilen – wenn wir z. B. danach fragen, ob die Schülerbetreuung einer Hort-Einrichtung gerecht gestaltet ist, obwohl die unterschiedlichen Förderbedarfe der einzelnen Schüler_innen keine Berücksichtigung finden.

Professionelle in den sozialen Berufen haben mit diesen verschiedenen Ebenen des moralischen Urteilens in unterschiedlicher Form zu tun:

- Hinsichtlich der ethischen Theorien und des Entwurfs ethischer Begründungszusammenhänge für das, was anzustreben „gut", „richtig" und „zu billigen" ist, sind die Vertreter_innen der Praxis auf die Theorien und Konzepte anderer angewiesen (vgl. 2.3.). Die oben genannte Bedingung jedoch, dass Argumentationen (für die Praktiker_innen) nachvollziehbar sein müssen und zumindest diskutabel, im günstigen Fall plausibel sein sollen – diese Bedingung gilt auch hier. Wir werden im vierten Kapitel einige theoretische Konzepte beschreiben, die wir bezogen auf die Ethik sozialer Berufe für interessant und wichtig halten.
- Das moralische Urteil über gesellschaftliche Einrichtungen und Zustände ist den Akteur_innen in den Berufsfelder in ihrer Praxis sehr viel näher. Nicht nur als Bürger_innen eines Gemeinwesens fallen ihnen (wie anderen auch) Ungerechtigkeiten und Missstände auf, die nach ethischen Gesichtspunkten kritisiert werden können und politische Veränderungen erfordern – gegebenenfalls auch zu politischem Handeln führen. Die Berufsrolle enthält darüber hinaus eine eigene, je spezifische ethische Perspektive. Im Berufsfeld ermöglicht ethisch geschulte Fachkompetenz häufig eine sehr genaue Wahrnehmung von (gesellschaftlichen) Problemen und Schwierigkeiten einzelner Personen oder

Personengruppen, die unter ethischen Gesichtspunkten „schlecht" bzw. „nicht zu billigen" sind. Dann ist nach dem Verhältnis des beruflichen Handelns zum politischen Handeln zu fragen. Wir werden in den Einzeldarstellungen des vierten Kapitels an den entsprechenden Stellen jeweils auf diese Übergänge hinweisen.

- Die Beurteilung konkreter Handlungen und Handlungsmöglichkeiten unter Gesichtspunkten ethisch begründeter Normen und Fragestellungen ist als eine Dimension professionellen Handelns Teil der alltäglichen beruflichen Arbeit. Wichtig ist es, nicht nur aus der Perspektive der eigenen Rolle heraus zu urteilen, sondern im Sinne von Adam Smith (1723-1790) die Haltung eine_r unparteiischen Beobachter_in einzunehmen (vgl. 4.5) – nur dann kann man sich angemessen in die Situation der Anderen einfühlen und einschätzen, welches Maß an Hilfe, Wohlwollen oder Begrenzung richtig ist.

Das Gute zu erkennen, ist eine Sache, es im moralischen Urteil auf Handlungen und Handlungsmöglichkeiten anzuwenden eine andere. Schon in der Ethik des Aristoteles (384-322) wird auf die Schwierigkeit hingewiesen, die mit dem moralischen Urteil bezogen auf konkrete Einzelsituationen verbunden ist. Was im Einzelfall richtig ist zu tun, lässt sich nicht direkt aus dem „Guten" – sei es Gerechtigkeit, Mut oder Großzügigkeit – ableiten (vgl. Aristoteles 1969). Vielmehr bedarf es der (Lebens-)Klugheit, um im Einzelfall angeben zu können, was das Gerechte, Mutige oder Großzügige wäre. Bei Aristoteles ist die Frage des Guten in den einzelnen Handlungssituationen vor allem eine Frage des richtigen Maßes; heute wissen wir, dass insbesondere dann, wenn das Handeln (wie in den sozialen Berufen fast immer) direkt in das Leben anderer Menschen eingreift, weitere Aspekte hinzukommen. So hat Hannah Arendt (1906-1975) darauf hingewiesen, dass es des bewussten Einsatzes des *Vorstellungsvermögens* bedarf, um eine Situation, an der andere beteiligt sind, so in den Blick zu bekommen, dass ethisch geurteilt werden kann (vgl. Arendt 2003). Dabei geht es darum, den Perspektivwechsel zu üben, mehrere Perspektiven einzunehmen, um uns eine Handlungssituation aus der je unterschiedlichen Perspektive der beteiligten Personen zu vergegenwärtigen.

Damit wird deutlich, dass die Beurteilung einer beruflichen Handlungssituation unter ethischen Gesichtspunkten einer anderen Logik folgt als die in den sozialen Berufen übliche fallbezogene Sicht:

- Ethik führt in die asymmetrische Grundstruktur der sozialen Professionen (vgl. 2.1) eine symmetrische Perspektive ein, indem alle an einer Handlungssituation Beteiligte als *Subjekte* (vgl. 2.2) gesehen werden, die eigenständige Interessen, Ziele und Wahrnehmungen von der Situation haben. Auch moralische Gefühle und Intuitionen sowie Erwartungen an das in dieser Situation zu erreichende „Gute" sind bei *allen* Beteiligten anzunehmen.
- Ethische Überlegungen sind von Offenheit und Unsicherheit geprägt. Anders als beim fachlichen Wissen der Professionellen, das mit der Autorität der Fachlichkeit diagnostisch auf Situationen und Klient_innen schaut, gibt es in Sachen

Ethik und Moral zwar eine klare Verantwortlichkeit auf Seiten der Professionellen, jedoch keine Expertise, die Autorität und Sicherheit des Urteils verleihen könnte. Die ethische Beurteilung einer Situation ist vielmehr eine fragende, die Handlungsmöglichkeiten prüfende. Argumente für die Beurteilung einer Situation applizieren geteilte Normen auf diese Situation und können sich dabei auf Konzepte und Theorien der philosophischen Ethik stützen.

• Ethische Urteile betrachten das, was in einer Situation getan wird bzw. getan werden kann, nicht als Anwendung von Methoden oder als Routine-Verhalten, sondern als *Handlung* (vgl. 2.2.1). Damit ist unterstellt, dass die Handelnden Entscheidungsmöglichkeiten haben und dass es in der diskutierten Situation Handlungsspielräume gibt. Dies hervorzuheben, ist nicht unbedeutend, da sich die Fachkräfte z. B. in der Sozialen Arbeit oder im Bereich der Pflege selbst oft nicht als in diesem Sinne handelnd wahrnehmen. Sie sehen sich nicht selten als durch (institutionelle, zeitliche oder ökonomische) Zwänge bestimmt. Die ethische Perspektive liegt zu dieser Sicht quer, sie versucht Handlungsspielräume zu eröffnen.

Ethisches Urteilen kann man aus diesen Gründen dem berufsspezifischen Denken nicht einfach hinzufügen. Deshalb gilt es auch methodisch zu reflektieren, wie sich moralische Urteile in die fachliche, fallbezogene Reflexion des beruflichen Handelns integrieren lassen. Im angelsächsischen Bereich hat sich für die Einbeziehung ethischen Urteilens die Bezeichnung „ethical reasoning" etabliert. Sie ist parallel zu Bezeichnungen wie „clinical reasoning" und „social reasoning" konstruiert (vgl. Higgs 2000) und lässt sich nur ungefähr übersetzen: argumentierendes Nachdenken/Diskutieren über ethische Aspekte. Der englische Begriff ist nicht nur griffiger, sondern betont auch allein durch seine grammatikalische Form den diskursiven Charakter[3] ethischen Urteilens, er hebt einen Aspekt der ethischen Kompetenz hervor, der, wenn von ethischen Urteilen gesprochen wird, zunächst (noch) offen bleibt: Im professionellen Kontext ist das ethische Urteilen *ein Prozess, der auf Austausch und Verständigung* angelegt ist.

3.1.3 Moralische Konflikte und ethische Dilemmata

Der Übergang von einem ethischen Urteil zum Handeln in einer konkreten Einzelsituation ist für viele Fragen durch eine Erweiterung der durch das fachliche

---

[3]   Der Begriff „diskursiv" wird hier in einer eher allgemeinen Bedeutung verwendet: Man erörtert eine Frage, in einer logisch nachvollziehbaren Abfolge von Gründen. Diesen Begriff nutzend hat Jürgen Habermas (*1929) das Konzept einer Diskursethik entwickelt. Ethik wird von Habermas als Prozess und Ergebnis von kommunikativen Aushandlungsprozessen verstanden. Die von Habermas herausgearbeiteten Bedingungen für das Gelingen moralischer Verständigung sind vielfach als unrealistisch kritisiert worden. Man muss das Habermassche Konzept nicht teilen, um für Ethik in professionellen Kontexten zu akzeptieren, dass viele ethische Fragen in Aushandlungsprozessen geklärt werden und dass diese ihre Überzeugungskraft „aus allgemeinen Kommunikationsvoraussetzungen der Argumentation" (Habermas 1991: 119) beziehen.

Fallverstehen gegebenen Perspektive gekennzeichnet. Das, was im Einzelfall zu tun ist, wird komplexer, zugleich aber auch klarer, genauer begründbar und damit auch besser zu verantworten.

Es kommt jedoch auch vor, dass bereits das Urteilen schwer fällt – nicht weil kein ausreichendes Wissen zur Verfügung steht oder die Beziehung zum Fall unklar wäre, sondern weil sich wichtige ethische Normen gegenseitig blockieren. Und – es gibt Situationen, in denen das ethische Urteil klar zu sein scheint, die Umsetzung aber mit fachlichen Anforderungen oder ökonomischen Gegebenheiten, gelegentlich auch mit rechtlichen Normen in Konflikt gerät. Im ersten Fall spricht man von ethischen oder moralischen Dilemmata, im zweiten Fall von moralischen Konflikten. Was genau ist damit gemeint und wie kann man damit umgehen?

Unter *moralischen Konflikten* versteht man die Entscheidungsschwierigkeiten, die sich daraus ergeben, dass die Güter, Interessen und Ziele, die in unsere Entscheidungen hineinwirken, unterschiedlicher Natur sind und sich nicht auf ethisch-moralische begrenzen lassen (vgl. Kettner 2002: 411). Loyalität zu Kolleg_innen, Identifikation mit den Zielen der Einrichtung, Ressourcenknappheit, persönlicher Ehrgeiz, aber auch fachlich-methodische Effektivität spielen in die Handlungsentscheidungen hinein und können mit den erarbeiteten ethischen Normen in Konflikt geraten.

Zur Verdeutlichung ein Beispiel: In einer Schutzeinrichtung für Mädchen mit Erfahrungen sexualisierter Gewalt ist ein (im Vergleich zu anderen Notaufnahme-Einrichtungen) aufwändiges Versorgungskonzept etabliert worden, das auf die spezifischen Traumatisierungen der Altersgruppe 11 bis 14 abgestimmt ist. Die Einrichtung finanziert sich z. T. aus Mitteln, die allen Notaufnahme-Einrichtungen zustehen, z. T. aus Spenden, zu einem nicht unbeträchtlichen Teil aber aus Landesmitteln, die für Modelleinrichtungen vorgesehen sind. Mit diesem Finanzierungsmodell verbunden ist eine Richtlinie, die der Kooperation mit überweisenden Einrichtungen des (vorwiegend finanzierenden) Bundeslandes einen Vorrang gegenüber anderen Anliegen einräumt. Die längerfristigen Chancen auf finanzielle Mittel hängen – so die politische Einschätzung des Teams – auch davon ab, wie günstig die Einrichtung die Kinderschutz-Bilanz des Landes beeinflusst. Jedes Mal, wenn ein Mädchen aus einem anderen Bundesland aufgenommen werden möchte oder eine Jugendliche (z. B. 16 Jahre alt) in Not sich an die Einrichtung wendet, spielen neben der fachlichen Einschätzung (Ist unser Angebot für dieses Mädchen das richtige?) und dem ethischen Urteil (Ist Nothilfe geboten?) immer auch die Ressourcen-Frage (Können wir unseren Kooperationspartnern genügend Plätze zur Verfügung stellen?) sowie politische Überlegungen (Wie vertreten wir diese Fälle gegenüber den das Projekt unterstützenden politischen Kräften?) in die Handlungsentscheidung hinein. Für die Professionellen, die in der konkreten Situation eine Entscheidung treffen müssen, sind damit moralische Konflikte verbunden.

Ethische oder moralische Dilemmata[4] dagegen entstehen nicht aus Interessens- oder Zielkonflikten, sondern daraus, dass mehrere moralische Normen Geltung beanspruchen, nicht aber gleichermaßen umgesetzt werden können. Oder anders gesagt: Ob ein in der Praxis auftretender Konflikt als moralisches Dilemma gedeutet werden kann, hängt davon ab, „(...) ob die situative Herausforderung im Lichte konfligierender moralischer Werte, Rechte und Pflichten bzw. Normen gedeutet werden" (Brune 2002: 326). Konflikte mit Dilemma-Struktur ergeben sich immer dann, wenn rechtliche Vorgaben in der ethischen Reflexion kritisch hinterfragt werden müssen; sie ergeben sich aber auch zwischen rechtlichen Normen, die nicht nur akzeptiert sind, sondern eine hohe ethische Bedeutung haben, bzw. zwischen wichtigen moralischen Normen.

Auch hierfür ein Beispiel: Das in Deutschland geltende Kinderschutzrecht, sieht in Fällen der körperlichen oder seelischen Gefährdung von Kindern die Möglichkeit/Pflicht der Inobhutnahme (auch gegen den Willen der Eltern) vor. Die meisten im Arbeitsbereich Kinder- und Jugendschutz tätigen Professionellen stehen auch mit ihrer persönlichen Moral und ihrem beruflichen Ethos hinter dieser rechtlichen Vorschrift. Auch jede ethische Reflexion wird zu dem Ergebnis kommen, dass Kinder auf Grund ihrer höheren Verletzbarkeit und weil sie auf Versorgung und Förderung angewiesen sind, ein hohes Schutzrecht genießen. Dennoch entsteht in vielen Einzelfällen – neben der manchmal schwierigen fachlichen Einschätzung – auch ein ethisches Dilemma. Ist doch jede dieser In-Obhut-Nahmen ein Eingriff in das Elternrecht, eine (insbesondere auf dem Hintergrund der nationalsozialistischen Vergangenheit in Deutschland) selbst relativ hoch einzuschätzende rechtliche wie moralische Norm. Auch wenn die Überprüfung einer Inobhutnahme durch das Familiengericht gesetzlich vorgesehen ist, bleibt das Dilemma erhalten, da eine so gravierende Intervention in eine Familie gravierende Folgen auch dann hat, wenn sie wieder rückgängig gemacht wird.

Wie kann man mit solchen Konfliktsituationen umgehen? Einfache Lösungen gibt es weder für moralische Konflikte, die sich aus konkurrierenden Zielen ergeben, noch für ethische Dilemmata. Das hat zum einem damit zu tun, dass moralische Forderungen, deren Geltung akzeptiert ist, nicht relativiert werden können. Moralische Normen gelten, wenn sie gelten, ohne Einschränkung. Dennoch wird man in der Praxis nach Lösungen suchen (müssen), die den Normenkonflikt (bei Dilemmata) oder den Ziel- bzw. Interessenskonflikt (bei moralischen Konflikten) bezogen auf die konkrete Handlungssituation auflösen bzw. in verantwortbare

---

4   „‚Dilemma' bedeutet wörtlich ‚Zwiegriff' oder ‚Doppelannahme' (griech. *di-lemma*). Das Wort wurde im 19. Jh. aus dem Lateinischen *dilemma* ins Deutsche übernommen und wird in der Alltagssprache bis heute für schwierige Entscheidungssituationen – sogenannte ‚Zwickmühlen' – verwandt, in denen eine von zwei unerwünschten oder unerlaubten Alternativen gewählt werden muss." (Brune 2002: 325)

Kompromisse verwandeln. Die möglichen Auflösungswege sind jeweils unterschiedlich: bei moralischen Konflikten lässt sich die Geltung der anerkannten Norm (in obigen Beispiel: die Pflicht zur Nothilfe) nicht außer Kraft setzen oder einschränken, die Mitarbeiterinnen der Schutzeinrichtung werden vielleicht nach anderen Unterbringungsmöglichkeiten suchen (die zumindest den aktuellen Schutzbedarf sicher stellen können), ansonsten werden sie das Mädchen (zumindest vorübergehend) aufnehmen. Bei moralischen Dilemmata – auch hier lässt sich die Geltung der Norm nicht einschränken – wird man die konkrete Situation darauf hin befragen, welche der Normen in diesem konkreten Fall Priorität hat (bezogen auf das obige Beispiel: Elternrecht oder Kinderschutz). Diese Entscheidung lässt sich nicht auf andere Situationen übertragen, in jedem Einzelfall muss diese Frage erneut bedacht und erörtert werden. Entscheidungen, die mit moralisch-ethischen Konflikten belastet sind, im kollegialen Austausch zu treffen, bietet dabei Unterstützung.

3.2 Ethical Reasoning in Fallbesprechung und Supervision

In vielen Situationen handeln die Professionellen der sozialen Berufe eigenverantwortlich und einzeln, ohne dass Fachkolleg_innen sie unterstützen könnten oder auch nur anwesend wären. Dann werden nicht nur die erforderlichen diagnostischen Einschätzungen ohne Diskussion mit anderen vorgenommen und entsprechende fachliche Entscheidungen getroffen, auch das auf die Situation bezogene moralische Urteil kann höchstens im inneren Zwiegespräch mit sich selbst argumentierend diskutiert werden. Im Falle ethisch-moralischer Konflikte allerdings stellt der Austausch eine unverzichtbare Unterstützung dar. Ebenso ist Erwerb der erforderlichen ethischen Kompetenz nicht durch individuelles Nachdenken allein möglich, sondern auf kommunikative Argumentationserfahrungen (im Austausch mit Kolleg_innen) angewiesen. Das erforderliche Wissen über Moral und Ethik sollte fester Bestandteil von Ausbildung und Studium sein, Wissen lässt sich aber im Zweifelsfall auch im Eigenstudium erwerben. Der Transfer dieses Wissens in die Praxis, die Ausbildung der dafür erforderlichen „Klugheit" allerdings setzt den Austausch mit anderen und das Erlernen sowie die Einübung von Reflexion voraus – einer Reflexion, die auch selbstkritische Anteile hat und für Anregungen offen ist.

Fragt man sich, an welchen sozialen Orten (neben den Praxisreflexionen im Studium) Formen von Austausch und Verständigung stattfinden, die für das Nachdenken über die ethische Dimension des fachlichen Handelns geeignet sind und zur Entwicklung ethischer Kompetenz beitragen können, dann stößt man sehr schnell darauf, dass es in allen sozialen Berufen Zusammenkünfte von Professionellen gibt, in denen Arbeitserfahrungen ausgetauscht werden, Wissen geteilt und Weiterbildung angeregt wird: Teambesprechungen, Fallkonferenzen, pädagogische Konferenzen, Hilfekonferenzen – die Bezeichnungen und das Aufgabenspektrum unterscheiden sich. Doch in allen sozialen Berufsfeldern gibt es kollegiale Treffen, die nicht (nur) organisatorische Fragen regeln, sondern (zumindest auch) die Aufgabe haben, Fachkräfte, die in derselben Einrichtung oder mit derselben Klientel arbeiten, in Austausch über ihre Arbeit und ihre Arbeitskonzepte zu bringen, mit dem Ziel der besseren Abstimmung einzelner Interventionen oder Maßnahmen und der Steigerung bzw. Sicherung der professionellen Qualität. Teamsitzungen und Konferenzen (von im beruflichen Alltag kooperierenden Professionellen) können dafür genutzt werden, neben der Abstimmung von Arbeitskonzepten und -stilen, neben der Erarbeitung von Fallverstehen auch ethisches Urteilen und ethische Reflexion zu praktizieren und einzuüben.

Damit dies gelingen kann, müssen einige Voraussetzungen erfüllt sein, die für die ethische Reflexion in besonderer Weise unabdingbar sind. Macht und hierarchische Strukturen sind – schon allein wegen der institutionellen Einbindung – in jedem Team wirksam,[5] sie sollten nicht geleugnet werden und die für eine (auch selbstkritische) Reflexion erforderliche Fehlerfreundlichkeit nicht blockieren (vgl. Minssen 1999). Über die für Teams angemessenen Kommunikationsformen, die sowohl die Themenzentrierung als auch die einzelne Person und den Prozess in der Gruppe[6] zu berücksichtigen helfen, ist inzwischen nicht nur viel publiziert worden, es werden auch Trainingsprogramme und Weiterbildungen zu einzelnen Schwerpunktthemen und für einzelne Berufsgruppen angeboten. In den pädagogischen Arbeitsfeldern wird meist mit Methoden gearbeitet, die aus der „Themenzentrierten Interaktion" stammen (vgl. Langemaack 2001); in den Gesundheitsberufen, in denen häufig Professionelle mit unterschiedlichen Verantwortlichkeiten sehr eng kooperieren müssen, spielt die Leitungskultur eine größere Rollen (vgl. Möller 2010); manchmal wird auch auf Konzepte zurückgegriffen, die Kommunikationsmodelle für das Management aufbereiten (vgl. Gordon 2006).

3.2.1 Methodisches Vorgehen in Fallbesprechung und Teamsitzung

Ist eine produktive, den sachbezogenen Austausch fördernde Dialog- bzw. Kommunikationskultur[7] in einem Team oder einer (sozial-)pädagogischen Konferenz entwickelt worden, dann lassen sich auch Formen des Ethical Reasoning etablieren. Da die ethische Reflexion in mehreren Aspekten quer zu berufsspezifischen

---

[5]   Auch Teams, die auf den ersten Blick nicht von hierarchischen Strukturen bestimmt sind und ein gleichrangiges Arbeiten nahe zu legen scheinen, sind häufig von informellen Formen der Macht (Prestige von Abschlüssen und Disziplinen, Gender-Arrangements, kulturelle Dominanz ...) bestimmt.

[6]   Zur Struktur und Dynamik von Gruppen vgl. Schattenhofer 2009.

[7]   Den Begriff „Kultur" zu verwenden, ist heute kaum ohne Erläuterung möglich. Hier ist die in Kommunikationstheorie und Gruppendynamik übliche Bedeutung gemeint: Kultur bedeutet die in einer Gruppe bzw. in einem konkret beschreibbaren Kontext entwickelte/erarbeitete und geteilte Umgangsform des Redens und Interagierens.

Denkhaltungen liegt – Symmetrie in der Asymmetrie, Fragen statt Expertise, Suche nach Handlungsspielräumen –, muss sie in einem klaren methodischen Ablauf erfolgen. Die in der Praxis nicht selten anzutreffende Neigung, die Anforderung der ethischen Reflexion zu umgehen – indem man ethische Überlegungen ganz ausblendet, moralische Bewertungen an die Stelle von fachlicher Analyse setzt oder aber ethische Überlegungen mit politischen Meinungsäußerungen vermischt – steht der angesprochenen Position des „unparteiischen Beobachters" entgegen. Eine klare Arbeitsstruktur einzuführen, die fachliche Analyse und Fallverstehen zunächst von der ethischen Reflexion trennt und erst in einem zweiten Schritt aufeinander bezieht, ist von großer Bedeutung. Sinnvoll ist es, die Besprechung des Falls bzw. der zu treffenden Entscheidung zunächst unter den berufsspezifischen Aspekten des Fallverstehens[8] vorzunehmen und dann die so entstandenen Überlegungen und Handlungsrichtungen einer ethischen Reflexion zu unterziehen. Dazu ist es erforderlich, die diagnostische Perspektive zu verlassen, in die die Asymmetrie der professionellen Sicht eingeschrieben ist, und die analysierte Situation erneut zu betrachten – diesmal als Handlungssituation, in der alle Beteiligten (symmetrisch) als Subjekte mit Interessen, Wünschen, Bedürfnissen und Eigensinn gesehen werden. Unter ethischen Gesichtspunkten werden sich neue Fragen stellen, die zu veränderten Entscheidungen führen können, auf jeden Fall aber die Haltung zu den Klient_innen und zur eigenen Rolle modifizieren werden. Solche Fragen können zum Beispiel sein:

• Wurden alle an der Situation beteiligten Personen berücksichtigt – auch in den Folgen, die eine Intervention für sie haben wird?
• Wie kann Respekt/ Anerkennung den Personen gegenüber sichtbar gemacht werden?
• Wurden alle Bedürfnisse der Klient_innen wahrgenommen? Welche wurden als Bedarf anerkannt? Warum diese und andere nicht?
• Welche Gender-Relationen spielen eine Rolle – im Verhältnis der beteiligten Personen, als symbolische Dominanz, in der Arbeitsbeziehung zwischen Professionellen und Klient_innen?
• Welche kulturellen Differenzen[9] kommen in der Handlungssituation vor? Wurden sie angemessen wahrgenommen? Hat die Definitionsmacht der Professionellen einen Aspekt kultureller Dominanz?

---

[8]   Die Methoden und Analyseinstrumente hierfür sind in den einzelnen sozialen Berufen unterschiedlich und werden in der fachlich-methodischen Ausbildung vermittelt. Für die Soziale Arbeit vgl. Peters 2002, für Beratung McLeod 2004, für Supervision Belardi 2005, für die Gesundheitsberufe Higgs 2000.
[9]   Unter „kulturellen Differenzen" werden hier wie im Weiteren alle Unterschiede in den Sichtweisen, moralischen Orientierungen, in den Unterdrückungserfahrungen verstanden, die sich durch Zugehörigkeiten ethnischer, religiöser oder subkultureller Art herstellen. Der Begriff ist explizit *nicht* essenzialistisch gemeint. Kulturelle Zugehörigkeiten machen *nicht* das Wesen einer Person aus, sie stellen *keine* Charaktereigenschaften dar; Kultur lässt sich *nicht* als ein abgeschlossener Gegenstand beschreiben.

- Werden die Handlungsspielräume der Professionellen ausreichend genutzt, um Ressourcen gerecht einzusetzen und die Selbstbestimmung der Personen zu stärken?
- Werden in der Situation gesellschaftliche Missstände oder soziale Ungerechtigkeiten deutlich? Wie soll mit diesem Wissen umgegangen werden?

In der Diskussion solcher Fragen, durch den Austausch von Eindrücken, Wissen und Argumenten kann in einer Teambesprechung oder (sozial-)pädagogischen Konferenz eine reflektierte ethische Haltung zu Fällen, Situationen und Entscheidungsmöglichkeiten diskursiv erarbeitet werden.

Auf welche Quellen kann dabei zurückgegriffen werden? Der britische Wissenschaftler Tim Bond hat für den Beratungsbereich eine Übersicht zusammengestellt, die sich auch für andere soziale Berufe nutzen lässt:

Quellen der professionellen Ethik:

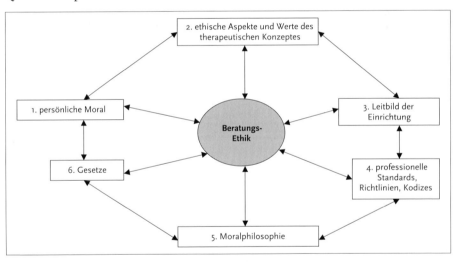

Abb. Sources of professional ethics; Bond (2010), S. 42, Übersetzung R.G.

Diese sechs Quellen der professionellen Ethik können im Ethical Reasoning als Ressourcen genutzt werden; sie haben allerdings nicht denselben Status.
- Die *persönliche Moral* äußert sich in moralischen Gefühlen, Intuitionen (vgl. 3.1.) und Urteilen. Sie enthält Lebensklugheit und berufliche Erfahrung, aber auch (an die individuelle Herkunft und Lebenswelt gebundene) normative Vorstellungen darüber, wie ein Leben „richtig" zu gestalten wäre bzw. welche Normen „unbedingt einzuhalten" seien oder gerade „überhaupt nicht zum Zuge" kommen dürften. Gefühle, Intuitionen und Urteile, die der persönlichen Moral entstammen, sind meist daran zu erkennen, dass sie sich spontan ein-

stellen. Sie geben Hinweise auf moralische Konflikte und ethisch relevante Themen und sollten deshalb in der Reflexion unter Fachkolleg_innen ausgedrückt und zur Verfügung gestellt werden (können). Sie bedürfen aber der kritischen Reflexion unter Heranziehung ethischen Wissens. Dabei sind zwei (selbst-)kritische Aspekte von besonderer Bedeutung – die Frage danach, wie sich der eigene soziale Status (beruflicher Status, soziale Herkunft, Geschlecht, Zugehörigkeit/Nicht-Zugehörigkeit zur Dominanzkultur etc.) in den eingebrachten Werten und Emotionen spiegelt, und die Frage danach, in welchem Verhältnis persönliche und berufliche Erfahrung wirksam geworden sind.

- Die *ethische Aspekte und Werte, die bereits im fachlich-methodischen Konzept der jeweiligen Profession angelegt sind,*[10] haben je nach Berufsfeld eine unterschiedliche Ausrichtung. So dominieren beispielsweise in den *pädagogischen Berufsfeldern* entwicklungspsychologische Konzepte und daran ausgerichtete Methoden (es geht um Lernen, persönliche Entwicklung, individuelles Wachstum und soziale Inklusion). Die damit verbundenen ethischen Anforderungen betreffen das Spannungsverhältnis von Selbstbestimmung und Sozialisiert-Werden; in Begriffen wie „kindgemäß", „Bildungsanspruch" „Anwaltschaft" oder „Entwicklungsförderung" wird ein ethischer Aspekt transportiert, der dazu auffordert, die individuellen Möglichkeiten der Kinder, der Jugendlichen und der Erwachsenen, die sich in Erziehungs- oder Bildungsmaßnahmen befinden, in den Blick zu nehmen und zu fördern. Konzepte und Methoden von Beratung beschäftigen sich mit den Bedingungen eines Kommunikationsprozesses, der Menschen dabei unterstützen kann, Entscheidungen, Probleme und Konflikte des persönlichen oder beruflichen Lebens selbstgesteuert zu bewältigen; „Klientenzentrierung", „Unterstützung von Selbstexploration" und „Lebensweltorientierung", sind Begriffe, die in den fachlich-methodischen Konzepten häufig vorkommen und ethische Aspekte des beruflichen Handelns betonen: Nicht lenkend soll die Beratungskompetenz eingesetzt werden, sondern die Handlungsmöglichkeiten und die Selbstwirksamkeit der Klient_innen gilt es zu erweitern. In den auf die Einzelfallhilfe bezogenen Handlungsmethoden der Sozialen Arbeit werden über die Konzepte von „Empowerment" bzw. „Hilfe zur Selbsthilfe" ähnliche Normen formuliert.[11] Zielsetzungen wie die hier angesprochenen sind einem Menschenbild verbunden, das auf die Eigenständigkeit und Selbstbestimmung der Individuen setzt und soziale Inklusion über die Befähigung der Einzelnen intendiert. Die pflegerischen Berufe setzen (ihren profes-

---

[10]   In den von Bond angegebenen Quellen der professionellen Ethik ist von „therapeutischen" Konzepten die Rede. Das ist darauf zurückzuführen, dass Tim Bond sich mit Beratung und Therapie beschäftigt, in beiden Bereichen sind Theorien und Konzepte aus der Psychotherapie von zentraler Bedeutung. Für die Diskussion über Ethik in den sozialen Berufen lässt sich dieser Punkt entsprechend weiter fassen.

[11]   In den theoretischen Debatten, die an Wende- oder Krisenpunkten des Professionalisierungsprozesses geführt werden, sind die ethischen Aspekte der Profession besonders klar zu erkennen. Siehe hierzu ausführlicher am Beispiel des Berufsfeldes psychosoziale Arbeit Großmaß 2009a.

sionellen Aufgaben entsprechend) andere Akzente: In den fachlich-methodischen Konzepten kommen Begriffe wie „Pflegequalität", „Wahrnehmung von Patientenbedürfnissen", „Ermöglichung würdevollen Alterns" vor – Leitlinien, die die verletzliche Seite menschlichen Lebens deutlicher in den Vordergrund treten lassen. All diese – hier exemplarisch genannten – ethischen Aspekte bleiben den fachlich methodischen Konzepten jedoch implizit. Im beruflichen Alltag und in den kollegialen Fallbesprechungen steht die methodische Seite der fachlichen Konzepte mehr im Vordergrund als die damit transportierte ethische Dimension. Diese explizit zu machen, ist eine eigenständige Aufgabe und auch deshalb von Bedeutung, weil nur so gesehen werden kann, dass darin zwar wichtige professionelle Standards enthalten sind, aber nur Teilaspekte des Ethischen beleuchtet werden. Die über das fachlich-methodische Konzept transportierten ethischen Normen bedürfen der Einbettung in eine erweiterte ethische Reflexion, die offen bleiben sollte für kritische Überlegungen hinsichtlich der kulturellen Normen, die mit-transportiert werden. Wie die sozialen Berufe selbst sind auch die in diesen entwickelten fachlich-methodischen Konzepte Produkte der „Moderne" (vgl. 2.1) und als solche an die Menschenbilder und Normorientierungen der Gesellschaften westlicher Prägung gebunden. Für die ethische Reflexion von Praxissituationen kann es von Bedeutung sein, dies zu berücksichtigen.

• Professionelles Handeln in den sozialen Berufen findet immer im Rahmen von Institutionen und Organisationen statt, die implizit oder explizit bestimmten Leitlinien und Zielvorstellungen folgen. Seit der Umsetzung von Qualitätsmanagement-Konzepten auch in den sozialen und medizinischen Einrichtungen werden diese meist auch explizit formuliert und in Form eines *Leitbildes* beschrieben. In solchen Leitbildern werden in der Regel positive, kunden- oder adressatenbezogene Arbeitsziele zusammengestellt, die neben fachlichen, aufgabenbezogenen Normen auch ethische Aspekte wie „respektvoll", „wertschätzend", „anerkennend" „verantwortungsbewusst", „bedürfnisorientiert" etc. enthalten.[12] Kennzeichnend für solche Leitbilder ist, dass in sie (neben den aufgabenbezogenen und ethischen Leitvorstellungen) auch ökonomische, die funktionale Effektivität hervorhebende Ziele eingehen. Was in den Beschreibungen eines Leitbildes konfliktlos erscheint, stellt für die berufliche Praxis häufig ein Spannungs- und Konfliktfeld dar. Die Funktionalität der Organisation kann Anforderungen produzieren, die im konkreten Arbeitsablauf in Widerspruch zu fachlichen wie ethischen Anforderungen geraten. Die professionellen Standards der einzelnen Berufsgruppen, die in der Einrichtung kooperieren, können unterschiedlich gut zum Leitbild passen; die persönliche

---

[12]   Bei Trägern konfessioneller Prägung gehen auch Formulierungen in die Leitbilder ein, die der jeweiligen (religiös begründeten) Sozialethik entsprechen. Angestrebt wird damit eine Grundhaltung des Personals bzw. eine Atmosphäre in der Einrichtung, die über die aus der Professionslogik sich ergebenden ethischen Anforderungen hinausgeht. Philosophisch lässt sich dies mit der kategorialen Unterscheidung Minimalmoral/Maximalmoral analysieren. (Vgl. Bayertz 2004)

Moral der einzelnen Fachkräfte kann mit dem Leitbild in Konflikt geraten. Leitbilder von Einrichtungen und Trägerorganisationen stellen für die ethische Reflexion eines Teams oder einer Hilfe-Konferenz daher eine *ambivalente Ressource* dar: Sie können Diskussionen anregen, Austausch über unterschiedliche professionelle Standards einleiten, ethische Urteile jedoch lassen sich daraus nicht ableiten.

- Beziehen sich Leitbilder auf die Ziele einer Einrichtung oder eines Trägers, so sind *Ethik-Kodizes* Versuche, die wichtigsten Regeln und Normen für eine bestimmte Profession zu formulieren und als Richtlinie für das Handeln der entsprechenden Berufsgruppe festzuschreiben. Wir sind in Kapitel 2.2.3 genauer auf die Bedeutung und die Grenzen solcher Kodizes eingegangen und haben hervorgehoben, dass es ein für alle verbindliches Ethos nicht geben kann, das einzelne Fachkräfte oder Teams von ethischer Reflexion und Verantwortung entbinden könnte. Wie können solche Kodizes dann als Ressource genutzt werden? Man kann sich auf einen Ethik-Kodex stützen, wenn man ihn als einen Katalog wichtiger ethischer Gesichtspunkte und Regeln versteht, der von Kolleg_innen der eigenen Profession diskutiert und verabschiedet worden ist. Berufserfahrung und die Auseinandersetzung mit berufsspezifischen ethischen Konflikten spiegeln sich darin. Er lässt sich als Orientierungsrahmen heranziehen, um Fragen zu formulieren, an Hand derer sich moralische Konflikte und fachliche Entscheidungen, aber auch die Zumutungen, mit denen Professionelle aus der Öffentlichkeit oder von Seiten der Geschäftführung konfrontiert werden, reflektieren und diskutieren lassen.

- Wenn in den sozialen Berufen von *Gesetzen* die Rede ist, sind meist die gesetzlichen Bestimmungen gemeint, die das jeweilige Berufsfeld regeln – die Schulgesetze der Länder, das Sozialgesetzbuch, die Justizvollzugsgesetze der Länder, aber auch das Psychotherapie- bzw. Heilpraktikergesetz. Je nach Berufs- oder Tätigkeitsfeld sind es andere Gesetze, die Rahmenbedingungen und Auftrag der Professionellen sowie die Anspruchsberechtigungen der Adressat_innen sozialer Berufe bestimmen und festlegen. Diese Gesetze verlangen strikte Geltung, sie bedürfen jedoch der Konkretisierung für einzelne Handlungsfelder *und* sie enthalten Handlungs- und Entscheidungsspielräume für die Professionellen. Unter ethischen Gesichtspunkten gilt es allerdings nicht ausschließlich diese gesetzlichen Rahmenbedingungen zu berücksichtigen. Im Sinne einer advokatorischen Ethik (vgl. Brumlik 1992), die (in einer Art anwaltschaftlicher Vertretung) auch Ungerechtigkeiten gegen Klient_innen, die im Namen des Gesetzes erfolgen, aufzugreifen und sichtbar zu machen hat, sind auch die Grundrechte sowie die verschiedenen Menschenrechtskonventionen wichtige Bezugspunkte der ethischen Reflexion. Die Logik von Gesetz/Recht[13] und Ethik

---

13   So kann man Grundrechte und Menschenrechte nicht direkt einklagen, sie stellen vielmehr auf unterschiedlichen Ebenen (die Grundrechte auf nationaler, die Menschenrechte auf europäischer bzw. internationaler Ebene) übergeordnete Normen dar, an denen sich die konkrete Gesetzgebung

ist nicht dieselbe, die in den Grund- und Menschenrechten festgelegten Freiheits- und Sozialrechte formulieren jedoch wichtige Grundlagen für alle ethischen Überlegungen zu Gerechtigkeit, Anerkennung und Würde. Und – sie haben den Vorteil in ihrer Geltung anerkannt zu sein.

- Die *Moralphilosophie* (d. h. die philosophische Ethik) unterscheidet sich in einer Hinsicht grundlegend von den bisher genannten Ressourcen für das Ethical Reasoning. Sie liefert keine Normen oder Regelkataloge, weder in der konkreten, auf die Einzelsituation reagierenden Form, in der sich die persönliche Moral zu Wort meldet, noch in der impliziten Form der fachlich-methodischen Konzepte, noch in der abstrakteren Form von Leitbildern, Ethik-Kodizes oder Gesetzen. In der Moralphilosophie werden vielmehr Theorien, Argumentationen, Begrifflichkeiten und Kategorien entwickelt und zur Verfügung gestellt (vgl. 2.2.1), mit denen sich Moral (sei sie lebensweltlich verankert und gar nicht oder nur unsystematisch beschrieben, sei sie ausformuliert und kodifiziert) beschreiben, analysieren und in ihrer argumentativen Urteilsform begründen lässt. Eine Ressource für das Ethical Reasoning stellt die Moralphilosophie daher im doppelten Sinne dar: Sie *liefert begrifflich-theoretisches Wissen* und damit auch Anregungen für eigene moralische Urteile. Und sie *stellt Argumentationsformen zur Verfügung*, mit denen sich die Geltung von Normen und Regeln begründen, aber auch kritisieren lässt. Insofern ist die Beschäftigung mit Themen und Texten der philosophischen Ethik auch ein Übungsfeld für das Ethical Reasoning.

Alle sechs Quellen der professionellen Ethik können in Fallkonferenzen oder Teambesprechungen in der skizzierten Form als Ressourcen genutzt werden. Einige dieser Ressourcen (in erster Linie die berufsspezifisch relevanten Gesetze, die ethischen Aspekte des fachlich-methodischen Konzepts und das Leitbild der Einrichtung/ des Trägers) werden auch in der fachlichen Diskussion meist genutzt. Dann jedoch eher normativ in dem Sinne, dass die Geltung der transportierten Normen und Regeln als quasi-selbstverständlich vorausgesetzt wird, als bedürfe sie keiner Begründung. Sie in eine weitere ethische Perspektive einzuordnen und ihre Implikationen zu reflektieren, ist das, was im Ethical Reasoning neu hinzukommt.

Moralische Gefühle und Intuitionen spielen sicher auch im alltäglichen fachlichen Austausch wie in Fallkonferenzen immer eine Rolle. Sie werden jedoch selten explizit gemacht, sondern eher in der wertenden Einfärbung einer sachlichen Einschätzung ausgedrückt, oder durch die Entschiedenheit einer Diagnose eingebracht. Zur Ressource wird diese Seite der persönlichen Moral jedoch erst, wenn sie getrennt von der fachlichen Analyse und Diagnose als solche formuliert wird, dann kann sowohl ihre Begrenztheit wahrgenommen als auch die darin zum

---

messen lassen muss. Zu den theoretischen und methodischen Anforderungen, die sich ergeben, soll der Menschenrechtsbezug in der beruflichen Praxis etabliert werden, siehe Großmaß 2010.

Ausdruck kommende Lebensklugheit und Berufserfahrung genutzt und wertge-
schätzt werden.

Zwei der genannten Ressourcen sind vermutlich für die meisten Teams neu:

- die Nutzung der professionellen Standards und Ethik-Kodizes als Kriterienka-
  taloge, aus denen sich Fragen an den einzelnen Fall oder eine zu treffende
  strukturelle Entscheidung ableiten lassen.
- die Einbeziehung moralphilosophischen Wissens in das Nachdenken und die
  Diskussion über konkrete Einzelfälle und berufliche Alltagssituationen.

Während das erste relativ leicht herzustellen ist und mit einiger Routine auch
zunehmend weniger aufwändig wird, bedarf das zweite des Erwerbs ethischen
Wissens und das Erlernen der entsprechenden Diskussionsform. Im Verlauf
des 4. Kapitels werden wir zur Verdeutlichung des Ethical Reasonings immer
wieder auch Fallbeispiele mit Bezug auf die dargestellten ethischen Theorien
diskutieren.

Beginnt ein Team oder eine (pädagogische bzw. Hilfe-) Konferenz damit das
Ethical Reasoning in ihre Arbeit einzuführen, kann es hilfreich sein, für eine
begrenzte erste Phase externe Anleitung in Anspruch zu nehmen. Anders als in
medizinischen Berufsfeldern ist die Bildung von Ethikkommissionen – Aus-
schüsse, die eigens zusammentreten, um in Konfliktfällen oder bei schwierigen
Entscheidungen beratend tätig zu werden – in sozialen Berufsfeldern noch nicht
üblich. Vielleicht werden sie in Zukunft auch hier in größerem Umfang erforderlich, Arbeitsweise und genaue Funktion gälte es dann festzulegen. (vgl. 5.2)

3.2.2 Stärkung ethischer Kompetenz durch Supervision

Wir haben zu Beginn dieses Kapitels darauf hingewiesen, dass es für die einzelnen Professionellen anstrebenswert ist, eine ethische Grundhaltung, ein professionelles Ethos in den beruflichen Habitus zu integrieren. Ethische Kompetenz
ist dann nicht nur im Nachdenken oder in Besprechungen präsent und aktiv,
sondern kann auch – relativ unaufwändig – im Handlungsvollzug selbst wirksam
werden. Eine solche habituelle Verankerung des professionellen Ethos bedarf
allerdings der reflektierenden Begleitung, mischen sich doch im individuellen
Habitus fachliches Können, ethische Sensibilität mit lebensweltlichen Bewertungsschemata, beruflichen Routinen und psychischen Reaktionsmustern, unbewusste Anteile eingeschlossen. Auf dieser Vermischung beruht die Sicherheit
und Schnelligkeit der habituellen Reaktion, sie macht den Habitus (auch in seiner professionell ausgebildeten Form) jedoch gleichzeitig anfällig für Perspekti-
venverengung, kulturelle Dominanz und das Wirksamwerden persönlicher Bedürftigkeiten. Aus diesen Gründen bedarf die Entwicklung, Verfeinerung und
Stabilisierung ethischer Kompetenz einer berufsbegleitenden Unterstützung.
Als Arbeitsform hierfür bietet sich unter anderem die in vielen Arbeitsfeldern

bereits etablierte Supervision an – ob als Einzelsupervision, als Teamsupervision oder als Gruppensupervision.

Supervision – ursprünglich in der psychotherapeutischen Ausbildung und parallel dazu in der sozialen Gemeinwesenarbeit entwickelt – ist heute ein Verfahren berufsbezogener Reflexion, das in Berufsfeldern eingesetzt wird, für die Beziehungen zu anderen Personen zentral sind. Unter dem Gesichtspunkt der Professionalität (vgl. 2.1) sollte sie ein verbindlicher Bestandteil der Qualitätssicherung sein. Supervision – selbst ein sozialer Beruf – stellt ein Beratungsformat dar, das die Aufgabe hat, berufliche Erfahrungen *personenbezogen* zu reflektieren, Konflikte und emotional belastende Situationen so zu bearbeiten, dass persönliches Wachstum unterstützt und die fachliche Handlungskompetenz stabilisiert bzw. verbessert werden (vgl. Belardi 2005). Supervision ist in den letzten Jahren – den Professionalisierungsprozess vieler Berufe begleitend – in zahlreichen sozialen Berufen selbstverständlich geworden. Mitarbeiter_innen sozialer Einrichtungen nehmen Supervision genauso in Anspruch wie Lehrer_innen und Fachkräfte der Gesundheitsberufe. In der Psychotherapie und in den Beratungsberufen ist Supervision zum verbindlichen Bestandteil von Ausbildung und Berufsausübung geworden, wobei die emanzipatorische Perspektive (vgl. Wittenberger 2008) im Vordergrund steht. Ziel ist es, professionelles und persönlich kongruentes Handeln zu stärken.

Ähnlich wie in Fallkonferenzen und Teambesprechungen lässt sich das Ethical Reasoning auch in Supervisionsprozesse integrieren. Auch hier ist es wichtig, die ethische Reflexion von der fachlichen und psychologischen Reflexion zu trennen, auch hier empfiehlt es sich sie als zweiten, die Perspektive erweiternden Schritt in das Prozedere einzufügen. Da in Supervisionsprozessen – anders als in den Team- oder Fallkonferenzen – nicht eine aktuell (gemeinsam) zu bewältigende Aufgabe, sondern die jeweilige Person mit ihren beruflichen Kompetenzen (= der/die einzelne Professionelle) im Zentrum steht, verschiebt sich die Bedeutung der einzelnen Ressourcen des Ethical Reasoning. Gesetze, Leitbilder, ethische Kodizes bleiben zwar Bezugspunkte für die Reflexion, bekommen jedoch eher die Bedeutung äußerer Rahmenbedingungen. Vor allem zwei Erfordernisse treten in Supervisionsprozessen deutlicher hervor als bei anderen Reflexionsformen:

- die Erweiterung der ethischen Perspektive über das im fachlich-methodischen Konzept Angelegte hinaus und
- die Auseinandersetzung mit Anteilen der persönlichen Moral, die sehr eng mit psychischen Strukturen der eigenen Person verbunden sind.

Die ethischen Anteile eines fachlich-methodischen Konzeptes bekommen meist dann eine besondere Bedeutung für das berufliche Denken und Handeln, wenn ein bestimmtes Konzept bzw. eine bestimmte Methode zur Grundlage des *professionellen Habitus* wird.

So bekommt in der Sozialen Arbeit beispielsweise der professionelle Habitus einen spezifischen Akzent, wenn schwerpunktmäßig systemisch gearbeitet und gedacht wird. Das Gesamtgefüge einer Gruppe, einer Familie oder einer Institution ist im Zentrum der Aufmerksamkeit. Kommunikationsstrukturen, Aufgabenteilung und die Funktion der Einzelnen im „System" sind Ansatzpunkte der Intervention. Zu den ethischen Implikationen dieses Konzeptes gehört die Forderung, nicht wertend mit den Äußerungen der Beteiligten umzugehen und „Allparteilichkeit" zur Richtlinie des eigenen Handelns zu machen. Ethische Gesichtspunkte, die sich auf die gerechte Verteilung von Pflichten und Rechten beziehen und auch die im System unsichtbar bleibenden Lasten und Leistungen sichtbar machen, sind mit diesem Konzept eng verbunden; Mehrperspektivität wird methodisch eingeübt. Durch das systemische Konzept weniger nahe gelegt sind Fragen nach den je spezifischen Bedürfnissen der Individuen, der Anerkennung ihrer persönlichen Geschichte (u.a. auch Verletzlichkeiten und mögliche Traumatisierung).

Aufgabe des Ethical Reasoning in der Supervision ist es, die im fachlich-methodischen Konzept transportierten ethischen Aspekte zu benennen, hinsichtlich ihrer Bedeutung zu reflektieren und den einseitigen Fokus des methodischen Zugangs zu ergänzen und zu erweitern.[14]

Ein zweiter Themenbereich, der in der Supervision in anderer Weise der Reflexion zugänglich ist als in anderen Arbeitssituationen, ist die in der persönlichen Entwicklung entstandene Verknüpfung von psychischen Strukturen und normativen Haltungen. Manche Anteile der persönlichen Moral melden sich mit besonderer Bestimmtheit, manchmal auch mit Rigidität zu Wort, ohne dass man selbst immer wahrnehmen kann, woher diese Bestimmtheit kommt. Solche psychischen Mechanismen sind gesellschaftlich geprägt und gleichzeitig sehr persönlicher Art, ihre Bearbeitung sollte unter geschützten Bedingungen stattfinden, sie gehören deshalb in die Supervision, nicht aber in Teambesprechungen oder pädagogische Konferenzen. Das Wirksamwerden psychischer Mechanismen in der persönlichen/beruflichen Moral ist jedoch kein Thema, das nur wenige Einzelpersonen beträfe. So verweist die Frage nach den „hilflosen Helfern" (Schmidtbauer 1992), die seit den 1970er Jahren ein die soziale Berufe bis heute begleitendes Thema geblieben ist,[15] deutlich auf eine berufsspezifische Verbreitung. Aufgabe von Supervision ist es, die Verknüpfung von eigenem psychischem Bedürfnis und persönlicher Moral für die Supervisand_in erlebbar zu machen, in der Reflexion eine Lockerung zu ermöglichen und im Ethical Reasoning Geltungs-

---

[14] Aus dem Arbeitsfeld Beratung/Psychotherapie finden sich interessante Anregungen hierzu bei Stierlin 2007.

[15] „Hilflose Helfer" ist der Titel eines 1977 erschienen Buches (Schmidtbauer 1992), das seitdem zahlreiche Auflagen erlebt hat. Schmidtbauer analysiert die bei professionellen Helfern anzutreffende enge Verbindung von eigener Bedürftigkeit und Helfermoral.

gründe (für diese und andere Normen) zu diskutieren. Voraussetzung des Ethical Reasoning in einer Supervision ist selbstredend die ethische Kompetenz de_r Supervisand_innen.

3.3 Zentrale Themen ethischer Reflexion

Die ethische Reflexion professionellen Handelns ist eine generelle, alle Strukturen und Entscheidungen betreffende Anforderung. Die Diskussionen, die in den Fachverbänden stattfinden, zeigen ebenso wie Lehr- und Supervisionserfahrungen, dass nicht alle Bereiche des beruflichen Handelns in derselben Weise und Intensität Gegenstand des Ethical Reasonings werden. Es kristallisieren sich vielmehr Schwerpunkte innerhalb möglicher ethischer Themen heraus, die dann für eine Vielzahl von Handlungssituationen relevant werden. Ein Schwerpunkt ethischer Reflexion ergibt sich daraus, dass man das berufliche Handeln konsequent als professionelles analysiert – die besondere *Verantwortung* der Professionellen ist auch in unseren bisherigen Überlegungen mehrfach angesprochen worden. Sie resultiert daraus, dass die Akteur_innen der sozialen Berufe im Auftrag der Gesellschaft bzw. des Gemeinwesens in das *Selbstverhältnis* von Kindern und Jugendlichen, Hilfe- und Pflegebedürftigen, Ratsuchenden und Lernenden eingreifen. Eng damit verbunden ist die große Bedeutung, die der ethischen Reflexion der Klientelbeziehung zukommt. Hergestellt werden soll eine Arbeitsbeziehung, in der Asymmetrie und Symmetrie angemessen ins Verhältnis gesetzt sind.[16] *Fürsorge*, Hilfe bzw. pädagogische Begleitung müssen verbunden werden mit Respekt und Anerkennung gegenüber den Persönlichkeitsrechten der anderen Person(en), mit dem Wahrnehmen und Akzeptieren von Differenz und Eigenwilligkeit – *Anerkennung* als alle Interaktionen begleitende Haltung und Praktik beschreibt eine wichtige Dimension professionellen Handelns. Aus transnationalen Entwicklungen und Debatten entstanden, stellen die Menschenrechte heute generell einen wichtigen Bezugsrahmen für staatliches und staatlich veranlasstes Handeln dar. In den sozialen Berufen stellt sich die Frage nach der *menschenrechtlichen Legitimität* professioneller Interventionen. Auch soziale Hilfe muss sich an den in den Menschenrechten formulierten Ansprüchen messen lassen. Ein weiterer Schwerpunkt des Ethical Reasoning folgt aus dem Gemeinwesen-Auftrag, auf dem die Tätigkeiten der sozialen Berufe basieren. Dabei gilt es begründete Positionen zu Fragen der *sozialen Gerechtigkeit* zu beziehen – sowohl das gesellschaftliche Ganze als auch das alltägliche berufliche Handeln betreffend. Viele Diskussionen im Berufsfeld beschäftigen sich mit dem Thema Gerechtigkeit nur aus einer begrenzten Perspektive. Sie skandalisieren die (seit den 1990er Jahren

---

[16] Die Bedeutung der professionellen Arbeitsbeziehung lässt sich gut nachvollziehen, wenn man die Geschichte der Professionsbildung der „freien Berufe" (Arzt- und Anwaltberuf) berücksichtigt. Siehe hierzu ausführlicher am Beispiel der Psychotherapie Großmaß 2009b.

politisch „verordnete") Ressourcenverknappung, den Personal- und Geldmangel im Sozialbereich. Die Frage nach der gerechten Verteilung der gesellschaftlichen Güter ist eine grundlegende, gleichzeitig aber ist die Frage zu stellen, wie ein verantwortlicher Umgang mit den öffentlichen Ressourcen gestaltet werden kann.

Diesen Themenschwerpunkten folgend werden wir im anschließenden vierten Kapitel Überlegungen und Theorien aus der philosophischen Ethik darstellen, die für das Ethical Reasoning in den sozialen Berufen zu wichtigen Ressourcen werden. Wir haben sie den Kategorien Gerechtigkeit, Anerkennung, Verantwortung und Care/Fürsorge zugeordnet.

3.4 Rekapitulationsfragen

- Was ist ethische Kompetenz?
- Wodurch unterscheiden sich moralische Gefühle, moralische Intuitionen und moralische Urteile? Fallen Ihnen Beispiele ein?
- Was spricht dafür sich darum zu bemühen, dass das berufliche Ethos Teil des Habitus wird?
- Kennen Sie aus Ihrer Praxis moralische Konflikte und moralische Dilemmata? Wie können Sie damit umgehen?
- Wie kann man Ethical Reasoning in eine Fallkonferenz integrieren?
- Welche Rolle kann Ethical Reasoning in der Supervision spielen?

4. Ethische Prämissen und Reflexions-kategorien: Gerechtigkeit, Anerkennung, Verantwortung, Care

4.1 Einleitend

In diesem Kapitel werden wir Theorien und Konzepte der philosophischen Ethik vorstellen, die für die sozialen Berufe von zentraler Bedeutung sind. Die Begriffe Gerechtigkeit, Anerkennung, Verantwortung und Fürsorge werden häufig genannt, wenn von der moralisch-ethischen Basis sozialen Handelns gesprochen wird. Sie sind zugleich Kategorien innerhalb der philosophischen Ethik und als solche Gegenstand der Theoriebildung sowie Kristallisations-punkte von (auch kontroversen) Debatten. In den Beiträgen dieses Kapitels werden daher keine verbindlichen Definitionen geliefert oder Argumentationen dargestellt, auf die im beruflichen Handeln ohne weitere Reflexion oder Diskussion zurückgegriffen werden könnte. Wir zeigen vielmehr ein breites Spektrum philosophischer Konzeptionen von Gerechtigkeit, Anerkennung, Verantwortung und Fürsorge/Care, stellen jeweils den Bezug zu sozialen Berufen her und veranschaulichen an Fallbeispielen, wie die entsprechenden Überlegungen in die Praxis eingebracht werden können. Damit möchten wir Studierende wie Praktiker_innen ermutigen, sich mit den einzelnen Konzeptionen auseinanderzusetzen, Argumente zu prüfen und Begründungen nach-zuvollziehen, auf deren Grundlage moralisches Entscheiden und Handeln in sozialen Berufen geschehen kann.

Zu betonen ist, dass die Darstellungen zwar je einzeln auf Gerechtigkeit, Anerkennung, Verantwortung und Care eingehen, aber nicht den Anspruch von Geschlossenheit damit verbinden, als könne man eine Handlungssituation z. B. entweder nach den Prämissen der Care Ethik oder den Prämissen einer Gerechtigkeitsethik beurteilen und entscheiden. Die Konzepte sind weder polarisierend zu verstehen, noch wird eine hierarchische Einteilung vorgenommen, die eine Kategorie der anderen unterordnet. Die einzelnen Kategorien stellen vielmehr perspektivische Zugänge dar, auf deren Zusammenhang immer wieder verwiesen wird. Dass mehrere solcher theoretischer Perspektiven an eine Handlungssituation herangetragen werden können (wobei jeweils unterschiedliche Aspekte beleuchtet werden), werden wir (in 4.1.2) anhand eines „Falles" verdeutlichen. Zuvor skizzieren wir einige Überlegungen zur Bedeutung von ethischen Prämissen und Reflexionskategorien.

4.1.1 Bedeutung und Begründung der ethischen Prämissen und
Reflexionskategorien

Wenn wir von Gerechtigkeit, Anerkennung, Verantwortung und Care als Prämissen (des moralischen Handelns) und als Reflexionskategorien (für vollzogene Handlungen und soziale Strukturen) sprechen, dann heben wir damit hervor, dass es für moralisches Handeln und ethischen Reflexion keinen ersten Anfang gibt.

- Prämissen (lat. *praemissum* „das Vorausgeschickte") bezeichnen Annahmen, die einem Entscheidungsmodell zugrunde liegen. Reflexionskategorien (spätlat. *reflexio*, „das Zurückbeugen, -biegen, -krümmen) bieten die Möglichkeit, Entscheidungen und Handeln reflexiv zu begleiten, d. h. sie kritisch zu hinterfragen, zu befragen. Philosophisch bedeutet Reflexion ein prüfendes und vergleichendes Nachdenken, um zu Entscheidungen zu kommen. Gerechtigkeit, Anerkennung, Verantwortung und Care gelten als Prämissen und Reflexionskategorien zugleich: Als Prämissen sind sie das den moralischen Entscheidungen und den daraus folgenden Handlungen Zugrundeliegende, aus dem Argumentationskraft für bestimmte moralische Entscheidungen und Handlungen gezogen werden kann: *Was liegt moralischen Entscheidungen und moralischem Handeln (als Motiv, Norm, Regel oder Haltung) zugrunde?*
- Als Reflexionskategorien geben sie die Möglichkeit, moralische Entscheidungen und moralisches Handeln aktiv und kritisch zu reflektieren, d.h. zu befragen, zu hinterfragen, abzuwägen und schließlich zu begründen: *Wie kann ich mein Handeln argumentativ ausweisen?*

Im Sinne dieser zweifachen Bedeutung kann unter Heranziehung der im Weiteren dargestellten Konzepte gefragt werden, auf welchen Grundlagen (Prämissen) moralische Entscheidungen getroffen werden (z. B. Ethos der Verantwortung, Ethos der Anerkennung, Ethos des Care, Ethos der Gerechtigkeit) *und* reflektiert werden, mit welchen Argumentationen und Inhalten wir uns moralisch entscheiden und handeln.

Gemeinsam ist den philosophischen Konzeptionen von Gerechtigkeit, Anerkennung, Verantwortung und Care das Interesse und Ziel, die Interaktionen zwischen Menschen und das gesellschaftliche Leben insgesamt so zu gestalten, dass ein im Sinne der Ethik „gutes Leben" möglich ist. Damit verbunden ist keine naive oder utopische Vorstellung einer insgesamt guten Welt. Ausgangspunkt sind vielmehr Analysen von Gewalt- und Herrschaftsverhältnisse, mittels derer die Einen bevorteilt, die Anderen benachteiligt werden, die Einen mehr Chancen, die Anderen weniger oder keine Chancen haben, die Einen privilegiert sind, die Anderen wenige oder keine Privilegien haben, diskriminiert werden oder ausgegrenzt sind.[1] Philosophischen Konzeptionen zu Gerechtigkeit, Anerkennung,

---

[1]   Für die Bundesrepublik können die Ergebnisse der Studie „Deutsche Zustände" herangezogen werden, in der nun bereits in die 8. Folge die Veränderungen von Gruppenbezogener Menschen-

Verantwortung und Care begründen Antworten gegen soziale Ungleichheit, Exklusion, Diskriminierung, Unterdrückung, Marginalisierung von Menschen und/oder Gruppen in ihrer körperlichen und psychischen Verletzlichkeit. In den sozialen Berufen verbergen sich hinter „Klientel", „Adressaten" oder „Nutzende" oftmals jene, die Ungleichheit, Exklusion, Diskriminierung, Unterdrückung, Marginalisierung etc. erfahren.[2] Die philosophischen Konzeptionen von Gerechtigkeit, Anerkennung, Verantwortung und Care vermitteln, alle Menschen als Subjekte gleich ernst und gleich wichtig zu nehmen.

Gerechtigkeit, Anerkennung, Verantwortung und Care als philosophische Konzeptionen sind keine abstrakten Gebilde, die unabhängig von ihrem historischen Entstehungszusammenhang zu verstehen sind. Sie entstehen in konkreten historischen Situationen[3] und werden in Antwort auf historische Erfahrungen verändert bzw. neu akzentuiert. Sie können als Parallelkonzeptionen der bewertenden Hierarchisierung von Menschen, von Ungleichbehandlung und Chancenungleichheit, aber auch von der Gleichgültigkeit anderer Menschen gegenüber gelesen werden.

Philosophische Konzeptionen von Gerechtigkeit, Anerkennung, Verantwortung und Care fordern die argumentative Begründung moralischen Handelns heraus und bietet die Möglichkeit, den – im beruflichen Alltag aufgrund von Zeit- und Ressourcenknappheit nicht in jeder Situation möglichen – reflektierenden Entscheidungsfindungsprozess zu stärken. In diesem Sinne stellen sie wertvolle Ressourcen für das in Kapitel 3 beschriebene Ethical Reasoning dar.

Nur selten geben philosophische Konzeptionen konkrete Handlungsanweisungen. Nur selten formulieren sie Modelle, demgemäß in der Praxis Schritt für Schritt überlegt, reflektiert, entschieden und schließlich gehandelt werden kann. Doch bieten sie Instrumente an, mit denen moralische Entscheidungen und moralisches Handeln reflektiert und durch Argumente begründet werden. Manche ethische Modelle wurden jedoch in Anlehnung an eine philosophische Theorie eigens mit Blick auf die Praxis entwickelt. Dies gilt z. B. für das Entscheidungsfindungsmodell – Erkennen der Problematik, Abwägen/Reflexion, Beurteilen der Situation/Urteilen, Entscheidung treffen, Planung sowie Ausführung/Handeln (vgl. Tschudin 1988, Schayck 2000), wie es im Beitrag zu Anerkennung vorgestellt wird, oder für das Phasenmodell – caring about, taking care

---

feindlichkeit in der Bundesrepublik dargelegt werden. Dabei werden verschiedene Ausprägungen von Gruppenbezogener Menschenfeindlichkeit untersucht und analysiert: darunter Antisemitismus, Rassismus, Abwertung von Menschen mit „Behinderungen", Islamophobie, Sexismus, Homophobie, Obdachlosen, Etabliertenvorrechte und deren Interdependenzen (vgl. Heitmeyer 2010).

2   Dabei kann ein intersektionaler Blick hilfreich sein, der die verschiedenen Form von Diskriminierung und Exklusion berücksichtigt und auf den konkreten Fall bezogen ins Verhältnis setzt (zu Intersektionalität vgl. Czollek/Perko/Weinbach 2009).

3   Als solche tragen sie auch Merkmale des jeweiligen Zeitgeistes – worauf wir jeweils kritisch hinweisen werden.

of, care-giving, care-receiving (vgl. Tronto 1993) – wie es im Beitrag zur Care Ethik beschrieben wird.

4.1.2 Moralische Reflexionen und Argumentationen

Warum entscheide ich mich genau für diese oder jene moralische Handlung? Was liegt meinen moralischen Entscheidungen und meinem moralischen Handeln zugrunde? Wie kann ich mein Handeln argumentativ begründen?

Entgegen einer Polarisierung und der mit ihr verbundenen wertenden Einteilung, nach welcher Prämisse es besser sei zu entscheiden und zu handeln, oder welche Reflexionskategorie zur argumentativen Begründung wichtiger sei, wird in diesem Lehrbuch davon ausgegangen, dass alle Kategorien – Gerechtigkeit, Anerkennung, Verantwortung und Care – im beruflichen ethischen Handeln eine zentrale Rolle spielen: Sie können je einzeln herangezogen werden, ineinander übergehen oder miteinander verbunden sein. Bezogen auf ein einfaches Beispiel lässt sich das verdeutlichen:

Fallskizze

In die Beratung kommt Frau M., sie bezieht seit fünf Jahren Arbeitslosengeld 2. Frau M. möchte gerne ein Zeitungsabonnement für die Frankfurter Rundschau haben, sie möchte gerne einen Computer mit Internetanschluss und einen Drucker.

Steht Frau M. zu, was sie sich wünscht? Zunächst einmal kann davon ausgegangen werden, dass es sich weder um maßlose Forderungen handelt, noch um Ressourcen, die in der Lebenssituation von Frau M. keine wichtige Bedeutung hätten. Die Nutzung von Medien (Zeitung wie Internet) gilt in unserer Gesellschaft als wichtiges Mittel der gesellschaftlichen Inklusion, Computer und Drucker sind wichtige Ressourcen für die (Wieder-)Beteiligung z. B. am Wirtschaftleben. Die bereits andauernde Arbeitslosigkeit ist vermutlich das Ergebnis von Ungleichheit hinsichtlich von Bildungschancen, vielleicht aber auch darauf zurückzuführen, dass ihr die gewünschten Ressourcen bisher gefehlt haben.

In mehrfachen Hinsicht lassen sich Gerechtigkeitsüberlegungen an diesen Fall anschließen: Ist es nicht ungerecht, Frau M. von den gesellschaftlichen Kommunikationsmöglichkeiten und damit Teilhabemöglichkeiten auszuschließen? Ist es nicht eine Frage der Gerechtigkeit, ungleiche Bildungschancen auszugleichen? Und – ließe sich nicht auch als ganz grundsätzliche Frage diskutieren, ob eine gerechte Gesellschaft nicht alle ihre Mitglieder angemessen ausstatten müsste, um ihnen kulturelle und politische Partizipation zu ermöglichen? Theoretische Zugänge, mit denen sich diese Fragen begründet erörtern lassen, werden in Kapitel 4.2. vorgestellt. Die Situation von Frau M. lässt sich auch unter dem Gesichtspunkt von Anerkennung diskutieren: Der Ausschluss von wirtschaftlichen Betätigungsmöglichkeiten, die Einschränkung der kulturellen und politischen Beteiligungsmöglichkeiten, die mit den fehlenden Ressourcen (Zeitung, Internet, PC) verbunden sind, können von Frau M. auch als Verweigerung sozialer Anerkennung erlebt werden. Nichtanerkennung kann bei Menschen Leiden verursachen und führt zur Einschränkung sozialer Aktivität und Selbstwirksamkeit. Anerkennung ermöglicht Menschen Selbstachtung und Selbstbewusstsein. Frau M. kann bei Nicht-Anerkennung leiden, Anerkennung brächte ihr Selbstachtung und Selbstbewusstsein. Ist es nicht moralisch richtig, Frau M. zu einer neuen Anerkennungserfahrung zu verhelfen? Benötigt sie nicht gerade in ihrer Lebenssituation eine Hilfe zur Selbsthilfe? Ethische Konzepte, die Fragen wie diese zu klären helfen, werden in Kapitel 4.3. beschrieben.

Da sich Frau M. mit ihrem Anliegen an eine Berater_in wendet, ist allein schon auf Grund des professionellen Kontextes, in dem die Interaktion stattfindet, Verantwortung als ethisches Thema berührt (vgl. 2.1). Die Gestaltung des Gespräches, die Klärung der rechtlichen Ansprüche, die Frage der Nutzung von Handlungsspielräumen – all dies liegt in der „Verantwortung" der Berater_in. Vielleicht ist Frau M. selbst für andere verantwortlich, vielleicht hat sie Kinder – wie lassen sich diese Verantwortlichkeiten berücksichtigen? Möglicherweise aber spielt Verantwortung noch in einem sehr viel grundsätzlicheren Sinne eine Rolle: Hat man nicht als menschliches Gegenüber auf den Anderen in seiner Bedürftigkeit zu antworten? Und was würde das im Falle von Frau M. heißen? In Kapitel 4.4. werden Konzepte und Überlegungen erläutert, die eine argumentative Auseinandersetzung mit diesen Fragen ermöglichen.

Auch unter Gesichtspunkten des Füreinander-Sorge-Tragens kann das Anliegen von Frau M. betrachtet werden: Menschen haben Bedürfnisse der Betätigung, auf deren Befriedigung sie einen Anspruch haben. Ist es nicht die Pflicht einer (guten) Berater_in, sich Anteil nehmend und fürsorgend mit Frau M.s Situation und Bedürfnis zu beschäftigen. Und wie lässt sich Fürsorge ausdrücken ohne Frau M. paternalistisch zu bevormunden? Fragen lässt sich auch, ob es nicht Sache eines guten Gemeinwesens ist dafür Sorge zu tragen, dass alle (und folglich auch Frau M.) sich mit ihren Fähigkeiten einbringen können. Gilt es nicht dafür zu sorgen, dass die dafür erforderlichen Ressourcen zur Verfügung stehen? Hier würde sich die Argumentation verknüpfen mit der zu Gerechtigkeit, zu Anerkennung und zu Verantwortung: ein gutes Gemeinwesen zeichnet sich u. a. dadurch aus, dass keine der in ihm Lebenden exkludiert und/oder verletzt werden würde etc. Philosophische Konzepte zu Fürsorge/Care werden in Kapitel 4.5 diskutiert.

Allen skizzierten Fragemöglichkeiten liegt die Annahme zugrunde, dass professionelle Handlungsspielräume zur Ermöglichung der Bedürfnisse von Frau M. hätten. Dass dies in der Realität nicht immer oder nur eingeschränkt der Fall ist, wissen auch wir Autorinnen. Dies scheint uns jedoch kein überzeugender Einwand gegen die Nutzung der produktiven Möglichkeiten ethischer Reflexion.

4.2 Gerechtigkeit

„Und Gerechtigkeit für Alle" („And Justice for all") – der Titel des Filmes (USA 1979, Regie Norman Jewison) spiegelt das, was in sozialen Berufen Intention vieler Professioneller ist und sich heute immer mehr hin zur Intention der Realisierung von „*Social* Justice for all" (vgl. Crewe/Brown/Gourdine 2008) entwickelt. Doch kehren sich jene Intentionen im Kontext beruflicher Alltagserfahrungen nicht selten in ihr Gegenteil um: „Wie man es dreht und wendet, man kann nicht allen gerecht werden." Diese Aussage verhärtet sich zuweilen in eine Position, die in Teams sozialer Berufe immer wieder mit Formulierungen hörbar werden, wie „mir wird auch nichts geschenkt" oder „die Welt ist nun einmal ungerecht" bis hin zu „ungerecht Behandelte sind selbst daran schuld".

Ungeachtet der ethischen und politischen Resignation, die in solchen Formulierungen zum Ausdruck kommt, zeigen Bestrebungen nach Gerechtigkeit aus moralphilosophischer Perspektive zweierlei an:

- Erstens eine Veränderung von Gerechtigkeitsdefinitionen, wobei in Grundzügen von einer Veränderung von *Justice* hin zu *Sozialer Gerechtigkeit* und schließlich zu *Social Justice* gesprochen werden kann, die im Verlauf philosophisch-ethischer Diskurse stattgefunden hat.
- Zweitens ethische Konfliktsituationen, mit denen Professionelle in der dialektischen Gegenüberstellung von Gerechtigkeitsbestreben und vermeintlicher (ökonomisch begründeter) Unmöglichkeit ihrer Realisierung immer wieder konfrontiert sind.

Von Gerechtigkeit zu sprechen, um sie in sozialen Berufen professionell reflektieren und verwirklichen zu können, bedarf der Überlegung, wovon bei dieser „Kategorie" respektive Dimension eigentlich die Rede ist. Das bedeutet einerseits unterschiedliche philosophische Gerechtigkeitsdefinitionen und Bedeutungen zu bedenken und andererseits die Unterscheidung von *Justice, Sozialer Gerechtigkeit* und *Social Justice* zu vergegenwärtigen.[4] Denn Gerechtigkeit ist nicht gleich Gerechtigkeit. Insofern es unterschiedliche Auffassungen gibt, was Gerechtigkeit sei und in Bezug worauf sie wie erfolgen soll, ist es nicht möglich, eine allgemein gültige Definition zu formulieren. Doch wird in gegenwärtigen philosophischen Lexika als grobe Definition Gerechtigkeit beschrieben als:

- idealer Zustand zwischen Menschen, in dem es eine angemessene (gerechte) Verteilung von Gütern und gleiche Chancen für einzelne Menschen und für Gruppen gibt und einen angemessenen (gerechten) Ausgleich der unterschied-

---

4   Die Unterscheidung zwischen „Sozialer Gerechtigkeit" und „Social Justice" liegt darin begründet, dass die Übersetzung von „Social Justice" mit „Sozialer Gerechtigkeit" auslässt, dass damit im deutschsprachigen Raum vorrangig Konzepte, Interventionen und Aktionen auf den Feldern der Sozial- und Arbeitsmarktpolitik, manchmal auch Generationen- und in der Bildungspolitik, Chancengerechtigkeit (und Verteilungsgerechtigkeit) assoziiert werden, womit nur Teilaspekte des Begriffs „Social Justice" beschrieben sind.

lichen Interessen sowie unterschiedlichen Behandlung von Menschen (vgl. Lumer 2005; Schwemmer 1995; Höffe 2004).

Der Terminus Gerechtigkeit hat ethische, politische, aber auch ökonomische Dimensionen. Gleichzeitig bezieht er sich auf bestehende Gesetzesverankerungen (Menschenrechte, Allgemeines Gleichbehandlungsgesetz, Gender Mainstreaming etc.). Doch sind spezifische Definitionen von Gerechtigkeit sehr unterschiedlich und es gibt eine Fülle von Gerechtigkeitsdiskursen, die sich unterscheiden. Exemplarisch wird weiter unten auf einzelne Diskurse und Konzeptionen eingegangen (vgl. 4.2.1).

Was bedeutet Gerechtigkeit in alltäglichen Berufssituationen, die die Einen, in dem Fall die Professionellen, realisieren wollen, zuweilen realisieren, zuweilen daran scheitern, und die die Anderen, in dem Fall die Adressat_innen sozialer Berufsfelder, erhalten sollen, zuweilen erhalten, zuweilen aber nicht? In Praxisfeldern sozialer Berufe tritt in diesem Verhältnis eine Asymmetrie zu Tage insofern es um Gerechtigkeitsgebende und Gerechtigkeiterhaltende geht. Dabei sind Gebende und Nehmende eingebettet in ein Macht- und Herrschaftsverhältnis (vgl. 4.6.1), in dem die Professionellen eine Repräsentationsfunktion einer Institution und damit verbunden einer Gesellschaft haben und gleichzeitig Vermittelnde zwischen Gesellschaft (gesellschaftlicher Auftrag) und Nutzenden in ihren jeweiligen Bedürfnissen und Anliegen sind.[5] Die subjektive Intention, Gerechtigkeit im Sinne eines gerechten-professionellen Handelns zu reflektieren und zu verwirklichen, kann in diesem Spannungsfeld immer wieder einem gesellschaftlichen Auftrag widersprechen, wie folgende Fallskizze zeigt:

Fallskizze

Stellen wir uns folgende Situation in einem Frauenhaus vor: Frau M. ist von Gewalt durch ihren Lebenspartner, Herrn O., betroffen, mit dem sie in einem gemeinsamen Haushalt lebt. Sie hat zwei Kinder, E. (3 Jahre alt) und F. (10 Jahre alt). Die Situation zu Hause ist äußerst gewalttätig, Frau M. wird verbal bedroht, brutal geschlagen, auch ihre Kinder sind Gewalt ausgesetzt, sie kann sie nicht beschützen. Als die Situation wieder einmal eskaliert, will Frau M. in ein Frauenhaus. Es kommt zu einem Gespräch mit den Mitarbeiterinnen des Frauenhauses, das letztlich in der Aufnahme von Frau M. mündet.

Sowohl aus der Perspektive der Mitarbeiter_innen des Frauenhauses als auch aus der des gesellschaftlichen Auftrages eines Frauenhauses (Vorschriften, Gesetze etc.) ist die Vorgangsweise eindeutig: Frau M. und ihre Kinder werden in das

---

5   Dieses Verhältnis erinnert an Adorno, der das zentrale Problem der Ethik im „(...) Verhältnis zwischen dem *Besonderen*, den besonderen Interessen, den Verhaltensweisen des einzelnen, besonderen Menschen und dem *Allgemeinen*, das dem gegenübersteht" (Adorno 1996: 33) sieht.

Frauenhaus aufgenommen. Nur außerhalb dieses beruflichen Kontextes wäre eine Gerechtigkeitsdiskussion auf einer Metaebene dahingehend zu führen, inwiefern häusliche Gewalt z. B. Ungerechtigkeiten einer Gesellschaft widerspiegelt. Doch bleiben wir bei der beruflichen Situation: Was wäre, wenn Frau M. keinen „legalen" Aufenthaltsstatus in der Bundesrepublik hätte? Wie sollen Mitarbeitende handeln, wenn sie eine Einteilung zwischen „legalen" und „illegalen" Menschen in einer Gesellschaft nicht für gerecht hielten und wenn sie dennoch den Auftrag als Institution eines sozialen Berufes haben, keinen „illegalisierten" Menschen Schutz bieten zu dürfen?

Diese Fragen sind keine rhetorischen. Sie betreffen den konkreten Arbeitsalltag und sie berühren folgende Ebenen, mit denen sich Professionelle in Bezug auf Gerechtigkeit auseinandersetzen können:

- Individuell-professionelle Ebene: Was halten einzelne Professionelle im individuell-professionelle Handeln für gerecht und warum; wie sollen sie als Einzelne im Sinne der Gerechtigkeit handeln; welche Kompetenzen benötigen sie, um gerecht handeln zu können?
- Institutionell-strukturelle Ebene: Welches Gerechtigkeitsdenken und -handeln präferiert die Institution sozialer Berufe und welche Handlungsspielräume bzw. Handlungsoptionen haben einzelne Professionelle in den jeweiligen Berufsfeldern?
- Gesellschaftlich-kulturelle Ebene: Welches Gerechtigkeitsdenken und -handeln ist gesellschaftlich verankert; in welchem Verhältnis stehen Gerechtigkeitsvorstellungen und Gesetzesverankerungen; welche Handlungsspielräume bzw. Handlungsoptionen haben Institutionen sozialer Berufe diesbezüglich und welche einzelne Professionelle?

Diese Ebenen sind ineinander verwoben. Im philosophischen Diskurs bemühen sich Philosoph_innen um Antworten auch solcher Fragen und geben Einblick in divergierende Auffassungen dessen, was Gerechtigkeit sei (vgl. u. a. Horn/Scarano 2002; Holzleithner 2009). Nur selten geben sie konkrete Handlungsanweisungen. Nur selten formulieren sie ein Modell, demgemäß in der Praxis Schritt für Schritt überlegt, reflektiert, entschieden und schließlich gehandelt werden kann. Doch bieten sie Analyse- und Reflexionsinstrumentarien an, die gerechtes Handeln reflektierbar und argumentierbar macht.

4.2.1 Gerechtigkeit im philosophischen Diskurs und als Baustein moralphilosophischer Theorien

Die griechisch-okzidentale Tradition weist unterschiedliche Definitionen von Gerechtigkeit auf, deren Definition immer kulturspezifisch ist. Das zeigt die folgende Beschreibung mit der Bedeutungsverschiebung von *Justice* hin zur *Sozialen Gerechtigkeit* und schließlich zu *Social Justice*. Hierbei geht es um unterschiedliche

Vorstellungen und Dimensionen von Gerechtigkeit. Gleichzeitig sind diese Definitionen ineinander verwoben oder ergänzen sich.

Im Zuge dieser Skizze werden einzelne philosophische Konzeptionen exemplarisch herausgegriffen und nicht zuletzt mit der Überlegung diskutiert, inwiefern sie für soziale Berufe unterstützend sein können. Alte Philosophien heranzuziehen, ist nicht immer unproblematisch: Denken wir an z. B. misogyne (frauenfeindliche) oder antijudaistische, antisemitische oder rassistische Bemerkungen so mancher Philosophen vergangener Zeiten, die gleichzeitig z. B. Menschenrechtsverankerungen vorangetrieben und nachhaltig beeinflusst haben. Diese Widersprüche können nicht aufgehoben oder weggewischt werden. Sie zu benennen soll nicht Verwirrung schaffen. Vielmehr soll die Benennung dazu beitragen, Ambivalenzen und Ungereimtheiten in der Philosophie zu sehen und zu verdeutlichen, dass es für ein gerechtes Handeln im Kontext sozialer Berufe nur selten darum geht, philosophische Konzeptionen eins zu eins zu übernehmen, in ihrer Gesamtheit affirmativ aufzunehmen oder abzulehnen.

Dikaiosýne und *Justitia* als institutionelle Gerechtigkeit

Im antiken Griechenland wurde Gerechtigkeit, *Dikaiosýne* zuweilen mit *Dike* gleich gesetzt, der Göttin der Gerechtigkeit (Justice) und der Rechtsprechung (fair judgement), von der bereits die 63. Hymne des Orpheus („Der Dike") Zeugnis gibt: „(...) /Du allein trittst hinzu, /erweckst unrechten Werken das Recht, /feindlich den Ungerechten, /gerechten Urteils Freund. (...)" (Plassman 1982: 104). Die orphischen Hymnen geben zudem Einblick in die Entwicklung und Etablierung verschiedener Begrifflichkeiten zu Gerechtigkeit und Recht und zeigen damit auch, in welchen Bereichen diese gedacht wurde:

- So galt *Dikaiosýne* als die Personifikation der Gerechtigkeit und Rechtschaffenheit. Diesem vorangehend galten der Terminus *Nemesis* (als Zuteilung, Verteilung) und später *Nomos* (als Gesetz, aber auch Übereinkunft, Setzung) als Gerechtigkeitsbegriffe.
- Dikaiosýne betraf nicht den Umgang von Privatpersonen mit Fragen nach Gerechtigkeit und gerechtem Handeln, sondern die Regierung bzw. die Polis.[6] (vgl. Ziegler 1980)

---

[6] Genauere Auskunft darüber, was der Begriff Polis bedeutet und damit woher der Begriff Politik kommt, geben Hannah Arendt und Cornelius Castoriadis, für die Gerechtigkeit und Freiheit als Grundprinzipen des Politischen gelten (Arendt 1967; Castoriadis 1990): Polis wird heute oft fälschlicherweise mit Staat oder Stadtstaat übersetzt. Übersetzungsfehler beziehen sich z. B. auf die Aristotelische Schrift *Athenaion Politeia,* die mit *Die Verfassung Athens* betitelt wird. Cornelius Castoriadis hält diesbezüglich fest: „Aristoteles schrieb *Die Verfassung der Athener* und Thukydides ist zu diesem Thema ausgesprochen deutlich: *Andres gar polis* ‚denn die *polis,* das sind die Menschen'" (Castoriadis 1990: 310). Die Idee des Staates als einer Institution, die vom Körper der Bürger getrennt und verschieden ist, war bezogen auf das antike klassische Athen undenkbar. Anders als Staat bedeutet *Politeia* demnach „die politische Institution/Konstitution und die Art und Weise, wie das Volk mit den öffentlichen Angelegenheiten umgeht" (Castoriadis 1990: 310). Davon wird das heutige Verständnis von Politik im Sinne des Politischen bzw. des Politisch-Seins (nicht im Sinne der Parteipolitik) abgeleitet.

Bei dieser Definition von Gerechtigkeit als Justice geht es nicht um interaktives gerechtes Handeln, welche als personelle Gerechtigkeit erst später gedacht wurde (siehe 4.2.1).

Das lateinische *Justitia* wird bis heute verwendet: einerseits als Justitia/Justiz, andererseits als Justice. Es verweist auf die römische Göttin der Gerechtigkeit und des Rechtswesens. Mit ihren Attributen (in einer Hand ein Richtschwert, in der anderen eine Wage, ab ca. 1520 mit Augenbinde) verweist sie darauf, dass Gerechtigkeit/Recht erst dann gesprochen werden kann, wenn ohne Ansehen der Person die Sachlage genau abgewogen wird, um beurteilt werden zu können. Erst dann kann das Urteil mit der „nötigen Härte" (Richtschwert) durchgeführt werden. Ende des 15. Jahrhunderts wurde die Augenbinde als Spott für die „Blindheit" des Gerichts interpretiert; im 16. Jahrhundert erhält sie die Bedeutung der Unpartei-lichkeit. (vgl. Degen 2008)

Bis heute wird die Kontextualisierung von Gerechtigkeit und Recht mit einer Ausführung von Kaiser Justinian 534 n. Chr. festgehalten, der das Corpus Juris verfassen ließ und dem Werk voranstellte: „Wer sich mit dem Recht ernsthaft beschäftigen will, muss vor allem wissen, woher der Name des Rechts (*ius*) stammt." (Braun 2007: 53)

- Im Sinne der Göttin Justitia ist ein Urteil der Sachlage gemäß und gerecht zu fällen. Gerechtigkeit fällt mit dem Rechtswesen zusammen.

Begrifflich zeigt sich hier der Zusammenhang von „gemäß" und „gerecht" auch in der etymologischen Herkunft des Begriffes Gerechtigkeit in der deutschen Sprache: Im Althochdeutschen ist das Adjektiv „gireht" (gerad, geradlinig) erstmals im 8. Jahrhundert nachzuweisen. Im Mittelhochdeutschen „gereht" (gerade, recht [im Gegensatz zu links] richtig, passend, tauglich, geschickt) kommt die abstraktere Bedeutung „dem Rechtsgefühl entsprechend" hinzu, wie bereits zuvor im Gotischen „garaiths". Später steht „gerecht" auch für „gradlinig", „angemessen" und „gemäß". (vgl. Kluge 2002)

Dikaiosýne und *Justitia* stehen in der Antike vor allem in Verbindung mit Aufgaben der Polis, der Regierung und der Rechtsprechung. Sehr früh stand diese Debatte in Verbindung mit der Idee, dem Gemeinwesen eine menschenrechts-ähnliche Basis zu geben. Bis heute wird dabei dem klassischen Athen eine historisch zentrale Rolle zugeschrieben: Schon 624 v. Chr. wurde im antiken Athen die willkürliche Rechtsprechung eingeschränkt. Seit dem 6. Jahrhundert wurde allen athenischen Bürgern politische Mitsprache ermöglicht. Hier galten die zentralen Merkmale der Demokratie:

- „Es haben aber nach den Gesetzen (...) alle das gleiche Recht. (...) Frei leben wir als Bürger im Staat (in der Polis, Anm. d. A.) (...) und frei vom gegenseitigen Misstrauen des Alltags (...) und nur wir entscheiden in Staatsgeschäften allein" (Thukydides 2000: II, 37, II, 40).

Die politische Gleichheit und Freiheit betraf die Gleichheit der athenischen Bürger vor dem Gesetz. Doch bedeutete sie weit mehr als das: Sie besteht in der aktiven Teilhabe an den öffentlichen Angelegenheiten, am Politischen. Diese wird nicht dem Zufall überlassen, sondern durch das Ethos der Polis und durch formale Regeln geschürt. Die athenische Demokratie, die als Ursprung heutiger Demokratien beschrieben wird und bis heute affirmativ aufzufassende Praktiken birgt, will Gerechtigkeit und gerechte Rechtsprechung. Doch erfolgte die Verwirklichung der Demokratie explizit unter Ausschluss von Sklaven, Frauen und Metöken und etablierte sich nicht als ein allen Menschen gleich zustehendes Recht.[7]

Der Diskurs von Gerechtigkeit und Rechtsprechung wird bis heute in juristischen Disziplinen geführt, indem zwischen der formalen und der inhaltlichen Auffassung von Recht unterschieden wird.

- Die formale Auffassung bezeichnet Recht als die Summe der in einer Gesellschaft verankerten und geltenden Rechtsnormen, die das Zusammenleben von Menschen regeln sollen und deren Einhaltung und bei Rechtsverletzungen deren Bestrafung über staatliche Organe geregelt werden.
- Die inhaltliche Auffassung verbindet nach wie vor Recht mit Gerechtigkeit und bezieht sich dabei bis heute auf die Digesten (lat. *digesta*, Geordnetes),[8] eine Zusammenstellung römischer Rechtsgelehrter, die den wesentlichen Teil des bis heute überlieferten Römischen Rechts bilden.

Zum Beginn der Digesten steht der Satz des Celsus, *Ius est ars boni et aequi* („Recht ist die Kunst des Guten und Gerechten"), auf den gegenwärtig noch Bezug genommen wird (vgl. Kaiser 1999).

Auch in philosophischen Diskursen reichen die Diskussionen über den Zusammenhang von Gerechtigkeit und Recht bis in die Gegenwart. So formuliert Jacques Derrida (1930-2004), dass Gerechtigkeit,

---

[7] Bei Thukydides (2000: II,37) findet sich die Definition der Demokratie folgenderweise: *Demos*: Gemeinschaft der Bürger, *kratos*: Kraft, Macht, *kratein*: herrschen. Die Gesellschaft des klassisch-antiken Athen war in folgenden Bereichen eingeteilt: *oikos* (Haus als private Sphäre ohne politische Beschlusskraft, *agora* (Marktplatz als privat-öffentliche Sphäre, ohne politische Beschlusskraft) und *ekklesia* (Volksversammlung als öffentlich-öffentliche Sphäre mit politischer Beschlusskraft), an der nur freie athenische Bürger teilnehmen durften, ausgeschlossen waren Frauen, Sklaven und Metöken. Als Metöke (*metokoikos*) galten Einwanderer, Ansässige, registrierte Fremde ohne politische Rechte, doch vom Gesetz geschützt und zum Militärdienst sowie zur Steuerzahlung verpflichtet. Sklaven, die außerhalb des Logos stehend aufgefasst wurden und per Gesetz auch mit bestimmten Rechten ausgestattet waren, füllten verschiedene Bereiche aus, z.B. *oiketes* (Sklaven des Hauswesens), *demoisoi* (Gemeindesklaven im technisch-administrativen Verwaltungsapparat). Erfolgte ihre Freilassung durch den Besitzer, so wurden sie Metöken. Originaltexte zur Athenischen Demokratie finden sich in Aristoteles 1993; Thukydides 2000; Sekundärliteratur vgl. Castoriadis 1990; Perko 2005)

[8] Die Digesten sind heute v. a. durch die Littera Florentina bzw. Codex Florentinus überliefert, eine Handschrift der Digesten, die in Florenz in der Bibliotheca Medicea Laurenziana aufbewahrt wird, und die Grundlage aller Ausgaben der Digesten darstellt.

- nicht dasselbe ist wie das Recht, sie kann aber einerseits ohne Recht nicht existieren, denn Recht ist die Gewalt, die die Gerechtigkeit anrufen kann, andererseits ist Gerechtigkeit die Möglichkeit, das Recht bzw. Rechtsentscheidungen zu begründen (Derrida 1999: 221 ff.).

Rechtsnormen und Moralkodex einer Gesellschaft, Recht und Moral sind nicht ident: Während das erstere sich insbesondere auf das gesetzeskonforme oder nicht konforme Verhalten von Menschen orientiert, Sanktionen durch normierte Verfahren durchführt, fokussiert Moral die Gesinnung und kann als unmoralisches Handeln nur dann sanktioniert werden, wenn es rechtlich verankert ist. Doch häufig sind Recht und Moral deckungsgleich, werden Rechte aus moralischen und politischen Beurteilungen heraus formuliert, kann die Gerechtigkeit das Recht anrufen. Wie Derrida formuliert, ist Gerechtigkeit die Möglichkeit, das Recht bzw. Rechtsentscheidungen zu begründen.

Im Kontext sozialer Berufe zeigt sich diese Differenzierung und Überschneidung insbesondere in ethischen Konfliktsituationen.

Sind Rechtsnormen als Gesetzesverankerungen und Moralkodex bzw. Gerechtigkeitsdenken unterschiedlich, so kann das Professionelle im beruflichen Alltag nicht selten in eine Konfliktsituation bringen. Das zeigt das obige Gedankenexperiment: Was wäre, wenn Frau M. keinen „legalen" Status hätte und Mitarbeitende einer Sozialen Institution gegen ein Gesetz handeln wollen würden? Ähnlichen Konfliktsituationen sind z. B. Pflegekräfte ausgesetzt. So etwa, wenn Überlegungen nach der aktiven Sterbehilfe herangezogen werden: Einerseits könnte das Gerechtigkeitsdenken von Pflegekräften darauf abzielen, Menschen, die nicht mehr leben wollen und die extremen Schmerzen ausgesetzt sind, einen „leichten und/oder schönen Tod" (Sterbehilfe von altgriechisch euthanasia, als Zusammensetzung aus eu, „gut", „leicht" und thanatos, Tod) ermöglichen zu wollen; andererseits sind sie mit Gesetzen konfrontiert, die einen bestimmten Handlungsspielraum zulassen.

Spielen Gesetzesverankerungen eine zentrale Rolle, dann sind Professionelle sozialer Berufe keine, die Recht sprechen. Sie gehören aber zu jenen, die sich in der konkreten Reflexion gerechten Handelns im nicht selten vorkommenden Spannungsfeld zwischen Gesetz und Moral (einer Gesellschaft und einer Institution) befinden. Ethische Konfliktsituationen zeigen die Verbindung der individuell-professionellen, der institutionell-strukturellen und der gesellschaftlich-kulturellen Ebenen, weshalb zu überlegen ist, wie wir je persönlich in einer Konfliktsituation entscheiden und wie diese Entscheidung für ein gerechtes Handeln zu gesetzlichen, kulturellen und institutionellen Vorgaben steht. Gleichzeitig kann sich ein Gerechtigkeitsdenken auch an vorhandenen Gesetze bzw. gesetzlichen Verankerungen orientieren (Menschenrechtskonvention, UN-Behindertenrechtskonvention, Allgemeines Gleichbehandlungsgesetz, Gender Main-streaming u. a.). Darauf wird in den verschiedenen ethischen Standards und Richtlinien sozialer Berufe (vgl. Lob-Hüdepohl 2007), aber auch mit der Betonung z. B. der Sozialen Arbeit als Menschenrechtsprofession Bezug genommen (vgl. Staub-Bernasconi 1995; 2003).

Justice: Gerechtigkeit als institutionelle und personale Gerechtigkeit

Während in der Antike zunächst die gesellschaftlich-staatliche Aufgabe von Justice betont wurde, etablierten Philosophen, insbesondere **Aristoteles** (384-322) die Unterscheidung von personaler und gesellschaftlich-institutioneller Gerechtigkeit. Diese Hervorhebung bedeutet, Gerechtigkeit auch als intersubjektive Verantwortung, d. h. immer in Bezug auf andere Menschen zu denken. (vgl. 4. 4) Aristoteles benennt im 5. Buch der *Nikomachischen Ethik* Gerechtigkeit in drei Weisen:

- die austeilende Gerechtigkeit (Verteilungsgerechtigkeit).
- die legale Gerechtigkeit (allgemeine Gerechtigkeit in Bezug auf die Polis).
- die Verkehrsgerechtigkeit (partikulare Gerechtigkeit) im Sinne der Beziehung von einzelnen Menschen untereinander).
  (vgl. u.v.a. Gerke 2008)

Auf diese analytische Einteilung des Terminus Gerechtigkeit wird in gegenwärtigen Gerechtigkeitsdiskursen immer wieder zurückgegriffen.

In seiner Tugendethik beschreibt Aristoteles Gerechtigkeit als Proportionalität, sie gilt (neben u. a. Klugheit, Tapferkeit und Mäßigung) als oberster unter den Vorzügen des Charakters:

- Gerechtigkeit wird als jene Tugend bzw. Grundhaltung beschrieben, kraft derer der Gerechte nach freier Wahl und Entscheidung handelt und dabei bei Fragen der Verteilung nicht sich bevorteilt und Andere benachteiligt, sondern die proportionale Gleichheit berücksichtigt (vgl. Aristoteles 1969: 1134a ff.)

Für Aristoteles[9] galt die Eudaimonia, das gute, gelingende Leben als höchster anzustrebender Wert. Gerechtigkeit ist die Voraussetzung sie zu erreichen: die freie Wahl, also Freiheit, ist Bedingung für die Entscheidung zum gerechten Handeln. Aristoteles geht davon aus, dass das Proportionale die Mitte und das Gerechte das Proportionale ist (Aristoteles 1969: 1131b ff.) und beschreibt demgemäß Gerechtigkeit als die Mitte, als das richtige, ausgleichende Maß, die eine ausgleichende Verteilung anstrebt und somit gegen Ungerechtigkeit wirkt:

- „Die Gerechtigkeit ist also eine Mitte, freilich nicht auf dieselbe Art wie die übrigen Tugenden, sondern weil sie die Mitte schafft. Die Ungerechtigkeit dagegen schafft die Extreme, wovon sowohl die Verteilung von Gütern, von Geld, aber auch von Ehre betroffen sind (Aristoteles 1969: 1133b).

---

[9] Als auch vor ihm Platon (427/427 v.Chr. – 348/347 v. Chr.), für den Gerechtigkeit eine überweltliche und unveränderliche, ewige Idee ist.

Unter Mitte versteht Aristoteles nicht die „goldene Mitte" als arithmetische Mitte. Vielmehr ist mit dem richtigen, ausgleichenden Maß z. B. Folgendes gemeint: Wenn wir uns die Verteilung eines Kuchens vorstellen, so wäre in diesem Sinne die gerechte Mitte nicht, allen das gleich große Stück zu verteilen, sondern die Größe des Stückes gemäß den Bedürfnissen der Einzelnen zu bestimmen. Gerecht zu handeln heißt nach Aristoteles auch, den überlieferten Handlungsregeln und Wertmaßstäben nicht fraglos zu folgen, sondern es sich zur Gewohnheit zu macht, aus Einsicht und Überlegung das jeweils erforderliche Gute, im Falle der Gerechtigkeit, das Gerechte zu tun.

Die vorgenommene Differenzierung zwischen personaler Gerechtigkeit und institutioneller Gerechtigkeit wirkte bis ins Mittelalter und wurde z. B. von Thomas von Aquin (1225-1274) aufgegriffen. Als Aristoteliker steht er nicht zuletzt christlichen Vorstellungen des Mittelalters entgegen, für die Gerechtigkeit ausschließlich an den religiösen Kontext gebunden war.

Auch Aristoteles ist kein unproblematischer Philosoph: einerseits plädiert er mit seiner Konzeption explizit für Gerechtigkeit im Sinne der allgemeinen und personellen Gerechtigkeit; andererseits stellt er Frauen an hierarchisch unterer Stufe im Vergleich zu Männern (vgl. dazu Birkhan 1991, Perko 2002) und argumentiert, dass manche Menschen von Natur aus Sklaven seien (vgl. Aristoteles 1989: 1254b). Wird seine Gerechtigkeitskonzeption heute herangezogen, dann explizit mit Ablehnung dieser Auffassung. Das gilt auch für den Kontext sozialer Berufe, der auf Aristoteles rekurriert:

In Bezug auf soziale Berufe wird dieser Philosoph etwa mit folgender Argumentation herangezogen: man „(...) könnte (...) sagen, daß es bei der professionellen sozialen Hilfe darum geht, gerecht zu verteilen, mithin denen die keinen Zugriff auf die materiellen oder symbolischen Ressourcen der Gesellschaft haben, diesen Zugriff, diese Inklusion in Systeme, die diese Ressourcen bereitstellen, zu sichern bzw. wieder zu ermöglichen; mit anderen Worten, sozial und individuell ‚Ungleiche' auch ungleich zu behandeln, d.h.: sie ungleich stärker zu fördern als andere, damit sie diesen gleicher werden; denn: ‚Der Staat soll [...] möglichst aus Gleichen und Ebenbürtigen bestehen' (Politik, 4. Buch, Kap. 11, 1295 b25)." (Kleve 2000: 6).

Neben der gerechten Verteilung kann auch darauf Bezug genommen werden, dass gerecht zu handeln immer auch bedeutet, einem Moralkodex respektive Vorschriften nicht fraglos zu folgen. Erinnern wir die Fragestellung im geschilderten Fall von Frau M.: Was wäre, wenn Frau M. keinen „legalen" Aufenthaltsstatus in der Bundesrepublik hätte? Wie sollen Mitarbeitende handeln, wenn sie es nicht für gerecht hielten, dass es eine Einteilung zwischen „legalen" und „illegalen" Menschen in einer Gesellschaft gibt, und wenn sie dennoch den Auftrag hätten, keinen „illegalisierten" Menschen Schutz bieten zu dürfen? Auch bei diesem Beispiel zeigt sich die Verquickung der individuell-professionellen, der institutionell-strukturellen und der gesellschaftlich-kulturellen Ebenen insofern bei der Überlegung für ein gerechtes Handeln im beruflichen Bereich Gesetz und Moralkodex sowie eigenes Gewissen eine Rolle spielen.

Aristoteles kann mit seiner Konzeption zum gerechten Handeln im Kontext seiner Mittelmaßlehre auch praktische Unterstützung im Sinne der systematisierten Vorgangsweise bieten. Er beschreibt, wie erwähnt, dass dem Erreichen des richtigen Mittelmaßes im Handeln ein freiwilliges, planvolles Handeln (praxein), ein Mit-sich-zu-Rate-gehen (boulein) sowie eine Wahl und Entscheidung (proairesis) vorausgehen muss. Heute werden Entscheidungsfindungsmodelle für soziale Berufe beschrieben, die sich in modifizierter Form darauf beziehen: Erkennen der Problematik, Abwägen/Reflexion, Beurteilen der Situation/Urteilen, Entscheidung treffen, Planung sowie Ausführung/Handeln sind dabei die wichtigsten Schritte (vgl. Tschudin 1988, Schayck 2000).

Gerechtigkeit (Justice) als vertraglich-institutionelle Angelegenheit

Die Aristotelische Differenzierung zwischen personeller und institutioneller Gerechtigkeit wird im philosophischen Diskurs mit Beginn der Neuzeit zugunsten der Definition und Bestimmung von Gerechtigkeit als Vertragsbeziehung verändert: Gerechtigkeit ist hier keine Einzeltugend im Sinne der Vorzüge des Charakters. Recht- und Gerechtigkeitsvorstellungen unterliegen dem Säkularisierungsprozess. Gerechtigkeit ist keine göttliche Ordnung. Gerechtigkeit ist

- eine vertraglich-institutionelle Angelegenheit, unterschiedliche Interessen auszugleichen und Konflikte zwischen Menschen zu lösen.

Als wichtige Vertreter gelten Thomas Hobbes (1588-1679), John Locke (1632-1704) und Jean-Jacques Rousseau (1712-1778), die verschiedene Konzeptionen eines Gesellschaftsvertrages als Gedankenexperimente etablierten und dabei gesellschafts-politischen Einfluss hatten: So beeinflusste die Konzeption von Lockes die Verfassung der Vereinigten Staaten von 1787 und den Bill of Rights (in den USA am 15. Dezember 1791 als Verfassungszusätze aufgenommen), während Rousseau Konzepte der Französischen Revolution mit ihrer Parole „Freiheit, Gleichheit, Brüderlichkeit"[10] prägte, dem zugleich die Ausbildung des bürgerlichen Frauenbildes einen seiner stärksten Impulse verdankt.

Jean-Jacques Rousseau, der exemplarisch herangezogen wird, formuliert: „Die Menschen sind böse (...) eine traurige und fortdauernde Erfahrung erübrigt den Beweis (...). Man bewundere die menschliche Gesellschaft, soviel man will, es wird deshalb nicht weniger wahr sein, dass sie die Menschen notwendigerweise dazu bringt, sich in dem Maße zu hassen, in dem ihre Interessen sich kreuzen, außer-

---

[10] Später verfasste Olympe de Gouges (1748-1793) die *Deklaration der Rechte der Frauen und Bürgerinnen*; sie wurde 1793 durch die Guillotine getötet (de Gouges 1979).

dem sich wechselseitig scheinbare Dienste zu erweisen und in Wirklichkeit sich alle vorstellbaren Übel zuzufügen." (Rousseau 2008: Anmerkung IX) Im Gegensatz zum Menschen im Naturzustand, den Rousseau als gut schildert, entwickelt sich die Gesellschaft hin zu einer Herrschaft der Reichen über die Armen. Der Staat dient dabei nach Rousseau nur als Schutz für die Ungleichheit von arm und reich. Um ihn zu einem gerechten Staat zu machen, bedarf es eines Gesellschaftsvertrags, der durch die freie Übereinkunft aller Bürger_innen entsteht:

- Der Gesellschaftsvertrag schafft Gerechtigkeit und zielt auf das Wohl aller ab.
- Alle Menschen ordnen sich diesem Vertrag freiwillig unter, weil der Gemeinwille (bei Rousseau die Gerechtigkeit) unfehlbar ist. Deshalb ist die freiwillige Zustimmung aller selbstverständlich.

(vgl. Rousseau 1977)

Gerechtigkeit bedeutet dabei für Rousseau, die dem Menschen angeborene Gleichheit und Freiheit gesellschaftlich zu verwirklichen. Durch einen Gesellschaftsvertrag wäre eine institutionelle Gerechtigkeit (*iustitia legalis*) möglich, so die Vorstellung Rousseaus, dessen Gesellschaftsvertrag als Wegbereiter moderner Demokratien und Demokratietheorien gilt. Doch auch Rousseau ist kein unproblematischer Philosoph, insbesondere, wenn seine Geschlechterkonzeption herangezogen wird, die er in seinem Erziehungsroman *Emile Oder über die Erziehung* verdeutlicht.[11]

In der Rousseauschen Konzeption ist die personelle Gerechtigkeit in den Hintergrund gedrängt, das jeweilig subjektive bzw. intersubjektive Handeln, dem er misstraut. Das macht es schwierig, Rousseau auf Fragen der Gerechtigkeit in Bezug auf soziale Berufe zu übertragen.

Zwar ist die institutionalisierte Gerechtigkeit in sozialen Berufen ebenso zentral wie die Forderung und Etablierung einer gerechten Rechtsprechung. Doch auf der Ebene der Praxis sozialer Berufe können Gerechtigkeitskonzeptionen im Sinne der Gesellschaftsverträge wenig konkrete Unterstützung bieten. In Bezug auf die individuell-professionelle Ebene eines Gerechtigkeitsdenkens und -handelns bleibt die erst von Kant so explizit formulierte ethische Frage offen: Was soll ich tun?

Die Idee des Gesellschaftsvertrages übernahm Immanuel Kant (1724-1804), von dem als einer der größten Denker des europäischen Geisteslebens, der das heu-

---

[11]   Barbara Schaeffer-Hegel (1989) spricht von stilisierten „Kunst-Frauen" in Bezug auf die Rousseauschen Weiblichkeitsgestalten, die dem Frauenideal, dem reinen und sauberen Wesen Sophies entsprechen, die „alles begreift, aber nicht viel behält" (Rousseau 1963: V,717) und dergestalt logische Wissenschaften lediglich leicht streifen soll; eine Frau, die Emile Glück bescheren soll und deren ganzer Ruhm darin besteht, Frau zu sein. (Rousseau 1963: V,789, vgl. dazu detailliert Perko/Pechriggl 1996).

tige Rechts- und Moralverständnis wesentlich geprägt habe, gesprochen wird. Kant begründet Gerechtigkeit in der Sittlichkeit als Gebot der reinen praktischen Vernunft und wendet sich damit u. a. auch gegen den Utilitarismus.[12] Vernunft bedeutet bei Kant vor allem das handelnde, bestimmende Subjekt. Sie liegt allen Ideen, gesetzlichen Ordnungen, Prinzipien und Wissen zugrunde. Das Prinzip der Gerechtigkeit ist nach Kant nur durch die praktische Vernunft, d.h. das vernünftige Wollen und Handeln, erkennbar.

Die Kriterien der Gerechtigkeit, die in der Vernunft des Menschen gegeben sind – Freiheit, Gleichheit und Selbständigkeit – gelten Kant als Grundlegung einer bürgerlichen Gesellschaft und als Grundverhalten eines Staates. Die einzelnen Subjekte können ihm zufolge nicht bestimmt werden, nur die obersten Grenzen der Handlungsmaximen müssen abgesichert sein. Der Staat hat dabei verwaltende Aufgaben, der die Freiheit der Individuen gewährleisten soll (anderenfalls würde er in Despotismus verfallen). Kants Gerechtigkeitsdenken bezieht sich auch auf den Begriff des Eigentums: die gerechte Güterverteilung entsteht dadurch, dass Güter gerecht angeeignet und dann gerecht übertragen werden. Das impliziert staatliches Handeln, das einem sozialen und ökonomischen Grundsatz geschuldet ist. Der Staat hat im Sinne des Grundprinzips der Gerechtigkeit als allgemeiner, apriorischer Grundsatz des staatlichen Handelns auch soziales und ökonomisches Leben der Individuen zu garantieren: unselbständige Individuen müssen mit den notwendigsten Mitteln versorgt werden mit dem Ziel, ein selbständiges Leben aufbauen zu können.

Die Freiheit des Einzelnen wird durch ein selbst gesetztes Gesetz sichergestellt, wodurch die Autonomie der einzelnen Menschen gewährleistet und zugleich durch ein allgemein verbindliches Gesetz die Freiheit der einzelnen beschränkt wird. Kant, für den nur ein Handeln aus Pflicht moralisch gut ist, beantwortet die grundlegende ethische Frage „Was soll ich tun" mit dem Kategorischen Imperativ:
• „Handle nur nach derjenigen Maxime, durch die du zugleich wollen kannst, daß sie ein allgemeines Gesetz werde." (Kant 1957: BA 52)

Er zeigt damit, wie eine jeweils subjektive Maxime qualifiziert sein muss, damit sie eine allgemeine Maxime mit universeller Geltung wird und fordert eine mögliche Universalität, was alle Menschen betrifft. Das bedeutet, die Entscheidung für ein gerechtes Handeln anderen Menschen gegenüber so begründen zu kön-

---

[12] Der Utilitarismus wurde von Jeremy Bentham (1748-1832) mit dem Ziel, „das größte Glück der größten Zahl" begründet. Bentham wird ob der Nützlichkeitsprämisse als unsichere Prämisse, durch die Gerechtigkeit nicht erreicht werden kann, und seiner Zielsetzung kritisiert: „das größte Glück der größten Zahl" kann bedeuten, Minderheiten ungerecht zu behandeln insofern sie anzahlmäßig eine kleinere Gruppe sind. So nimmt der Utilitarismus in Kauf, dass Einzelne zugunsten des größeren Gemeinwohls der Gesellschaft geschädigt werden. Gleichzeitig ist positiv hervorzuheben, dass Bentham allgemeine Wahlen, das Frauenstimmrecht, die Abschaffung der Todesstrafe, Tierrechte, die Legalisierung der Homosexualität und die Pressefreiheit forderte. Der Utilitarismus wurde in der Folge u.a. von John Stuart Mill (1806-1873) ausgearbeitet.

nen, dass dieses nicht nur subjektiv gerecht erscheint, sondern als allgemeine Maxime mit universeller Geltung gerecht ist. Im Zuge dessen plädiert Kant ferner dafür, Menschen nicht als bloßes Mittel zu gebrauchen: „Handle so, dass du die Menschheit sowohl in deiner Person, als in der Person eines jeden anderen jederzeit zugleich als Zweck, niemals bloß als Mittel brauchst." (Kant 1957: BA 52) Damit formuliert Kant die Achtungswürdigkeit und Menschenwürde erstmals in einem umfassenden Sinn. Das Grundprinzip der Menschenwürde besteht ihm zufolge darin,

- den Anderen zu achten,
- in der Anerkenntnis seines Rechts zu existieren,
- in der Anerkenntnis einer prinzipiellen Gleichwertigkeit aller Menschen.

Werden Menschen verletzt oder unterdrückt, so gilt ihm das als Verletzung der Menschenwürde. Die Idee der Achtung und der Würde eines jeden Menschen um seiner selbst willen geht auf Kant zurück: „Ein jeder Mensch hat rechtmäßig Anspruch auf Achtung von seinem Nebenmenschen, und wechselseitig ist er dazu auch gegen jeden anderen damit verbunden." (Kant 1956: §38, A139f.) Menschen sind nach Kant aus ihrer Vernunft heraus verpflichtet, die Persönlichkeit und in ihr die Würde des anderen zu achten (Pflichtethik). Zentral bei Kant ist der Begriff der Autonomie der Menschen, die er als die Bestimmung des sittlichen Willens durch die Vernunft definiert. Die reale Möglichkeit der Autonomie kann nach Kant durch die Überwindung von Fremdbestimmung und Abhängigkeit erreicht werden. Deshalb fordert er als Wahlspruch der Aufklärung, der zum freien Handeln und Denken führen soll: „Aufklärung ist der Ausgang des Menschen aus seiner selbstverschuldeten Unmündigkeit. Unmündigkeit ist das Unvermögen, sich seines Verstandes ohne Leitung eines anderen zu bedienen. Selbstverschuldet ist diese Unmündigkeit, wenn die Ursache derselben nicht am Mangel des Verstandes, sondern der Entschließung und des Mutes liegt, sich seiner ohne Leitung eines andern zu bedienen. Sapere aude! Habe Mut, dich deines eigenen Verstandes zu bedienen! ist also der Wahlspruch der Aufklärung." (Kant 1784) Diese Forderung formuliert Kant 1784 in der Berliner Monatsschrift zwei Monate später als Moses Mendelsohn, der in derselben Ausgabe einen Aufsatz mit dem Titel *Über die Frage: was heißt aufklären?* publiziert hatte.

Kant beeinflusst gesellschaftlich-politische Bereiche nachhaltig: So zählt er, wie zuvor z. B. John Locke und Jean-Jacques Rousseau, zu jenen, die in der Aufklärung die Idee der Menschenrechte und deren staatliche Umsetzung nachhaltig geprägt haben. Kant gilt die Freiheit als das Menschenrecht schlechthin, von dem alle anderen abgeleitet sind, es ist kein Naturrecht, sondern ein Vernunftrecht insofern als es unabhängig von historischen, kulturellen und religiösen Umständen gelten muss. Aufgabe des Rechtsstaates ist die Sicherung der Menschenrechte (wobei Kant ein Widerstandsrecht gegen Menschenrechtsverletzungen ablehnt). Kant ist kein unproblematischer Philosoph. Im Gegenteil. Neben seinen Gerechtigkeitsprämissen, mit denen die Forderung nach Menschenwürde und gegensei-

tiger Achtung einhergehen, weisen die Kantschen Schriften misogyne (frauenfeindliche), antisemitische, antijudaistische und rassistische Äußerungen auf,
womit verdeutlicht wird, dass die Kantsche Konzeption nicht für alle Menschen
in gleichem Maße gedacht war: So hätten Juden, um hier ein Beispiel zu nennen,
nach Kant, „seit ihrem Exil einen Wuchergeist", sie könnten keine „bürgerliche
Ehre" erwerben, sie betrögen nicht nur Fremde, sondern „selbst ihrer untereinander", sie seien reicher als Angehörige anderer Nationen etc. (vgl. Kant 1912; vgl.
dazu in kritischer Weise Vorländer 1992: 74ff.; auch Gronke/Meyer/Neißer
2001).[13] Diese Widersprüchlichkeit bei Kant ist nicht aufzulösen oder wegzudenken. Wenn also Kant für heutige Gerechtigkeitskonzeptionen herangezogen wird,
dann explizit mit Ablehnung jener Ausführungen.

Die Achtung der Menschenwürde und der Bezug auf Menschenrechte sind
heute aus sozialen Berufen nicht mehr wegzudenken.

Die Bezüge auf Kant aus der Perspektive sozialer Berufen zeigen verankerte internationale ethische Prinzipien und Standards etwa der Pflege oder der Sozialen
Arbeit. Sie beziehen sich auf die UN-Menschenrechtskonventionen von 1948,
auf die Achtung der Menschenwürde und Menschenrechte, als deren geistiger
Vorläufer Kant erwähnt wird.

Doch Bezug wird heute auf Kants Pflichtethik – mehr als auf den sich in der
Moderne verbreitenden Utilitarismus – auch über den Begriff der Autonomie als
„Schlüsselbegriff für berufliche Soziale Arbeit" (Lob-Hüdepohl 2007: 126) genommen. Der Kantsche Begriff der Autonomie, so die Argumentation, „(...)
konkretisiert das Verständnis autonomer Lebensführung in einem empathischen
Sinne (...). In ihr wird jeder Mensch wirklich zum Autor seiner Lebensgeschichte und zum Subjekt seines Handelns." (Lob-Hüdepohl 2007: 127).

Darüber hinaus könnte der Kategorische Imperativ Kants eine Richtlinie für
ethisches Reflektieren, Entscheiden und schließlich Handeln bieten. Ein Beispiel:
Menschen, die nach Berlin kommen, haben keinen Anspruch auf Sozialhilfe
insofern sie aus einem EU Land kommen und dort die Staatsbürgerschaft haben.
Professionelle, die mit ihrem Gewissen einer uneingeschränkten Unterstützung
zustimmen, könnten diese Überlegung gemäß des kategorischen Imperatives

---

[13] Bei Stangneth (2001) findet sich eine ausführliche Analyse zu Kant in Bezug auf Antisemitismus
als „Form der Judenfeindlichkeit, die nicht offensichtlich im Zusammenhang mit religiösen
Fragen steht" und auf Antijudaismus „als Form der Judenfeindlichkeit, die in Zusammenhang
mit religiösen Fragen steht" (Stangneth 2001: 19; 29). Misogyne Haltungen Kants wurden im
Kontext vor allem feministischer Philosophie kritisch bearbeitet, insofern Kant u. a. die Herrschaft
des Mannes über die Frau mit der „natürlichen Überlegenheit des Vermögens Mannes über das
weibliche" rechtfertigt. (Vgl. u.v.a. Moser 2001; Jauch 1988). Kant teilt zudem Menschen in „Ras-
sen" ein und nimmt eine eindeutige Hierarchisierung vor, an deren oberste Stelle die „Rasse der
Weißen" steht (vgl. Kant 1785).

dahingehend treffen, ob ihre Zustimmung ein allgemeines Gesetz werden soll. Das würde bedeuten, dass es für alle Menschen auf der ganzen Welt diese Unterstützung geben soll. Dazu sind Überlegungen notwendig wie was bedeutet Gemeinwesen, was bedeutet Gruppenzugehörigkeit, was bedeuten Werte etc.

Soziale Gerechtigkeit als Chancen- und Verteilungsgerechtigkeit

Erst mit der industriellen Revolution (spätes 18. Jahrhundert, 19. Jahrhundert in England, dann ganz Europa und in den USA) im Zuge derer es zu vehementen Umgestaltungen ökonomischer und sozialer Verhältnisse und Lebensbedingungen kam, wurde die Frage nach „Sozialer Gerechtigkeit" gegen Massenarmut öffentlich. Die Verarmung der Bevölkerung im Übergang von der Agrar- zur Industriegesellschaft ließ die, im Zuge der entstehenden Arbeiter_innenbewegung formulierte Forderung nach Sozialer Gerechtigkeit öffentlich werden, die bis heute in sozialen Berufen zentral ist. Die Soziale Frage evozierte eine Ergänzung zum bisherigen Gerechtigkeitsdenken von der austeilenden, legalen Gerechtigkeit und Verkehrsgerechtigkeit hin zur Sozialen Gerechtigkeit.

• Bei der Sozialen Gerechtigkeit geht es um das Mitbedenken auch jener Verhältnisse, in denen es um soziale Klassen und um strukturelle Verankerung von Ungleichheiten geht.

Eine erste ausführliche Konzeption der Sozialen Gerechtigkeit respektive Gemeinwohlgerechtigkeit findet sich in der Konzeption von Luigi Taparelli d'Azeglio (1793-1862). Zentrale Bedeutung hatte Karl Marx (1818-1883). Er analysierte die damalige Gesellschaft als Klassengesellschaft, die von Ausbeutung und Entfremdung geprägt ist, in der die arbeitende Bevölkerung ausgebeutet wird und die bourgeoise Produktionsmethode die Ursache für das Elend ist. Marx spricht sich nicht für eine gerechte Verteilung aus: Denn eine Kritik an den damals herrschenden Verhältnissen kann ihm zufolge nicht mit Gerechtigkeit als gerechter Verteilung verändert bzw. überschritten werden, sondern mit der klassenlosen Gesellschaft, dem Kommunismus. Erst diese Gesellschaft würde Gerechtigkeit schaffen (vgl. Marx 2002).

In Deutschland wurde die Soziale Gerechtigkeit seit den 1980er Jahren wieder zunehmend diskutiert. Theoretische Bezüge wurden insbesondere bei amerikanischen Gerechtigkeitsdiskussionen genommen. Zentral dabei war die in den 1970er Jahren verfasste liberale Theorie von John Rawls (1971). Doch waren diese Diskurse in den 1980er Jahren auch mit Michael Walzer (1983) und Charles Taylor (1993) international verbreitete Impulsgeber. Zwei Beispiele werden herausgegriffen.

John Rawls (1921-2002) knüpft mit seinem Werk *Eine Theorie der Gerechtigkeit* (1975) an die Vertragstheorien von Locke, Rousseau und Kant an. Sein Konzept beruht auf dem Prinzip der Gleichheit und birgt eine gesellschaftlich-politische Grundordnung. Damit wendet sich Rawls nicht zuletzt gegen den Utilitarismus, der in Kauf nimmt, dass Einzelne zugunsten des größeren Gemeinwohls der Gesellschaft geschädigt werden. Rawls geht von einer anthropologischen Voraussetzung aus und formuliert: „Ich behaupte, daß die Menschen im Urzustand (...) zwei Grundsätze wählen würden: einmal die Gleichheit der Grundrechte und -pflichten; zum anderen den Grundsatz, daß soziale und wirtschaftliche Ungleichheiten, etwa verschiedener Reichtum oder verschiedene Macht, nur dann gerecht sind, wenn sich aus ihnen Vorteile für jedermann ergeben, insbesondere für die schwächsten Mitglieder der Gesellschaft." (Rawls 1975: 31f.) Gerechtigkeit als Fairness drückt ihm zufolge den Gedanken aus, die Grundsätze der Gerechtigkeit können in einer fairen Ausgangssituation festgelegt sein und mit folgenden Maximen verwirklicht werden:

„Jedermann soll gleiches Recht auf das umfangreichste System gleicher Grundfreiheiten haben, das mit dem gleichen System für alle anderen verträglich ist.
- Soziale und wirtschaftliche Ungleichheiten sind so zu gestalten, daß (a) vernünftigerweise zu erwarten ist, daß sie zu jedermanns Vorteil dienen, und (b) sie mit Positionen und Ämtern verbunden sind, die jedem offen stehen." (Rawls 1975: 81)
- *Erste Vorrangregel:* Unbedingter Vorrang des Freiheitsprinzips (erster Grundsatz) vor dem Differenzprinzip.
- *Zweite Vorrangregel:* Vorrang der Gerechtigkeit vor Leistungsfähigkeit und Lebensstandard.
(vgl. Rawls 1975)

Wesentlich bei Rawls egalitaristischer Konzeption ist die Dimension der Freiheit (Grundfreiheiten) und das Prinzip fairer Chancengleichheit, das einem Differenzprinzip vorangestellt wird (das Differenzprinzip erlaubt eine Verbesserung der Aussichten der am besten gestellten Gruppe nur dann, wenn dadurch eine Besserstellung der am schlechtesten gestellten Gruppe erreicht wird). Anhand dieser Prinzipien entwickelt Rawls schließlich ein Konzept der Verfahrensgerechtigkeit, das auf verschiedene Fragestellungen bzw. Bereiche angewendet wird (z. B. Frage der Toleranz, Verteilungsfragen, Generationengerechtigkeit).

Michael Walzer (*1935) geht in seinem Buch *Sphären der Gerechtigkeit: ein Plädoyer für Pluralität und Gleichheit* (1992) von der Gesellschaft als Verteilungsgesellschaft aus, in der Güter produziert und verteilt werden. Mit einem kommunitaristischen Ansatz[14] stellt er dabei die Gemeinschaft ins Zentrum, die sowohl den Wert von Gütern als auch deren Verteilungsmodalitäten festlegt.

---

14 Dem Kommunitarismus stehen in modernen Gerechtigkeitskonzeptionen der Egalitarismus (die Herstellung von Gleichheit löst gesellschaftliche Widersprüche und Ungerechtigkeiten auf) und der Libertarismus gegenüber, der vom Prinzip des Selbsteigentums ausgeht und für die Abschaffung oder Beschränkung des Staates eintritt: jeder Mensch hat das Recht, mit seinem Leben und seinem Besitz zu tun, was immer er will, solange dadurch die Freiheit anderer Menschen nicht verletzt werde. Einen Überblick Egalitarismus, Kommunitarismus und Libertarismus, aber auch zu Multikulturalismus, Liberalismus etc. findet sich in Holzleithner 2009. Eine nochmals eigene Richtung des

- Eine gerechte Verteilung kann Walzer zufolge nur stattfinden, wenn die Gesellschaft in ihren einzelnen Sphären (u. a. Mitgliedschaft und Zugehörigkeit, Sicherheit und Wohlfahrt, Geld und Waren, Erziehung und Bildung und politische Macht) gedacht wird, die eine relative Autonomie besitzen und in denen die Güter nach jeweils eigenen Prinzipien verteilt werden.

Dabei fordert er entgegen einer einfachen Gleichheit die „komplexe Gleichheit", insofern sie verhindern könne, dass die Macht in einem gesellschaftlichen Bereich zur Macht in einem anderen Bereich führt. Die relative Autonomie gesellschaftlicher Sphären unterstehen jeweils Verteilungsprinzipien wie dem freien Austausch, dem Verdienst und dem Bedürfnis. Sie stellt nach Walzer eine gerechte Verteilung der Güter dar. Doch Walzer verknüpft mit Gerechtigkeit nicht die Gleichverteilung von Gütern, insofern er eine Gesellschaft in der alle über dieselben Güter und Rechte verfügen als illusionär ansieht. Gerechtigkeit wird vielmehr mit dem Missbrauch von Macht von materiell begründeten Privilegien verbunden (etwa, wenn über finanziellen Reichtum auch politischen Einfluss gewonnen wird).

Sowohl Rawls als auch Walzer evozierten eine neue Richtung im Gerechtigkeitsdiskurs. Doch wurden auch Kritiken gegen ihre Konzeptionen öffentlich: Eine Kritik bezieht sich auf das Verhältnis von Staat und Familie in Bezug auf Gerechtigkeit sowie die Frage nach dem Geschlechterverhältnis in jenen Gerechtigkeitstheorien. So versteht Rawls Gerechtigkeit als universelles Prinzip von Fairness, verortet aber die Familie außerhalb des Staates. In seiner Theorie besteht in der Familie eine Harmonie der Interessen, die auf Liebe und Zuneigung gegründet ist, was ein Berufen auf Recht und Gerechtigkeit innerhalb der Familie überflüssig macht. Walzer verweist auf die ungleiche Macht zwischen den Geschlechtern und die darin wurzelnde Diskriminierung. Die Familie erscheint bei ihm als bedeutsame „Sphäre der Gerechtigkeit" (vgl. Okin 1995: 292). Er stellt seine Theorie von Gerechtigkeit in einen strukturellen Kontext und geht davon aus, dass die Standards der Gerechtigkeit dadurch gebildet werden, dass alle Mitglieder einer Gesellschaft die gleichen Vorstellungen davon miteinander teilen, was sozial ist. Besonders die Praxen der Verteilung sind in seiner Theorie ort- und zeitabhängig. Insofern ist seine Theorie nicht universell. Ausgehend von der Kritik an Rawls und Walzer stellt Kreisky schließlich die Frage, ob es eine feministische Alternative der Theoretisierung von Gerechtigkeit gibt. (vgl. Kreisky

---

Gerechtigkeitsdenkens findet sich in der philosophischen Postmoderne. Lyotard, der in seinem Buch „Der Widerstreit" der Frage nachgeht, wie das Denken nach Auschwitz zu retten sei, begründet Gerechtigkeit darin, Differenzen nicht zugunsten einer angeblich gemeinsamen oder allgemeinen Position aufzulösen. Sein Ausgangspunkt ist u. a. die Annahme, dass es keine absolute Gerechtigkeit innerhalb einer Gesellschaft geben kann, da Gerechtigkeit immer Ungerechtigkeit beinhaltet. Diese unvermeidbare Ungerechtigkeit besteht darin, sich jeweils für die Möglichkeit entscheiden zu müssen, wodurch andere Möglichkeiten unrealisierbar bleiben, obwohl sie völlig gleichberechtigt sind. Den Grund dafür sieht Lyotard im berechtigten Fehlen von Metaregeln, die eine Legitimation des einen oder des anderen Handelns unmöglich macht. (Vgl. Lyotard 1983).

1999).[15] Eine sehr wichtige Kritik war der Hinweis der Auslassung der Thematisierung von Macht- und Herrschaftsverhältnissen (vgl. u.a. Young 1990, Nussbaum 1999, 2004, Fraser 2001, 2003, Okin 1989), von der ausgehend ein eigenes Gerechtigkeitsdenken von Social Justice entwickelt wurde (siehe dazu 4.2.1).

Die Konzeptionen von Rawls und Walzer sind keine konkreten Anleitungen zum gerechten Handeln in Praxisfeldern sozialer Berufe. Doch wurden sie im Kontext sozialer Berufe als Reflexions- und Analyseinstrument für Fragen nach der Gerechtigkeit herangezogen.

Von Rawls verspricht man sich Unterstützung in den Rechtfertigungskontexten (vgl. u. a. Helmbrecht in: Thole/Cloos/Ortmann 2005). Walzer bietet für die Gerechtigkeitsdiskussion eine Möglichkeit der Betrachtung unterschiedlicher Gerechtigkeitskulturen (vgl. u. a. Helmbrecht 2003) und deren Verteilungspraktiken aus der Perspektive sozialer Berufe. Insofern kann sein Konzept als Analyseinstrument auch in Bezug auf Verteilungspraktiken in sozialen Institutionen selbst fungieren: So können wir uns in Anlehnung an Walzer fragen, welche Güter/ Mittel werden wofür und für wen bereit gestellt; wie viele Ressourcen (Zeit u. a.) werden für wen und wofür verteilt? Sind es gerechte Verteilungen und wie wird dabei Gerechtigkeit definiert? Wie ist meine Haltung als Professionelle dazu?

Ein Beispiel: In die Beratung kommt Herr L., er bezieht seit drei Jahren Arbeitslosengeld 2. Herr L. möchte gerne in Urlaub fahren, möchte gerne ein Zeitungsabonnement für die Süddeutsche Zeitung haben, er möchte gerne einen Computer mit Internetanschluss und einen Drucker. Steht das Herrn L. zu? Als Professionelle können wir reflektieren, wie die eigene Haltung dazu ist, ob wir uns auf Gesetzesgrundlagen beziehen und diesen zustimme? Die Frage hier ist nicht, was ich Herrn L. geben könnte (so ich nicht die Befugnis des Gebens habe), sondern wie meine Haltung seinen Wünschen gegenüber ist? Die Frage ist auch, ab wann ich in einen ethischen Konflikt gerate? Eine Haltung könnte sein, dass ich den gesetzlichen Bestimmungen zustimme, dann komme ich in keinen ethischen Konflikt. Eine andere Haltung könnte sein: ich muss mich damit nicht auseinandersetzen, weil die strukturellen Bedingungen mir keinen Spielraum lassen. Eine nochmals andere Haltung könnte sein, dass ich der Überzeugung bin, dass Menschen qua Menschsein uneingeschränkte Partizipationsmöglichkeiten haben sollen. Jede dieser Haltungen wird zu einem unterschiedlichen Beratungsergebnis führen.

---

[15] Feministische Gerechtigkeitsdiskurse ab den 1970er Jahren befinden sich in einem Diskurs, den es seit der Antike gibt. Kreisky bezweifelt, dass dieses Denken zu neueren Erkenntnissen führt. Deshalb fordert sie, dass es im Sinne einer feministisch-politikwissenschaftlichen Auseinandersetzung mit dem Thema Gerechtigkeit um mehr gehen muss, als um eine Integration verschiedener Themen (vgl. Kreisky 1999). Eine andere Interpretation findet sich in Bezug auf jene Social Justice Theorien, die sich teilweise in einem feministischen Kontext befinden (vgl. Young 1990, Fraser 2001, 2003, Okin 1989).

Soziale Gerechtigkeit gilt in der heutigen Debatte im deutschsprachigen Raum als Voraussetzung jeder Demokratie und wird zumeist als Chancengerechtigkeit (bzw. Verfahrensgerechtigkeit) und Verteilungsgerechtigkeit (bzw. Ergebnisgerechtigkeit) beschrieben. *Chancengerechtigkeit* betrifft in diesen Konzeptionen die Auffassung, dass alle Menschen gemäß ihrer Begabung gleiche Chancen erhalten müssen, an gesellschaftlichen (ökonomischen, kulturellen, sozialen etc.) Ressourcen teilzuhaben. Insofern soll ein Verfahren zur Schaffung eines Systems etabliert werden, in dem es nicht um Chancen*gleichheit* geht, sondern das den unterschiedlichen Begabungen von Menschen gerecht wird. Die Frage, ob die Verteilung von Gütern und Chancen im Ergebnis gerecht ist, stellen Vertreter_innen der *Verteilungsgerechtigkeit:* Steuer, Sozialleistungen etc. sind dabei ebenso zentrale Instrumente wie die Quotenregelung. Der Verteilungsgerechtigkeit steht die so genannte *Leistungsgerechtigkeit* gegenüber, mit der hervorgehoben wird, dass eine Gesellschaft nur dann gerecht sei, wenn Menschen nicht aufgrund ihrer Herkunft, sondern durch eigene Leistungen etwas erreichen. Auch die *Bedarfsgerechtigkeit* nimmt einen anderen Weg als die Verteilungsgerechtigkeit: Sie beschreibt eine Gesellschaft erst dann als gerecht, wenn sie gemäß ihrer Ressourcen den Bedürfnissen von Menschen möglichst gerecht wird. (vgl. u.a. Hauser/Becker 2004). In der Sozialen Gerechtigkeit überschneiden sich die Konzepte der Chancengerechtigkeit und Verteilungsgerechtigkeit und sind zugleich voneinander unterschiedlich.

Kontroverse Diskussionen über die Bestimmung und Definition Sozialer Gerechtigkeit halten bis heute an. Gleichzeitig gibt es den Versuch, verbindliche Prinzipien dafür zu entwickeln. So hält eine Arbeitsgruppe zum Thema „Soziale Gerechtigkeit und Demokratie" (im Auftrag der Friedrich-Ebert-Stiftung) Prinzipien für Soziale Gerechtigkeit ausgehend von vier Gerechtigkeitstheorien (Friedrich August von Hayek, John Rawls, Michael Walzer und Amartya Sen) folgenderweise fest:

- Gleichverteilung der Zugangsmöglichkeiten zu den notwendigen Grundgütern für die individuell zu entscheidende Entfaltung von Lebenschancen.
- Stärkung der individuellen Fähigkeiten, die persönliche Autonomie, Würde, Entscheidungsfreiheit, Lebenschancen und Optionsvielfalt schützen, sichern und erweitern.

Aus den Prinzipien wurden fünf Dimensionen entwickelt:
1. Vermeidung von Armut,
2. Soziale Chancen durch Bildung,
3. Soziale Chancen durch einen integrativen Markt (Beschäftigungsquote, angemessene Einkommensverteilung),
4. Berücksichtigung der besonderen Rolle der Frau,
5. Soziale Sicherung (Gesundheits- und Sozialausgaben im Verhältnis zum Sozialprodukt).
(Vgl. Merkel/Krück 2003)

Die Fokussierung liegt auf der Verteilungsgerechtigkeit, d. h. der Verteilung von Zugangschancen zu Bereichen der Gesellschaft, um die Lebensqualität zu steigern und um Armut zu vermeiden, durch die die individuelle Autonomie und Würde des Menschen beschädigt und für die nachfolgenden Generationen in armen Familien zu einer Falle werden kann. Chancengerechtigkeit erfährt hier eine Wandlung hin zur Chancengleichheit.

Die Soziale Frage und die Frage nach Sozialer Gerechtigkeit ist heute aus dem Kontext sozialer Berufe nicht wegzudenken.

Soziale Gerechtigkeit ist seit der Professionalisierung der Sozialen Arbeit mit Alice Salomon (1872-1948) Gegenstand dieser. So formulierte bereits Salomon: „Philosophisch gedacht, soll die Wohlfahrtspflege das Reich der sozialen Gerechtigkeit schaffen helfen, einer Gerechtigkeit, die nicht nur jedem nach seiner Leistung gibt, sondern dem Schwachen Schutz und Hilfe bietet; die sich auf den Grundsatz stützt, dass die Maxime unseres Handelns zum allgemeinen Gesetz werden kann" (Salomon 2004: 199). Im Hintergrund dieser Auffassung steht der Gedanke der sozialen Gerechtigkeit (Zedaka) aus der jüdischen Tradition (vgl. Zeller 2001), gleichzeitig wird auf den Kategorischen Imperativ Kants Bezug genommen (eine detaillierte Ausführung zu Salomon findet sich in Czollek/ Perko/Weinbach 2009). Der Kerngedanke, dass Menschen ein Recht auf Unterstützung haben, verbindet hier die Soziale Gerechtigkeit mit früheren Debatten über Recht und Gerechtigkeit.

Chancengerechtigkeit, heute im Kontext sozialer Berufe mehr als Chancengleichheit verstanden, und Verteilungsgerechtigkeit sind Intentionen sozialer Berufe. Dabei ist aus philosophischer Perspektive ersichtlich, dass mit gleichen Argumentationen hinsichtlich sozialer Berufe auf unterschiedliche Gerechtigkeitskonzeptionen Bezug genommen werden könnte: So könnte, zumindest teilweise, die auf Aristoteles angewandte Argumentation herangezogen werden, dass im Kontext sozialer Berufe die Reflexion von Verteilungsgerechtigkeit und Chancengleichheit zum beruflichen Alltag gehört und es in der professionellen Unterstützung auch um die Bereitstellung von materiellen und symbolischen Ressourcen für Menschen geht, die keinen Zugang dazu haben (vgl. Kleve 2000).

Social Justice als partizipative Anerkennung und Verteilungsgerechtigkeit[16]

Wie erwähnt sahen feministische Kritiker_innen wie Iris Marion Young (1990), Martha Nussbaum (1999, 2004), Nancy Fraser (2001, 2003) oder Susan Okin (1989) sowohl bei Rawls als auch bei Walzer und Taylor Versäumnisse in der Thematisierung von Macht und Herrschaft auf allen Ebenen der Gesellschaft und deren realen Folgen für das Leben von Menschen. Sie setzen damit einen para-

---

[16] Dieser Abschnitt findet sich detailliert in Czollek/Perko/Weinbach 2009, wo Social Justice in Bezug auf Gender, Diversity und Intersektionalität im Hinblick auf Soziale Arbeit diskutiert wird.

digmatischen Wechsel von Sozialer Gerechtigkeit hin zu Social Justice (in einer nochmals anderen Bedeutung als Soziale Gerechtigkeit, wie sie auch gegenwärtig im deutschsprachigen Raum verwendet wird).

Den seit Ende der 1980er Jahre zur Diskussion gestellten Social Justice Theorien ist die Thematisierung von Macht- und Herrschaftsanalysen gemein, wenngleich sie unterschiedliches fokussieren:

• Iris Marion Young (1990; 1996) geht von Macht- und Herrschaftsanalysen aus und fokussiert Social Justice als Verteilungsgerechtigkeit und partizipative Anerkennungsgerechtigkeit.

• Martha Nussbaum (1999, 2004) fordert einen universalen Gerechtigkeitsansatz, mit dem sie nach der Befriedigung von Grundbedürfnissen aller Menschen und den Mechanismen ihrer Verweigerung fragt.

• Nancy Fraser (2001; 2003) fokussiert das Projekt, eine Politik der Anerkennung mit einer Umverteilungspolitik zusammenzubringen.

• Auch Judith Butler (2001; 2003) gewinnt in der Gerechtigkeitsdebatte zunehmend an Bedeutung mit ihren Analysen, wie Herrschaft in die Subjektbildung eingeschrieben ist und sich über Sprache und kulturelle Praxen zu reproduzieren sucht.

Iris Marion Young (1949-2006) ist von besonderer Bedeutung im Kontext des Social Justice, das in den USA, Großbritannien und anderen angelsächsischen Ländern aus sozialen Bewegungen heraus entstanden ist und dort u. a. eng mit Gewerkschafts- und Antirassismusbewegungen sowie Sozialer Arbeit verknüpft ist. Young betont im Hinblick auf Bestreben neuer sozialer Bewegungen in den USA, dass Gerechtigkeit

• niemals nur eine verfahrenstechnische Frage bloßer Verteilung materieller Ressourcen, sozialer Rechte oder politischer Pflichten sein kann. (vgl. Young 1996)

Sie wendet sich damit gegen frühere Konzepte von Gerechtigkeit und marxistische Konzepte, die auf die Ökonomie fixiert bleiben. Youngs Konzeption setzt bei Unterdrückung und Herrschaft an, die sie mit fünf ineinander verwobenen Formen der Unterdrückung analysiert (Ausbeutung, Marginalisierung, Machtlosigkeit, Kulturimperialismus und Gewalt) und hat die Beseitigung jeder Form institutioneller und anderer Herrschaft zum Ziel. Unterdrückung versteht Young als strukturellen Begriff: Er bezeichnet die Benachteiligung und Ungerechtigkeit, der bestimmte Menschen ausgesetzt sind – nicht aufgrund einer Tyrannei oder der Politik Weniger, sondern aufgrund alltäglicher *und* institutioneller sowie kultureller Praktiken „einer wohlmeinenden liberalen Gesellschaft" (Young 1996: 102). Ursachen von Unterdrückung liegen nach Young in unhinterfragten Normen, Gewohnheiten, in Symbolen, Regeln und Annahmen sowie deren institutionellen Verankerungen, die kollektiv befolgt werden, Ausgrenzung und Diskriminierung und das konkrete Leiden von Individuen und Gruppen bewirken. Die strukturelle Form der Unterdrückung ist umso hartnäckiger als es sich nicht um eine identifizierbare Menge weniger Menschen handelt, die in einem bewussten Akt, bestimmte Menschen marginalisieren, ausbeuten, mit Gewalt konfrontieren oder diskriminieren. Ungerechtigkeit ist in der gegenwärtigen Gesellschaft identisch mit Herrschafts-, Machträumen und -praxen. Dabei negiert der Strukturbegriff nicht, dass es einzelne Akteur_innen gibt, die andere beabsichtigt unterdrücken. Young geht hier nicht mehr von einem Modell der Unterdrückten einerseits und Unterdrückenden andererseits aus. Vielmehr betont sie, dass Menschen, die strukturell diskriminiert werden, nicht ausschließlich die „Guten" oder „Benachteiligten" sind, sondern selbst auch in bestimmten Bereichen Anteil an Privilegien haben und selbst an Ausgrenzung beteiligt sein können. Unterdrückung bezieht sich bei Young auf soziale Gruppenzugehörigkeiten, treffen aber immer den individuellen Menschen mit seinen komplexen und einmaligen Identitäten. Keine der unterdrückten Gruppen (in Youngs Analyse z. B. Frauen, Black People) wird Young zufolge auf identische Weise unterdrückt, vielmehr haben sie eine unterschiedliche Geschichte und Gegenwart. Dennoch gibt es Merkmale von Unterdrückung, die Gemeinsamkeiten klassifizieren, denn: „Jede dieser Formen kann distributive Ungerechtigkeit nach sich ziehen, aber alle betreffen Anliegen der Gerechtigkeit, die über reine Verteilungsfragen hinausgehen" (vgl. Young 1996: 101). Wird Youngs Analyse auf die Bundesrepublik Deutschland bezogen, dann sind u. a. die Ergebnisse der Studie *Deutsche Zustände* (vgl. Heitmeyer 2008) hilfreich, die Einblick in die Veränderungen von Gruppenbezogener Menschenfeindlichkeit geben. (siehe 4.1.1)

Neu an den Social Justice Theorien im Vergleich zu den bisher besprochenen Gerechtigkeitskonzeptionen ist gemäß des Ausgeführten die Auffassung, dass es bei Social Justice

- zwar explizit auch um die Verteilung und Teilhabe von und an Gütern in der Gesellschaft geht: Dabei bedeutet *Verteilungsgerechtigkeit,* eine Gesellschaft dahingehend zu gestalten, dass die Ressourcen so verteilt sind, dass alle Menschen physisch und psychisch in Sicherheit und Wohlbefinden leben können. *Anerkennungsgerechtigkeit* bedeutet, eine Gesellschaft so zu gestalten, dass niemand strukturell, kulturell und individuell diskriminiert wird, sondern partizipativ anerkannt wird.
- und zugleich um eine Erweiterung von Verteilung und Teilhabe hinsichtlich der Fragen, wer an welchen Stellen aus welchen Gründen über Entscheidungsvermögen und Anweisungsmacht verfügt, wie die Arbeit aufgeteilt ist und welche kulturellen Reproduktionsmechanismen dabei eine Rolle spielen. (vgl. Young 1996, dazu siehe auch Weinbach 2006, Czollek/Perko/Weinbach 2009)

Social Justice bedeutet das Ziel und den Prozess hin zu einer gerechten Gesellschaft, in der alle (und nicht möglichst viele) Menschen materiell abgesichert leben und an allen gesellschaftlichen Ressourcen (materiellen, kulturellen, sozialen, institutionellen, politischen ...) teilnehmen können. Wird hier der Begriff Chancen verwendet, so nicht in Form der oben beschriebenen Chancengerechtigkeit mit dem Bezug zu vermeintlichen Begabungen von Menschen. Es heißt ferner, sich wechselseitig zu unterstützen, sich als jeweils besondere Individuen anzuerkennen und Konflikte im Zusammenleben gewaltfrei und konstruktiv zu lösen (siehe hierzu 4.3). Hier wird das Konzept der Verbündeten (Verbündet-Sein) eingeführt, in dem Menschen sich für Rechte und Gerechtigkeit einsetzen, ihre eigenen Privilegien reflektieren und bereit sind, Veränderungen in Kauf zu nehmen und sich für solche einzusetzen – auch auf das Risiko hin, dass sich ihr eigener privilegierter Status verändert. Das Gemeinsame und Verbindende, das über Social Justice transportiert wird, fungiert dabei als Option und Affirmation gleichermaßen: Option im Sinne einer Möglichkeit für Subjekte, ihre Individualitäten und Differenzen einzubringen und zu entwickeln; Affirmation im Sinne davon, Diskriminierung, Unterdrückung, Ausschluss und Gewalt auf eine Weise abzuschaffen, die ohne die Praxen von Macht, Herabsetzung, Verachtung, Ausgrenzung u. ä. auskommt. (vgl. Capeheart/Milovanevic 2007).

Youngs Gerechtigkeitskonzept fokussiert den öffentlichen Raum, die Herstellung radikaldemokratischer Partiziplations-, Artikulations- und Anerkennungspraxen. Insofern formuliert sie:

- „Ich habe Gerechtigkeit definiert als das Vorhandensein von institutionellen Voraussetzungen, die es allen ermöglichen, befriedigende Fähigkeiten in sozial anerkannten Umfeldern zu erlernen und auszuüben, an Entscheidungsprozessen beteiligt zu sein und ihre Gefühle, Erfahrungen und Perspektiven, die sie auf das gesellschaftliche Leben und mit ihm haben, in Kontexten artikulieren zu können, wo andere ihnen zuhören können." (Young 1990: 91, Übers. d. A.).

Social Justice wird als Gegenteil von Unterdrückung und Diskriminierung verstanden, insofern muss der einzelne Mensch mit seinen ganz spezifischen Erfahrungen, Bedürfnissen, Zielen, Wünschen etc. in den Mittelpunkt gerückt werden, muss eine neue Politik dem einzelnen Subjekt als Individuum *gerecht* werden (vgl. Young 2000).

In den USA und anderen angelsächsischen Ländern gibt es Publikationen, die Social Justice in Verbindung mit sozialen Berufen stellen (vgl. u.a. Solas 2008; Lindsay 2008). Darüber hinaus wurde der Trainingsansatz „Diversity and Social Justice Education" von Maurianne Adams, Lee Anne Bell und Pat Griffin (1997; 2007) entwickelt, das nicht nur theoretisches Wissen vermittelt, sondern praktische Kompetenzen zugunsten von Social Justice vertieft. Zudem wird Social Justice z. B. in der Praxis im Community Organizing angewendet, wobei auch darüber diskutiert wird, ob der Begriff Social Justice in seiner Formulierung im Internationalen Code of Ethics of Social Work etwa tatsächlich das Thema Armut und Reichtum und die Verteilungsfragen in der Gesellschaft gerecht genug behandelt. Ein Teil der Social Work Theoretiker_innen sind der Auffassung, dass z. B. dem Thema Armut in seinen intersektionalen Aspekten (überproportionale

Armut von Frauen, Kindern, Black People) mit radikaleren Ansätzen begegnet werden müsste, wenn Social Justice ernst genommen wird (vgl. Solas 2008).

Die Bezugnahme im deutschsprachigen Raum auf dieses Gerechtigkeitsdenken ist relativ neu. Theoretische Auseinandersetzungen finden sich in einem umfassenden Sinne erstmalig in Heike Weinbachs Publikation *Social Justice statt Kultur der Kälte. Alternativen zur Diskriminierungspolitik in der Bundesrepublik Deutschland* (2006). Für soziale Berufe und Fragen der Gerechtigkeit ist Social Justice vor allem über einen in der Bundesrepublik konzipierten Trainingsansatz bedeutend geworden. Angeregt durch den oben genannten Trainingsansatz in den USA konzipierten Leah Carola Czollek, Heike Weinbach und Gudrun Perko ein Social Justice und Diversity Training speziell für den deutschsprachigen Raum mit dem die Theorie von Social Justice im Hinblick auf praktische Kompetenzen im Umgang mit Diskriminierungen und der Konsequenz die darauf basiert, jede Form der Diskriminierung ernst zu nehmen und in horizontalen und vertikalen Verbindungen untereinander zu betrachten (Intersektionalität), vertiefend vermittelt werden (vgl. Czollek/Weinbach 2008).[17]

Das Konzept Social Justice und sein Trainingsansatz wird in Feldern sozialer Berufe im deutschsprachigen Raum immer mehr aufgegriffen und mit unterschiedlichsten Zielgruppen durchgeführt.

Das Konzept (und der Trainingsansatz) Social Justice bietet theoretische Hintergründe und praktische Anwendungsmöglichkeiten in Bezug auf Diskriminierungen und deren Interpendenzen sowie Handlungsoptionen. Es konkretisiert zudem das, was in internationalen und nationalen ethischen Standards und Richtlinien sozialer Berufe erwähnt, aber nicht genau ausgeführt ist. So lautet es etwa in den ethischen Standards und Richtlinien der Sozialen Arbeit: „Principle of human rights and social justice (Hvh. d. A.) are fundamental of social work"[18] (International Federation of Social Workers 2004, Artikel 2; vgl. Kap. 2).

Der Gerechtigkeitsansatz von Social Justice kann auf der strukturell-institutionellen und kulturellen Ebene als Reflexions- und Analyseinstrument sowohl für

---

[17]   Das Training wird in verschiedenen Bereichen seit 2001 durchgeführt. Seit 2006 existiert in Kooperation mit IDA e.V. und dem DGB-Bildungswerk (Bereich Jugendbildung), seit 2009 an der Alice-Salomon-Hochschule in Berlin Trainer_innenausbildungen zu Social Justice. In den Ausbildungen zur/zum Social Justice Trainer_in nehmen zur Zeit in erster Linie Personen aus sozialen Berufen teil, die einerseits als Multiplikator_innen des Ansatzes fungieren, andererseits mittlerweile in verschiedensten Praxisfeldern Social Justice Trainings mit verschiedenen Zielgruppen durchführen (vgl. u.a. Bundschuh/Jagusch 2009). Mittlerweile wurde ein *Institut Social Justice* gegründet (siehe: http://www.social-justice.eu), in dem es sowohl um theoretische Erarbeitungen als auch praktische Bezüge und Umsetzungsmöglichkeiten des Konzeptes Social Justice geht. In Bearbeitung ist ein Lehrbuch zu Theorien und Methoden von Social Justice (Czollek/Perko/Weinbach).

[18]   „Grundlage der Sozialen Arbeit sind die Prinzipien der Menschenrechte und des Social Justice." (Übers. d. A.)

Macht- und Herrschaftsanalysen als auch für Analysen einzelner Diskriminierungs-
formen und deren Interpendenzen herangezogen werden. Gleichzeitig kann er im
konkreten Arbeitsalltag auf der individuellen Ebene sozialer Berufe mit dem Ansatz
eines Intersektionalitätsdenkens relevant sein. Ein Beispiel: Frau B. kommt in eine
Beratungsstelle. Sie erzählt von Diskriminierungen, die sie erlebt hat. Diese können
sich beziehen auf ihr Frau-Sein (Sexismus), auf ihre Hautfarbe oder kulturelle Herkunft (Rassismus), darauf, dass sie obdachlos ist oder auf ihr Alter etc. Intersekti-
onelles Denken für die Berater_in würde hier bedeuten, die einzelnen Faktoren von
Ungleichbehandlung wie Geschlecht, Hautfarbe, kulturelle Herkunft, sozialer Status etc. nicht für sich alleine zu bedenken, sondern in ihrer Komplexität und Verbundenheit. So ist eine wohnungslose Frau nicht einfach eine wohnungslose Frau.
Auf ihr Sein wirken Rassismus, Sexismus gleichzeitig, ebenso wie ihre kulturelle
Herkunft, ihr Alter und ihr sozialer Status. So dass es hier in der Beratung wichtig
ist, diese verschiedenen Dimensionen zusammen zu führen.

Das Gerechtigkeitsdenken von Social Justice kann praktische Anwendung auch da
finden, wo wir in sozialen Berufen vor Situationen gestellt werden, die Handlungsoptionen mit einer klaren ethischen Haltung erfordern, etwa wenn wir Zeug_innen
von diskriminierenden oder gewalttätigen Aussagen und Handlungen werden.

4.2.2 Gerechtigkeit in der beruflichen Rolle

Philosophische Gerechtigkeitskonzeptionen können im Kontext sozialer Berufe
den Blick für Fragen von Gerechtigkeit erweitern und Reflexions- sowie Analyse-
instrumentarien anbieten. Der konkrete Arbeitsalltag verunmöglicht oftmals Reflexionen des moralischen Handelns (Zeitknappheit, zu wenig Personal etc.). Das
zeitweilige Innehalten aber, die reflexive Auseinandersetzung und die Argumentation, wie wir warum im Sinne von und im Sinne welcher Gerechtigkeit handeln,
kann sich zum Ethos der Gerechtigkeit verfestigen, so dass nicht in jeder Situation erneut überlegt werden muss. Dieser Gedanke soll im Folgenden mit einem
Fallbeispiel veranschaulicht werden. Dabei werden Kompetenzen und Handeln
im Sinne der Gerechtigkeitstheorie des Social Justice beschrieben.

Stellen wir uns folgende Situation in Bezug auf eine klinische sozialarbeiterische
Beratung vor: Frau K. ist 55 Jahre alt und in Deutschland geboren. Ihre Eltern
sind Überlebende des Genozids an Roma und Sinti, der durch die Nationalso-
zialist_innen 1942 durch den „Auschwitzerlass"[19] beschlossen und durchgeführt

---

[19] Als Auschwitzerlass wird der Erlass Heinrich Himmlers vom 16.12.1942 bezeichnet, mit dem die
     Deportation der innerhalb des „Deutschen Reichs" lebenden Sinti und Roma angeordnet wurde,
     um sie als „Minderheit" zu vernichten. Den Begriff „Minderheit" stellen wir unter Anführungs-
     zeichen, weil mit ihm die Konnotation von Minderwertigkeit einhergeht.

wurde. Möglicherweise leidet Frau K. an Posttraumatischen Belastungsstörungen, die mit einer transgenerationalen Traumatisierung zusammenhängen. Frau K. wurde in einer Klinik wegen eines Burn Outs behandelt, verlor kurz vorher ihre Wohnung und ihre Arbeitsstelle. In dem Zusammenhang hat sie Beratungsgespräche mit einer Sozialarbeiter_in im Psychosozialen Dienst, wobei es um die weitere Betreuung, aber auch die Unterstützung bei Wohnmöglichkeiten und finanzielle Absicherung geht.

Kann Frau K. ihre Geschichte überhaupt erzählen? Was bedeutet ihre Geschichte für ihre soziale Inklusion? Und was ermöglicht eine Gesellschaft in ihrem Fall? Was bedeutet ihre Geschichte im Beratungssetting? Die individuell-professionelle Ebene eines gerechten Handelns betrifft einzelne Professionelle im individuell-professionellen Handeln, somit die Frage, was wir warum für gerecht halten, wie wir als Einzelne im Sinne der Gerechtigkeit handeln sollen und welche Kompetenzen wir benötigen, um gerecht handeln zu können. In Bezug auf den personalen Faktor würde bei Frau K. z. B. Geschlecht, Alter, soziale Klasse, kulturelle Herkunft insofern eine Rolle spielen als es nicht unerheblich ist, dass Frau K. eine Frau ist, in welchem Alter sie sich befindet, aus welcher Klasse sie kommt oder welche kulturelle Herkunft sie hat. Insofern benötigt die Sozialarbeiter_in Intersektionalitätsdenken und Diversitykompetenzen im Sinne von Social Justice. Das bedeutet u. a., Verständnis für die Opfer von Vorurteilen, rassistischer Ausgrenzung und Ungleichbehandlung zu haben, sowie ein Wissen darüber, wie diese zustande kommen. Ferner würde es bedeuten, die eigene Funktion und den eigenen Status im Kontext von Macht- und Herrschaftsverhältnissen (Repräsentationsfunktion der Sozialarbeiter_innen einer Institution, einer Kultur) in seiner Wirkung auf das Beratungsgespräch zu reflektieren, die Fähigkeit, eigene Unsicherheit, Fremdheit, Nichtwissen und Mehrdeutigkeiten auszuhalten, sowie Kenntnisse über Traumatisierung als „Normalfall" zu haben. Damit verbunden könnte sein, dass die Sozialarbeiter_in, die normalerweise eine halbe Stunde Beratung pro Nutzende des Psychosozialen Dienstes zur Verfügung stellt, beschließt, sich für Frau K. mehr Zeit zu nehmen (Gerechtigkeit im Sinne der Proportionalität), sich Gedanken darüber macht, wo sie Frau K. Räume eröffnen kann, um ihre finanzielle Situation zu verbessern (Verteilungsgerechtigkeit), und welche Orte sie Frau K. vorschlagen könnte, an denen sie sozial inkludiert sein könnte (partizipative Anerkennungsgerechtigkeit). Die Kompetenzen, die Professionelle hier neben ihren jeweiligen Fachkompetenzen benötigen, werden als ethische Kompetenzen beschrieben, die auch anderen Kompetenzen zugrunde liegen:

- Dialogische Kompetenzen: Fragen, Zuhören, Vorstellen…
- Konfliktkompetenzen
- Diversity- und Interkulturelle Kompetenzen

- Gender- und Queerkompetenzen
- Methodenkompetenz
- ....

(Vgl. Czollek/Perko/Weinbach 2009)

Sie gehen einher mit Auseinandersetzungen zur Gerechtigkeit als theoretisches Basiswissen sowie als Grundlage und Begründungsmöglichkeit moralisch-professionellen Handelns. In den jeweiligen Einzelsituationen können sie zugleich auf Entscheidungsfindungsmodellen basieren, die letztlich auf die oben beschriebene Aristotelische Konzeption rekurrieren:

- Erkennen der Problematik
- Abwägen/Reflexion
- Beurteilen der Situation/Urteilen
- Entscheidung treffen (Einbezug von Kenntnissen, Wissen, Erfahrungen ...)
- Planung
- Ausführung/Handeln
- Auswertung

(vgl. u. a. Tschudin 1988; Schayck 2000)

Auf dieser konkreten Handlungsebene zielt die Frage der Gerechtigkeit darauf ab, was einzelne Professionelle tun können, um die Menschen zu unterstützen, ein gelungenes Leben zu haben. Gerecht wird die Handlung dann, wenn die einzelne Person in all den oben genannten Dimensionen und den sie umgebenen Umständen wahrgenommen wird.

Mit einem ethischen *Sollen* ist zugleich eine Verbindung zur institutionell-strukturelle Ebene hergestellt. Sie betrifft die Frage, welches Gerechtigkeitsdenken und -handeln die Institution präferiert und welche Handlungsspielräume bzw. Handlungsoptionen einzelne Professionelle in den jeweiligen Berufsfeldern haben. Dieses auszuloten bedeutet, zugunsten von Frau K. zu handeln und zuweilen entgegen institutioneller Gepflogenheiten Entscheidungen zu treffen und zu handeln. Dass die individuell-professionelle Ebene eines gerechten Handelns und die institutionell-strukturelle Ebene immer auch in Verbindung steht zur gesellschaftlich-kulturellen Ebene wird deutlich, insofern Gerechtigkeitsvorstellungen immer auch kulturell verankert sind. In Bezug auf diese Ebene ist eine Reflexion darüber möglich, welches Gerechtigkeitsdenken und -handeln gesellschaftlich verankert ist, in welchem Verhältnis Moralvorstellungen im Sinne der Gerechtigkeit und Gesetzesverankerungen stehen und welche Handlungsspielräume bzw. Handlungsoptionen Institutionen sozialer Berufe diesbezüglich und welche einzelne Professionelle haben. Denn im beruflichen Alltag wird immer wieder klar, dass das *Sollen* nicht selten einem *Können* oder *Dürfen* entgegensteht. Bei Frau K. wäre zu überlegen, ob es für sie überhaupt eine Sprache in der Gesellschaft, in Institutionen gibt, ob es Räume gibt, die ihre Inklusion überhaupt ermöglichen etc.?

Gerechtigkeit ist nie nur eine ethische Frage, die auf Soziales abzielt. Fragen zur Gerechtigkeit beziehen sich immer auch auf die politische Dimension, sind immer auch politische Überlegungen, die nicht einer Ökonomisierung des Sozialen unterstehen sollten. Metaphorisch kann der Bezug zwischen Ethik und Politik (im Sinne des Politischen) folgend ausgedrückt werden: „Wenn das Haus schlecht konstruiert ist, bleiben alle Versuche, darin gut zu leben, bestenfalls unbefriedigende Bastelleien" (Castoriadis 1993: 23). So wird – neben der beruflich alltäglichen Reflexion eines gerechten Handelns – zu Recht auch im Kontext sozialer Berufe zur Thematisierung der Frage der Gerechtigkeit aufgefordert und dazu, in öffentlich-gesellschaftlichen Diskursen über Gerechtigkeit einzugreifen (vgl. Hosemann/Trippmacher 2003).

4.2.3 Rekapitulationsfragen

• Welche Ähnlichkeiten und Unterschiede gibt es in der Entwicklung des Gerechtigkeitsdenkens von Justice zur Sozialen Gerechtigkeit hin zum Social Justice?
• Inwiefern ließe sich die Aristotelische Tugendethik mit neueren Entscheidungsfindungsmodellen für gerechtes Handeln verbinden?
• Was sind die neuen Ansätze und Zugangsweisen von Social Justice und wie kann dieses Gerechtigkeitsdenken in sozialen Berufen Anwendung finden?

4.3 Anerkennung

„Menschen können niemals genug Anerkennung bekommen." Diese ethische Grundhaltung des Umganges mit Menschen betrifft nicht nur ein mögliches Ethos z. B. in einer Konfliktmediator_in. Vielmehr lässt es sich als ein anthropologischer Grundpfeiler verallgemeinern und betrifft so alle soziale Berufsfelder: Adressat_innen ebenso wie Professionelle. Dem gegenüber steht der oft beklagte Mangel an Anerkennung: einerseits aus der Perspektive Professioneller, die im beruflichen Alltag anerkennende Worte und Handlungen vermissen; andererseits aus der Perspektive von Adressat_innen sozialer Berufe, die sich nicht selten als „Fall" behandelt sehen, der abgearbeitet wird – nicht zuletzt im vorgegebenen Rahmen der Behandlungszeiten, was zunehmend eine Verschärfung etwa in pflegerischen Kontexten findet. Viel Zeit bleibt dabei nicht, auf Menschen als Subjekte anerkennend einzugehen. Dabei spielt die Ökonomisierung sozialer Berufe eine bedeutende Rolle.

Wozu brauchen Menschen Anerkennung? Was geschieht, wenn sie keine Anerkennung erhalten? In welchen Dimensionen spielt sich Anerkennung ab? Wovon ist bei dieser Reflexionskategorie eigentlich die Rede? Fragen wie diese werden in philosophischen Diskursen aufgegriffen und unterschiedlich beantwortet.

Um diese Diskurse, die sich überschneiden, aber auch divergieren, voneinander zu unterscheiden und so eine analytische Einteilung vorzunehmen, schlagen wir folgende Bezeichnungen für die Auffassung von Anerkennung vor: „partizipative Anerkennung", „dialektische Anerkennung", „dialogische Anerkennung" und „moralisch-soziale Anerkennung".

- *„Partizipative Anerkennung":* Partizipative Anerkennung bedeutet, dass alle Menschen in dem Sinne anerkannt werden, dass sie an allen gesellschaftlichen Ressourcen (materiellen, kulturellen, sozialen, institutionellen, politischen ...) teilnehmen können. Diese Bedeutung von Anerkennung wird in Social Justice Theorien hervorgehoben. Ihnen liegen Herrschafts- und Diskriminierungsanalysen zugrunde, indem sie aufzeigen, dass nicht alle Menschen in diesem Sinne anerkannt sind. Partizipative Anerkennung zielt also auf eine gerechte Gesellschaft ab, in der alle (und nicht möglichst viele) Menschen physisch und psychisch in Sicherheit und Wohlbefinden und materiell abgesichert leben können. Anerkennung wird hier verknüpft mit Verteilungsgerechtigkeit, d. h. eine Gesellschaft dahingehend zu gestalten, dass die Ressourcen allen zuteil werden können. (vgl. Young 1996) Diese Form der Anerkennung betont die strukturell-institutionelle Ebene (institutionell-strukturelle Teilhabe und Verteilung), schließt aber die subjektive Dimension der Anerkennung nicht aus.
- *„Dialektische Anerkennung":* Gegenwärtige Anerkennungsdiskurse gehen oft auf Hegel (1770-1831) zurück, der Anerkennung als „Herr-Knecht-Dialektik[20]" beschreibt. Hegel führt die Entstehung des Selbstbewusstseins von Menschen auf die Anerkennung eines anderen Selbstbewusstseins durch das Erkennen seiner selbst im Anderen zurück. Eine Weiterführung der Hegelschen Thematisierung von Anerkennung begann nach 1945 vor allem im französischen Sprachraum mit Alexandre Kojève (1902-1968).
- *„Moralisch-soziale Anerkennung":* Hegel wieder aufgreifend begann die Debatte um Anerkennung in Deutschland mit Jürgen Habermas (1968) und Axel Honneth (1992). Weiterführungen finden sich u. a. bei Karl-Heinz Ilting (1972), Ludwig Siep (1975) und Andreas Wildt (1982). Eine wichtige Rolle spielten Charles Taylor (1993, orig. 1992) im kanadischen Sprachraum und Avischai Margalit (1999, orig. 1996) im israelischen Sprachraum, die die Debatte in Deutschland mit prägten. Anerkennung wird hier als anthropologischer Grundpfeiler, als Notwendigkeit für Menschen gedacht, die Subjekt konstituierend ist und zum subjektiven Selbstvertrauen und zur Selbstachtung durch z. B. „moralischen Respekt" und „soziale Wertschätzung" führt. Diese Auffassung von Anerkennung fokussiert die subjektive Dimension von Anerkennung als menschliches Grundbedürfnis und betont die negativen und leidvollen Auswir-

---

[20]   Unter Dialektik wird allgemein eine These (Leitsatz, Ausgangsbehauptung) und Antithese (Gegensatz zum Leitsatz) verstanden, die sich in einer Synthese (Zusammensetzung, Verknüpfung) aufheben: so kann z.B. einer bestehenden Auffassung als These ein Aufzeigen von Problemen und Widersprüchen als Antithese gegenübergestellt werden, woraus sich eine Lösung oder ein neues Verständnis als Synthese ergibt.

kungen von Nichtanerkennung. Dabei werden aber gesellschaftliche Bedeutungen von Anerkennung nicht ausgeschlossen, z.B. Anerkennung als rechtliche Gleichbehandlung.

- *„Dialogische Anerkennung"*: Eine andere Richtung als Hegel und zuweilen explizit in Abgrenzung zu seiner Philosophie nehmen „Dialogphilosophien" ein, die Anerkennung im Kontext des Dialoges und Dialogischen Prinzips in der radikalen Andersheit[21] einfordern. Konzeptionen wie jene von Martin Buber (1878-1965), Franz Rosenzweig (1886-1929), Emmanuel Lévinas (1905-1995) und Hannah Arendt (1906-1975) sind hier zu nennen. Anerkennung wird hier in der direkten Begegnung, im eigentlichen Dialog und dialogischen Denken sowie Perspektivenwechsel im Kontext mit der Anerkennung des radikal Anderen gedacht und birgt als Anerkennung der Andersheit die Anerkennung der Pluralität von Menschen und der Welt.

In diesem Kapitel wird auf die „dialektische, moralisch-soziale und dialogische Anerkennung" eingegangen, wobei wir nicht historisch chronologisch, sondern thematisch vorgehen. Die „partizipative Anerkennung" wurde im Kapitel Gerechtigkeit diskutiert (vgl. 4.2) und wird deshalb in diesem Kapitel nicht nochmals ausgeführt.

Was bedeutet Anerkennung in alltäglichen Berufssituationen? Aus der Perspektive der Professionellen in sozialen Berufen ist Anerkennung eine anerkennende Haltung und ein anerkennender Umgang (was u. a. eine nicht diskriminierende Sprache und ein nicht diskriminierendes Handeln einschließt) zwischen Kolleg_innen, aber auch ein anerkennendes Klima innerhalb einer Sozialen Institution. Sie bedeutet ferner eine anerkennende Haltung und entsprechenden Umgang mit Adressat_innen zu pflegen. Aufgrund des asymmetrischen, weil statusunterschiedlichen (Macht)Verhältnisses zwischen Professionellen und Adressat_innen (vgl. 4.6.1), lässt sich das umgekehrt nicht in der gleichen Weise formulieren, auch wenn alle ein Recht auf Anerkennung haben. Zweifelsohne können Professionelle Respekt erwarten oder auch einfordern, doch bedeutet Anerkennung etwas anderes als Respekt oder Toleranz.

Bleiben wir bei der Perspektive der Professionellen, die Adressat_innen anerkennen (sollen). Anerkennung in alltäglichen Berufssituationen ist eine ethisch-politische Haltung (Ethos), die sich als Zugang zu und im Umgang mit Klient_innen zeigt. Sie zu reflektieren bedeutet zu reflektieren, ob und inwiefern wir sie als Andere und nicht als Alter Ego (als anderes Ich) wahrnehmen und sie als Subjekte in ihrem Denken, Fühlen, im Sprechen und Handeln anerkennen. Das heißt nicht, jede Handlung, jede Äußerung von Klient_innen gut zu heißen. Dass die Intention, anerkennend sein zu wollen, Professionelle auch in ethische Konfliktsituationen bringen kann, zeigt folgende Fallskizze:

---

[21] „Radikale Andersheit" bedeutet, dass Menschen, die sich jeweils begegnen kein Alter Ego, kein „anderes Ich" sind, was eine graduelle Gleichheit zum jeweiligen eigenen Ich wäre.

Stellen wir uns folgende Situation im Pflegebereich vor: Herr X ist an Demenz erkrankt und befindet sich seit längerem in einer Pflegestation. Die Pflegekraft hat die Aufgabe, Herrn X zu waschen, zu kleiden, ihm zu essen zu geben etc. Als die Pflegekraft ihn ankleiden will, wird Herr X rabiat, schlägt um sich, bespuckt sie, attackiert sie körperlich. Diesen Attacken ist die Pflegekraft in letzter Zeit täglich ausgesetzt. Gespräche mit Kolleg_innen konnten ihr nicht helfen, die Situation zu verändern. Personalmangel erlaubt es nicht, mit Unterstützung diese Arbeit zu verrichten.

Zwar spiegelt diese Situation auch gesellschaftliche Zustände wider, in denen der sich erhöhenden Anzahl an Demenz erkrankten Menschen nicht mit Personalaufstockung oder institutioneller Veränderung begegnet wird, doch bleibt die Pflegekraft aus moralphilosophischer Perspektive auf sich allein gestellt. Kann sie, und wenn ja, wie, Herrn X anerkennen, oder widersprechen ihre alltäglichen (Gewalt)Erfahrungen der Möglichkeit der Anerkennung? Solche Fragen betreffen häufig den konkreten Arbeitsalltag, den möglichen subjektiv-interaktiven Umgang mit Menschen, die Unterstützung benötigen. Gleichzeitig berühren sie verschiedene Ebenen, die, wie bei Fragen der Gerechtigkeit, miteinander verwoben sind:

- Individuell-professionelle Ebene: Was bedeutet es, Menschen anzuerkennen?
- Institutionell-strukturelle Ebene: Inwiefern kann eine Institution (Krankenhaus, Pflegestation, Soziale Dienste etc.) Strukturen und ein Umfeld schaffen, die Anerkennung ermöglichen?
- Gesellschaftlich-kulturelle Ebene: Welchen Wert hat Anerkennung in der Gesellschaft und für wen?

Im philosophischen Diskurs über Anerkennung werden die Bedeutungen von Anerkennung für Menschen und gleichzeitig die Auswirkungen von Nichtanerkennung diskutiert. Trotz aller Unterschiede zwischen den einzelnen Konzeptionen gilt Anerkennung als zentrales anthropologisches (menschliches) Grundbedürfnis. Keine dieser Konzeptionen beansprucht, eine konkrete Handlungsanleitung zum anerkennenden Umgang mit Menschen zu geben, doch bieten sie die Möglichkeit der Reflexion oben gestellter Fragen und schließlich ein (selbst)reflexives Handelns auch auf der subjektiv-interaktiven Ebene.

4.3.1 Anerkennung im philosophischen Diskurs und als Baustein moralphilosophischer Theorien

Anerkennung als anthropologische Konstante aufzufassen, d. h. als Subjekt konstituierend und stabilisierend, verweist per se darauf, dass Menschen in allen historischen Epochen ein Bedürfnis nach Anerkennung haben. Dennoch wird im zeitgenössisch philosophischen Diskurs betont, dass die Bedeutung der Anerkennung mit der Moderne einen paradigmatischen Wandel erfuhr, d. h. eine völlig neue Bedeutung im Hinblick auf das Streben nach Anerkennung bekam (vgl. 4.3.1 „Moralisch-soziale Anerkennung": Anerkennung als anthropologischer Grundpfeiler).

Im Folgenden werden einzelne philosophische Konzeptionen exemplarisch herausgegriffen und nicht zuletzt mit der Überlegung diskutiert, inwiefern sie für soziale Berufe unterstützend sein können.

„Dialektische Anerkennung": Herr-Knecht-Dialektik als Kampf um Anerkennung auf Leben und Tod

Philosophische Ansätze zur Anerkennung lassen sich weit zurückverfolgen. Grundlegend ist der Terminus Anerkennung etwa bei Rousseau oder bei Kants Kategorischem Imperativ, doch verwenden sie den Begriff selbst nicht (siehe Kapitel 4.2 Gerechtigkeit). Zum ersten Mal versucht Johann Gottlieb Fichte (1762-1814) eine Systematisierung des Begriffes Anerkennung (Fichte 2001, orig. 1796). Daran anknüpfend entwickelte Georg Wilhelm Friedrich Hegel (1770-1831) ein theoretisches System, in dem Anerkennung im Zentrum steht. Seine Ausführungen wurden in der philosophischen Tradition ab 1945 bis heute von einigen Autor_innen aufgenommen. Weil Alexandre Kojève oder Jürgen Habermas und Axel Honneth u. a. in Bezug auf ihre Auseinandersetzung mit dem Thema Anerkennung in einer hegelianischen Tradition stehen, ist es nicht uninteressant, zu resümieren, worum es bei Hegel ging.

Hegel beschreibt Anerkennung als Kampf um Leben und Tod in Bezug auf „Herrschaft und Knechtschaft". Seine historischen Bezugnahmen sind das mittelalterliche Feudalsystem und Lehenswesen, aber auch die Französische Revolution (1789–1799), die Herrschaftsverhältnisse zu stürzen intendierte.[22]

Das Verhältnis von „Herr und Knecht" bringt Hegel dazu, ein Gedankenexperiment zu formulieren, in dem er die Vorstellung eines ersten – ahistorischen, ohne soziale Vorgeschichte lebenden – Menschen, der einem anderen ersten Menschen begegnet, aufgreift. In dieser Begegnung setzt Hegel das Szenarium der „Herr-Knecht-Dialektik" als Kampf um Anerkennung auf Leben und Tod an (vgl. Hegel 1980). Da jedes der beiden Individuen bereit ist, um der Anerkennung willen sein Leben einzusetzen, „kann ihre Begegnung nur ein Kampf um Leben und Tod sein", schreibt Kojéve, einer der wichtigsten Hegelinterpreten (Kojéve 1975: 25).

• Anerkennung heißt in diesem Zusammenhang, als die Person anerkannt zu werden, die sich und die anderen definiert. (Vgl. Hegel 1980)

---

[22] Hegel beschreibt die „Herr-Knecht-Dialektik" als Kampf um Anerkennung auf Leben und Tod in der „Phänomenologie des Geistes", Kapitel „Selbständigkeit und Unselbständigkeit des Selbstbewusstsein, Herrschaft und Knechtschaft" (vgl. Hegel 1980). Dabei ist der Begriff der Anerkennung selbst in der Phänomenologie relativ wenig entwickelt, war jedoch in Hegels Jenenser Frühschriften von großer Bedeutung.

Der Kampf auf Leben und Tod kann tödlich enden. Doch gäbe es in diesem Fall keinen Sieger: ohne den jeweils anderen Part kann Anerkennung nicht stattfinden, das jeweilige Gegenüber ist notwendig. So kann dieser Kampf im Sinne der Anerkennung nur in dem Augenblick enden, in dem der Unterlegende sich für das Leben in Knechtschaft entscheidet und gleichzeitig den Gewinner als „Herrn" anerkennt. Im Mittelpunkt steht der Begriff Freiheit: nur durch die Verachtung des Todes und damit der Höherbewertung von Anerkennung kann der „Herr" seine Freiheit gewinnen. „Herr und Knecht" unterstehen dem dialektischen Prinzip. Das bedeutet: der „Knecht" ist zwar „Knecht" aufgrund seiner erzwungenen Unterordnung, doch ist der Status des „Herrn" immer von der Anerkennung durch den „Knecht" abhängig. Jeder ist bestrebt (bei Hegel der Begriff Begierde) Anerkennung zu erhalten, in erster Linie als „Herr". Der Ausgang des Kampfes ist für die Beteiligten von höchster Relevanz, er ist nach Hegel die Quelle des menschlichen Selbstbewusstseins. In der Unterschiedlichkeit des Ausgangs erreichen die Beteiligten zwei von Hegel differenzierte Formen des Selbstbewusstseins: das „Für-sich-sein" des „Herrn" und das „Für-andere-sein" des „Knechtes". Im „Für-sich-sein" liegt Hegel zufolge die Tatsache dafür anerkannt zu werden, sein Leben riskiert zu haben. Im „Für-andere-sein" des für den „Herrn" arbeitenden „Knechtes" liegt die Möglichkeit, Selbstbewusstsein im Laufe der Zeit nicht über die Arbeit für andere zu beziehen, sondern darüber, der Wirklichkeit näher zu stehen, und so Herrschaft über die Natur zu bekommen.

Hegel beschreibt mit der „Herr-Knecht-Dialektik", dass Menschen zum Selbstbewusstsein durch die Anerkennung über ein anderes Selbstbewusstsein kommen (Hegel 1980: 109).[23] Insofern muss der Einzelne von einem Anderen anerkannt sein, um für den Anderen, aber auch für sich selbst zu existieren. Dazu muss das Selbstbewusstsein aus sich heraustreten, um sich in einem anderen Selbstbewusstsein zu erkennen. In diesem Szenario kommt es zu einer doppelten Aufhebung: Einerseits hebt sich das Selbstbewusstsein selbst auf, indem es aus sich heraustritt; andererseits hebt es das andere Selbstbewusstsein auf, „denn es sieht (...) nicht das andere als Wesen, sondern sich selbst im anderen." (Hegel 1980: 109)

Das Gedankenexperiment Hegels bleibt in diesem dialektischen Miteinander nicht bei „Herr" und „Knecht" stehen. Es birgt die Möglichkeit historischer Veränderungen, insofern der Widerspruch nicht auflösbar ist: Aus der Perspektive des „Herrn" reicht die Anerkennung des „Knechtes" nicht; er kämpft um Anerkennung mit anderen „Herren", riskiert sein Leben weitere Male und versucht jene ebenfalls zu seinen „Knechten" zu machen. Das „knechtische" Leben hingegen erlangt im Laufe der Zeit durch die Herrschaft über die Natur Macht, die größer ist als die des „Herrn". Darin liegt nach Hegel die Möglichkeit zur Revo-

---

[23] Hegel formuliert das folgenderweise: „Das Selbstbewußtseyn ist an und für sich, indem, und dadurch, daß es für ein anderes an und für sich ist; d. h. es ist nur durch ein Anerkanntes." (Hegel 1980: 109)

lution, die zugleich dadurch bedingt ist, dass der „Knecht" immer auch ein nach Würde und Anerkennung strebendes Wesen bleibt. (vgl. Hegel 1980)

Mit diesem Gedankenexperiment beschreibt Hegel, dass sich das Selbstbewusstsein von Menschen nur in der Auseinandersetzung und Konfrontation mit anderen entwickeln kann. Dabei steht der Prozess der Anerkennung im Zentrum:

- Die Herr-Knecht-Dialektik Hegels greift das Thema Machtverhältnisse zwischen Subjekten auf und pointiert, dass sich menschliches Selbstbewusstsein nur in einem Prozess der Anerkennung in der Konfrontation mit Anderen realisieren lässt: Was wir sind, hängt immer auch davon ab, wie wir und wie die anderen uns definieren. Dabei geht es um sich selbst im anderen. (vgl. Hegel 1980)

Damit zeigt Hegel, dass das, was Menschen sind und was Gesellschaft ausmacht, kein naturgegebenes Produkt, sondern von jeweils anderen Menschen abhängig ist. In Hegels Philosophie spielt die Entwicklung des Selbstbewusstseins eine wesentliche Rolle. Das letzte Ziel ist dabei die Erlangung des „absoluten Wissens". Insofern kann Hegels Geschichtsauffassung als ein Reflexionsverlauf gelesen werden, mittels dessen sich das Denken hin zu diesem Wissen entwickelt. Der Kampf um Anerkennung ist dabei Subjekt konstituierend, menschliche Begierde treibt nach Hegel dazu an: „Die Begierde eines anderen begehren heißt also letztlich begehren, dass der Wert, der ich bin oder den ich repräsentiere, der von diesem anderen Wesen begehrte Wert sei: ich will, dass er/sie meinen Wert als seinen/ihren Wert anerkennt." (Kojève 1975: 24)

Hegel ist – wie auch Fichte – kein unproblematischer Philosoph. Anerkennung als grundlegendes Prinzip zu konstituieren, hielt beide nicht davon ab, antijudaistische, rassistische oder misogyne (frauenfeindliche) Haltungen kund zu tun. So würde sich Fichte zufolge das Judentum als „Staat im Staate absondern", hätten die Juden einen „egoistischen Handelsgeist", würden „die übrigen Bürger übervorteilen", seien „nur auf sich und ihre Sippe bedacht".[24] Hegel hat die Auffassung vom „besonderen, unheilvollen, knechtischen jüdischen Bewusstsein" und stellt so Juden und Nichtjuden als Gegensatz dar. Hegels Rassismus bezieht sich auf afrikanische Menschen, denen er „Kannibalismus" ebenso zuschreibt wie „mangelndes Bewusstsein und mangelnde Objektivierungsfähigkeit". Insofern konstatiert er Afrika als „keinen geschichtlichen Weltteil", es hat ihm zufolge keine Bewegung und Entwick-

---

[24] In einer Fußnote relativiert Fichte teilweise seine Aussagen, spricht aber weiterhin von „Köpfe abschlagen": „(...) Zwinge keinen Juden wider seinen Willen, und leide nicht, daß es geschehe, wo du der Nächste bist, der es hindern kann; das bist du ihm schlechterdings schuldig. Wenn du gestern gegessen hast, und hungerst wieder, und hast nur auf heute Brot, so gib's dem Juden, der neben dir hungert, wenn er gestern nicht gegessen hat, und du tust sehr wohl daran. – Aber ihnen Bürgerrechte zu geben, dazu sehe ich wenigstens kein Mittel, als das, in einer Nacht ihnen allen die Köpfe abzuschneiden, und andere aufzusetzen, in denen auch nicht eine jüdische Idee sei. Um uns vor ihnen zu schützen, dazu sehe ich wieder kein anderes Mittel, als ihnen ihr gelobtes Land zu erobern, und sie alle dahin zu schicken". (Fichte 1971: 150;. vgl. dazu Hubmann 2001)

lung aufzuweisen; Sklaverei wird von Hegel positiv beschrieben, weil es ein Moment sei, das bei Schwarzen Menschen Menschliches bewirkte. (vgl. Hegel 1997; 1996) Die Absurdität solcher Auffassungen ist nicht aufzuheben. Sie soll hier aber nicht verschwiegen werden. Wenn also Hegels Anerkennungskonzeption heute herangezogen wird, dann explizit mit Ablehnung jener Ausführungen.

Die hegelsche Konzeption der Anerkennung wurde innerhalb der Philosophie gleichsam weiter geschrieben. Doch geschah das erst nach dem Ende des Zweiten Weltkrieges und des Holocaust im französischen Sprachraum: Alexandre Kojève (1902-1968), einer der bekanntesten Hegelinterpreten, greift Hegel, dessen Werke im damaligen Frankreich ein philosophisches Schattendasein führten, mit der Betonung auf, dass Anerkennung im Zentrum seines Werkes steht.[25] Für Kojève ist
- Anerkennung zur Bildung des Selbstbewusstseins notwendig (vgl. Kojève 1975).

In seinen veröffentlichten Hegelvorlesungen (zwischen 1933 und 1939) zeigt er auf, dass niemand für sich selbst allein diese Entwicklungsstufe erreichen kann: Erst wenn mehrere Bewusstseine aufeinandertreffen, ereignet sich das, was Hegel „Dialektik der Anerkennung" nennt und was den „Kampf um Anerkennung" als Spezifikum des Menschen notwendig macht.[26]

Die Auseinandersetzung mit der hegelschen Anerkennungskonzeption wurde nach Kojève erst später wieder von z. B. Habermas (1968), Honneth (1992) oder Taylor (1993, orig. 1992) aufgegriffen (vgl. 4.3.1).

Mit Hegel und auch Kojève können wir uns in sozialen Berufen der Frage nähern, wozu Menschen Anerkennung brauchen:

> Menschen benötigen Anerkennung, um ein Selbstbewusstsein ausbilden zu können: Dieses Wissen, wäre ein erster Schritt zur Reflexion in Bezug auf den Umgang mit Adressat_innen sozialer Berufe. Wenn wir heute davon ausgehen, dass ein Selbstbewusstsein keine Angelegenheit ist, die Menschen einmal ausbilden und dann für immer „besitzen", dann bedarf es immer wieder eines anerkennenden Gegenübers.

---

[25] Kojève ist in außerphilosophischen Kontexten nicht so bekannt. Doch gilt er als einer der zentralen Hegelinterpreten. Philosophen wie Jacques Derrida, Jacques Lacan, Georges Bataille oder Michel Foucault haben immer wieder darauf hingewiesen, welchen großen Einfluss Kojève auf ihr jeweiliges Denken hatte. Deswegen wird er auch als einer der Vordenker der Postmoderne bezeichnet.

[26] Kojève teilt mit Hegel auch die Auffassung vom Ende der Geschichte und er hält fest, dass die Weltgeschichte die Wechselwirkung zwischen „Krieger-Herr" und „Arbeiter-Knecht" sei, die zum Abschluss kommt, wenn jeder in seiner Menschenwirklichkeit und Menschenwürde von allen anderen anerkannt ist. Unproblematisch ist diese Auffassung nicht, wenn Kojève den „universellen und homogenen Staat" als Möglichkeit ansieht, die Verrechtlichung aller Lebensweisen im „stählernen Gehäuse" der Institutionen zu schaffen. Erst dadurch können ihm zufolge Partikularinteressen ausgeglichen und alle Differenzen zwischen „Herr und Knecht" sowie „Freund und Feind" beseitigt werden. Der posthistorische Frieden, den Kojève damit anstrebt, ist so als ein institutionell-technokratischer Frieden gedacht. (Vgl. Kojève 1975)

Erinnern wir Herrn X., der an Demenz erkrankt ist und in manchen Situationen gewalttätig gegen die Pflegekraft wird. Hier wäre Anerkennung von Seiten der Pflegekraft nicht die Anerkennung gewalttätigen Handelns, doch aber des Menschen X. Dagegen würde die Nichtanerkennung von Herrn X z. B. durch die Verweigerung eines anerkennenden Umgangs (Nahrung verweigern, selbst gewalttätig werden, Kommunikationsverweigerung, Bestrafungshaltung etc.) ihm Leiden oder Schmerzen verursachen. Das kann angenommen werden, auch wenn die Forschung sehr wenig über das Empfinden von an Demenz erkrankten Menschen weiß. Diese Auswirkungen werden allerdings nicht bei Hegel, sondern erst im Kontext zeitgenössischer Philosophie konkretisiert. Mit Hegel kann aber die Überlegung zentral sein, dass das, was wir sind, immer auch davon abhängt, wie wir und wie die anderen uns definieren und inwiefern das mit Herrschaftsverhältnissen zu tun hat. Das gilt für Herrn X wie für alle Klient_innen: Ist er in der Definition der Pflegekraft ein Mensch, der an einer spezifischen Krankheit leidet und ein Recht auf Anerkennung hat, oder wird er als des Denkens, Fühlens etc. nicht mehr Befähigter definiert, der nur gewalttätig ist? Je nachdem, welche dieser (oder anderer) Vorstellungen Professionelle in ihrer Arbeit wirksam werden lassen, wird der Umgang mit Klient_innen ein anderer sein. (Zu anerkennenden Formen des Umgangs siehe 4.3.2 Anerkennung in der beruflichen Rolle)

„Moralisch-soziale Anerkennung": Anerkennung als anthropologischer Grundpfeiler

An die Hegelsche Tradition anknüpfend wird die Thematik Anerkennung ab 1968 im deutschsprachigen Raum aufgegriffen. Anerkennung wird als anthropologischer Grundpfeiler, als explizite Notwendigkeit für Menschen gedacht, die zum subjektiven Selbstvertrauen und zur Selbstachtung durch z. B. „moralischen Respekt" und „sozialer Wertschätzung" führt. Diese Auffassung einer „moralisch-sozialen Anerkennung" fokussiert die individuell-subjektive Dimension von Anerkennung, lässt aber dabei die gesellschaftliche (z.B. rechtliche) Dimension nicht aus, und betont die negativen Auswirkungen der Nichtanerkennung von Menschen.

Zu nennen sind die Konzeptionen von u.a. Habermas (1968), Honneth (1992), Ilting (1972), Siep (1975), Wildt (1982) aber auch Taylor (1993, orig. 1992), Margalit (1999, orig. 1996) und Rommelspacher (2002). Im Folgenden werden exemplarisch Honneth und Taylor herausgegriffen.

Axel Honneth (*1949) stellt klar, dass die Nicht-Anerkennung von Menschen zum Verlust an Selbstachtung führen kann, d. h. „(...) der Fähigkeit (...) sich auf sich selbst als gleichberechtigter Interaktionspartner aller Mitmenschen zu beziehen (...)" (Honneth 2003: 216). Er benennt – in Anlehnung an Hegel und George Herbert Mead (1975) – drei Sphären der intersubjektiven Anerkennung, auf die Menschen in modernen kapitalistischen Gesellschaften angewiesen sind. Diese basieren auf den „Prinzipien der Liebe, der rechtlichen Gleichbehandlung und der sozialen Wertschätzung bzw. der Solidarität" (vgl. Honneth 2003: 213).

Das *Prinzip der Liebe* als erste Form der Anerkennung bedeutet, dass Menschen mit ihren Bedürfnissen und Wünschen von konkreten anderen Menschen (Primärpersonen, Freundschaften...) anerkannt werden und so ein existentielles Selbstvertrauen ausbilden können. (vgl. Honneth 2000) Hier verbindet sich Anerkennung mit Fürsorge als Sorge um das Wohlergehen des Anderen um seiner selbst willen, und mit Wohlwollen, die moralphilosophisch auf die Begriffe Liebe zurückgeführt werden (vgl. dazu 4.5).[27]

Das *Prinzip der rechtlichen Gleichbehandlung* betrifft die kategorische Pflicht, die Zurechnungsfähigkeit von Menschen anzuerkennen. Diese Anerkennung bedeutet, dass Menschen institutionell gleichberechtigt partizipieren und dadurch Selbstachtung entwickeln können. (vgl. Honneth 2000). Honneth bezeichnet diese Form der Anerkennung in Anlehnung an Kant als „moralischen Respekt". Diesem liegt eine universelle Gleichbehandlung zugrunde. Das Gegenteil, die soziale Exklusion, gemäß derer Menschen nicht gleichberechtigt sind, führt nach Honneth letztlich zur Verletzung und zur Selbstverachtung: „(...) für den Einzelnen bedeutet die Vorenthaltung sozial geltender Rechtsansprüche, in der intersubjektiven Erwartung verletzt zu werden, als ein zur moralischen Urteilsbildung fähiges Subjekt anerkannt zu sein; insofern geht mit der Erfahrung der Entrechtung typischerweise auch ein Verlust an Selbstachtung (...) einher." (Honneth 2003: 216)

Das *Prinzip der sozialen Wertschätzung* beruht auf der Anerkennung der Besonderheit eines Menschen innerhalb der jeweiligen Gesellschaft. Honneth schlägt für diese Form der Anerkennung die Begriffe „Solidarität" oder „Loyalität" vor. Damit wird der Zusammenhang von gesellschaftlichen Werten und Anerkennung betont (vgl. Honneth 2000). Ist die gesellschaftliche Werthierarchie so beschaffen, „(...), dass sie einzelne Lebensformen und Überzeugungsweisen als minderwertig oder mangelhaft herabstuft, dann nimmt sie den davon betroffenen Subjekten die Möglichkeit, ihren Fähigkeiten einen sozialen Wert beizumessen." (Honneth 2003: 217) Nichtanerkennung bedeutet „Entwürdigung". Dieser Umgang mit Menschen ist Honneth zufolge verknüpft mit einem kapitalistischen Arbeitsmarkt, in dem soziale Wertschätzung von der Nützlichkeit und der erbrachten Leistung abhängig sind (vgl. Honneth 2003: 175).

Axel Honneth beschreibt in seiner Konzeption der Anerkennung die Voraussetzungen, die erfüllt sein müssen, um Freiheit und Selbstbewusstsein zu erreichen. Seine Anerkennungstheorie nimmt deutlich Bezug auf die Frage der Moral, aber auch auf die Frage gesellschaftlicher Herrschaftsverhältnisse.

Charles Taylor (*1931) greift die Frage der Gleichbehandlung der Individuen in Bezug auf die Achtung kultureller und ethnischer Identitäten auf. Ideengeschicht-

---

[27]   So gehört das Wohlwollen als Zeichen der Mitmenschlichkeit für Kant etwa zu den Liebespflichten und besteht im Vergnügen an der Glückseligkeit und dem Wohlsein anderer. (Vgl. Höffe 2002)

lich und politisch wird dabei der prekäre Zusammenhang von Universalismus und Partikularismus[28] westlicher Gesellschaften analysiert. Dabei entwickelt Taylor seine Theorie der Anerkennung anhand des Beispiels der franko-kanadischen Minderheit. (vgl. Taylor 1992) Im Zuge seiner Auseinandersetzungen fragt Taylor danach, ob eine „Politik der Anerkennung" und der allgemeinen Menschenrechte immer in eine Homogenisierung münden müsse. Er gibt sogleich die Antwort, dass es liberale Gesellschaften geben kann, die kollektiven Zielsetzungen nachgeht und gleichzeitig Vielfalt, Pluralität respektiert (Taylor 1992: 53).

Taylor formuliert, dass Anerkennung mit der Moderne eine neue Bedeutung erhielt: Ein Grund dafür liegt ihm zufolge im „Ideal der Authentizität", das ein spezifisches Maß an Selbstbestimmung und Autonomie voraussetzt und dazu auffordert, herauszufinden, was die je eigene originäre Daseinsweise ist. Individuelle „Selbsterfüllung" und „Selbstverwirklichung" sind dabei zentral und beziehen sich nicht zuletzt auf den Bereich der Arbeit sowie den Status in der Gesellschaft. (Taylor 1995: 57). Nach Taylor hat sich nicht das Bedürfnis nach Anerkennung mit der Moderne verändert: Neu ist vielmehr, dass Menschen in Verhältnissen leben, in denen das Streben nach Anerkennung scheitern kann (vgl. Taylor 1995). Und er formuliert: „Das entscheidende Merkmal der innerlich abgeleiteten, persönlichen und originellen Identität besteht darin, daß diese sich nicht jeder apriorischen Anerkennung erfreut. Sie muß die Anerkennung durch einen Austauschprozeß erringen, und dabei kann sie versagen." (Taylor 1995: 57f.) Das Verlangen nach Anerkennung ist nach Taylor ein menschliches Grundbedürfnis. Anerkennung ist die unabdingbare Voraussetzung dafür, dass Menschen sich eine individuelle Identität erschaffen können. Zentral ist bei Taylor der Begriff der „Authentizität" bzw. „Identität", der eng mit dem Begriff Anerkennung verbunden ist: Identität wird als das Selbstverständnis bezeichnet, ein Bewusstsein von den bestimmten Merkmalen zu haben, wodurch Menschen zu Menschen werden (vgl. Taylor 1992).[29]

„Unsere Identität wird teilweise von der Anerkennung oder Nicht-Anerkennung, oft auch von der Verkennung durch die anderen geprägt", schreibt Taylor,

---

[28] Unter Universalismus (von lat. universalis = allgemein) wird eine Anschauung verstanden, die den Anspruch hat, die Vielfalt und Pluralität von Wirklichkeit auf ein einzelnes Prinzip, Ordnungsgesetz oder ähnliches zurückführen. Dem entgegen steht der Partikularismus (lat.: pars = Teil) mit dem die Bedeutung der kleineren Einheit hervorgehoben wird. In gesellschaftlich-politischen Zusammenhängen bedeutet das, der Peripherie gegenüber dem Übergeordneten (Zentrale) mehr Gewicht zu geben.

[29] Nicht unproblematisch ist der hier eingeführte Identitäts- und Authentizitätsbegriff, da er die Vorstellung des Subjekts als eine mit sich selbst identische Einheit suggeriert. Entgegen einer Festschreibung eindeutiger Identitäten und zugunsten einer Vielfältigkeit wird aus poststrukturalistischer Sichtweise der Identitätsbegriff zu dekonstruieren versucht (vgl. Perko 2005). Die Betonung der authentischen Einheit eines Kollektivs impliziert zudem, Bestimmungen angeben zu können, welche Angehörige auf welche Weise zur authentischen Kultur beitragen und welche nicht. Seyla Benhabib (1999: 42) weist so auf die „gefährliche" Verquickung individueller und kollektiver Authentizität hin.

„so daß ein Mensch oder eine Gruppe von Menschen wirklich Schaden nehmen, eine wirkliche Deformation erleiden kann, wenn die Umgebung oder die Gesellschaft ein eingeschränktes, herabwürdigendes oder verächtliches Bild ihrer selbst zurückspielt. Nichtanerkennung oder Verkennung kann Leiden verursachen, kann eine Form von Unterdrückung sein, kann den anderen in ein falsches, deformiertes Dasein einschließen." (Taylor 1992, 13f.) Bei Menschen, die keine Anerkennung erhalten, kommt es zum „lähmenden Selbsthass", zu „schmerzhaften Wunden", zur Internalisierung der Verachtung ihres Selbst, das dann wiederum zu einem wirkungsmächtigen Instrument der Unterdrückung wird (vgl. Taylor 1992: 14f.). Die davon betroffenen Menschen können dadurch eine destruktive Identität aufbauen, einen Mangel an Selbstachtung entwickeln und/oder negative Fremdbestimmungen und Stereotype verinnerlichen und übernehmen. Dieser Mechanismus findet sich über die Jahrhunderte hinweg in Bezug auf Sexismus, Rassismus, Antisemitismus etc.[30]

Mit den Anerkennungstheorien Taylors und Honneths kann über Hegel hinaus tiefer Einblick genommen werden, was Anerkennung bzw. Nichtanerkennung bei Menschen bewirkt: u. a. „lähmenden Selbsthass", „schmerzhafte Wunden", Internalisierung der Verachtung des eigenen Selbst, das dann wiederum zu einem wirkungsmächtigen Instrument der Unterdrückung wird. Mit diesen Anerkennungstheorien gewinnen wir im professionellen Bereich das Wissen um Auswirkungen von Nichtanerkennung und damit die tiefe Bedeutung der Notwendigkeit, Adressat_innen sozialer Berufe Anerkennung in alltäglichen Kontexten zu vermitteln:

> Im Kontext sozialer Berufe wird darauf z.B. im Bereich des Gesundheitswesens und der Debatte über Gesundheitsförderung Bezug genommen.
> So beschreibt Doris Pfabigan in Anlehnung an Taylor und Honneth, dass die Nichtanerkennung negative Auswirkungen auch auf die Gesundheit von betroffenen Menschen hat. Rekurrierend auf die Ottawa-Charta (vgl. WHO 1986)[31]

---

[30]   Literarisch beschreibt das Max Frisch anschaulich in „Andorra", indem er Andri zum Hochwürden sagen lässt: „Seit ich höre, hat man mir gesagt, ich sei anders, und ich habe geachtet drauf, ob es so ist, wie sie sagen. Und es ist so, Hochwürden: Ich bin anders. Man hat mir gesagt, wie meinesgleichen sich bewege, nämlich so und so, und ich bin vor den Spiegel getreten fast jeden Abend. Sie haben recht: ich bewege mich so und so. Ich kann nicht anders. Und ich habe geachtet auch darauf, ob's wahr ist, daß ich alleweil denke ans Geld, wenn die Andorraner mich beobachten und denken, jetzt denke ich ans Geld, und sie haben abermals recht: ich denke alleweil ans Geld. Es ist so. Und ich habe kein Gemüt, ich hab's versucht, aber vergeblich: Ich habe kein Gemüt, sondern Angst. Und man hat mir gesagt, meinesgleichen ist feig. Auch darauf habe ich geachtet. Viele sind feig, aber ich weiß, wenn ich feig bin. Ich wollte es nicht wahrhaben, was sie mir sagten, aber es ist so. Sie haben mich mit Stiefeln getreten, und es ist so, wie sie sagen: ich fühle mich nicht wie sie. Und ich habe keine Heimat. Hochwürden haben gesagt, man muß das annehmen, und ich hab's angenommen. Jetzt ist es an Euch, Hochwürden, Euren Jud anzunehmen." (Frisch 1961: 86)

[31]   Die WHO definiert 1946 Gesundheit als „state of complete physical, mental and social well-being and not merely the absence of disease or infirmity" (Zustand vollständigen körperlichen, geistigen und sozialen Wohlbefindens und nicht nur als das Freisein von Krankheiten oder Gebrechen, Übers. G.P). (http://www.dearo.who.int/LinkFiles/About_SEARO_const.pdf: 2) „Gesundheitsför-

formuliert sie: „(...) dass sich das Vorenthalten oder Missachten von Anerkennungsansprüchen für die psychische Integrität der Person ebenso negativ auswirken wie organische Erkrankungen oder Beschädigungen." (Pfabigan 2009: 47) Die Sphäre der Anerkennung bei Honneth gewinnt nach Pfabigan bei der Strategieentwicklung von Gesundheitsförderungskonzepten marginalisierter Menschen besonderes Gewicht: Haben z. B. Migrant_innen im prozentualen Vergleich zu Nicht-Migrant_innen einen weit geringeren beruflichen und gesellschaftlichen Status und oft unsichere Aufenthaltsmöglichkeiten, dann ist das kulturell-gesellschaftliche und institutionell-strukturelle Nichtanerkennung. Sie führt zur Entrechtung und Geringschätzung, die mindestens zweierlei bewirkt: Erstens, so Pfabigan, dass Migrant_innen ihren Körper oftmals als Arbeitswerkzeug einsetzen müssen, was Beschämung, aber auch Widerstand zur Folge hat, der oft in einem sozialen Rückzug, psychischen Verstummen und Krankheit Ausdruck findet. Zweitens, dass die von außen produzierte Nichtanerkennung insofern verinnerlicht werden kann, als es zur geringen Selbstachtung und damit wiederum zu sozialem Rückzug, Krankheit etc. kommt. In diesem Prozess zeigt sich nicht zuletzt die Komplexität der Verbindung von „Sündenbocktheorien", Imagination und Projektion: d. h. Menschen werden als „Sündenböcke" oder „die Anderen" (Othering) gestaltet und stigmatisiert (im Falle von Migrant_innen etwa der Vorwurf des Sich-nicht-Integrierens und die dazu gehörigen Stereotype) auf die Negatives projiziert wird und auf die gleichzeitig die Schuld zurückfällt, das zu sein, was auf sie projiziert wird. (vgl. Perko/Pechriggl 1996).[32] Dagegen steht Anerkennung auf kulturell-gesellschaftlicher, institutionell-struktureller Ebene, aber auch je individueller Ebene.

In Bezug auf Debatten der Gesundheitsförderung fordert Pfabigan daher zu Recht: „Wenn es sich nun so verhält, wie die Anerkennungstheorie (von Mead, Taylor und Honneth, Anm. d. A.) nahe legt, dann gilt es den Erklärungsansatz sozialer Ungleichheit von Gesundheit um Grundbegriffe zu erweitern, die so aufgebaut sind, dass sozialstrukturelle Ursachen kenntlich gemacht werden können, die für eine Verzerrung im sozialen Anerkennungsgefüge verantwortlich sind." (Pfabigan 2009: 47) So bedarf es auch in Fragen der Gesundheit, in der es um Autonomie und Selbstbestimmung der einzelnen Menschen geht, Anerkennungsbeziehungen und ethischer Kompetenzen.

---

derung zielt auf einen Prozeß, allen Menschen ein höheres Maß an Selbstbestimmung über ihre Gesundheit zu ermöglichen und sie damit zur Stärkung ihrer Gesundheit zu befähigen."

[32] Nach Freud (1856-1939) bezeichnet eine Projektion (Übertragung nach außen) eine Abwehr, in der das Subjekt dem Anderen Gefühle, Wünsche, Affekte, die es ablehnt oder in sich selbst verleugnet, unterstellt. Die Projektion ermöglicht es, endogene unlustvolle Reize nach außen zu verlagern und ihnen einen „Objektstatus" zu verleihen, d. h., sie als von außen kommende Gefahr zu sehen und ihr dementsprechend zu begegnen. (vgl. Freud 1975). Doch ist keine Projektion von sich aus imstande, eine Gestalt zu instituieren, auf die unlustvolle Reize, Wünsche, Affekte usf. verlagert bzw. projiziert werden könnten. Deshalb geht der Projektion die Imagination, d.h. Gestaltung als die „Anderen" (Othering) voraus (vgl. Perko/Pechriggl 1996).

In sozialen Berufen sind Professionelle mit Theorien wie jene von Honneth oder Taylor aufgefordert, Anerkennungsbeziehungen herzustellen und sind gleichzeitig oftmals selbst mit Nichtanerkennung konfrontiert. Soziale Institutionen sind aufgefordert, anerkennende Strukturen und Umfelder zu schaffen, die es z. B. im Bereich der Gesundheitsförderung ermöglichen, anerkennende Umgänge zu praktizieren. Gleichzeitig sind sowohl einzelne Professionelle als auch Soziale Institutionen mit gesellschaftlichen Werten der Anerkennung bzw. Nichtanerkennung konfrontiert. So betonen Sighard Neckel und Kai Dröge etwa, dass all jene Leistungen einer materiellen und symbolischen Abwertung ausgesetzt sind, die keine Gewinne abwerfen: „(...) von den öffentlichen Diensten, den „brotlosen" Wissenschaften und den helfenden Berufen (...)." (Neckel/Dröge 2002: 99) Anerkennung bedeutet demnach auch, sie nicht zu binden an „Leistungsfähigkeit" und dem vermeintlichen „Nutzen" einzelner Menschen, sondern an Subjekte als Subjekte.

„Dialogische Anerkennung": Anerkennung im Dialog und Dialogischen Prinzip
Eine andere Richtung als Hegel und die daran anknüpfenden Autor_innen zeigt die Auseinandersetzung über Anerkennung als dialogische Begegnung und dialogisches Prinzip. Anders als bei Hegel (und oft explizit gegen Hegel) spielt in diesen Konzeptionen, die sich auch voneinander unterscheiden, Anerkennung immer in Bezug auf die Anerkennung „des Anderen/der Andersheit" eine zentrale Rolle. Der Andere respektive die Andersheit ist hier radikal gedacht: es ist das „Anders-Seins des Anderen" (Buber), die „absolute Andersheit des Anderen" (Lévinas) oder die „absolute Verschiedenheit" (Arendt) – also kein Alter Ego (anderes Ich), das in der dialogischen Begegnung (wieder)gefunden wird, wodurch im Prozess der Anerkennung Selbstbewusstsein und Selbstachtung entwickelt werden. Anders als bei Hegel geht es in diesen Philosophien der Anerkennung nicht um eine Dialektik und Synthese,[33] und nicht darum, als die Person anerkannt zu werden, die sich und die anderen definiert.

Im Folgenden werden exemplarisch Buber (1878-1965), Lévinas (1905-1995) und Arendt (1906-1975) herausgegriffen und einige Eckpfeiler ihrer jeweiligen Konzeption skizziert.[34]

Martin Bubers Werke werden zu Recht auch als Dialogphilosophie bezeichnet, der die Entwicklung des Dialogischen Denkens und Prinzips viel zu verdanken hat. Was abstrakt mit „Andersheit" bezeichnet wird, erfährt seine Konkretisierung bei Buber etwa durch folgende Aussage: „Hauptvoraussetzung eines echten Gespräches ist, dass jeder seinen Partner als diesen, als eben diesen Menschen

---

[33]   Unter Dialektik wird allgemein eine These (Leitsatz; Ausgangsbehauptung) und Antithese (Gegensatz zum Leitsatz) verstanden, die sich in einer Synthese (Zusammensetzung, Verknüpfung) aufheben: so kann z.B. einer bestehenden Auffassung als These ein Aufzeigen von Problemen und Widersprüchen als Antithese gegenübergestellt werden, woraus sich eine Lösung oder ein neues Verständnis als Synthese ergibt.

[34]   Eine übersichtliche Ausführung zu Buber, Rosenzweig und Lévinas findet sich in Czollek 2003.

meint" (Buber 1997: 283) Wenn sich also zwei Menschen im Dialog (dazu rechnet Buber auch das „mitteilende Schweigen") begegnen, sich ihre je unterschiedlichen Positionen erzählen, sich überzeugen wollen, dann wäre ein Gespräch erst dann ein Dialog, wenn jeder den anderen als den meint, der er ist. Buber hebt damit die Wichtigkeit hervor, den anderen Menschen, der uns gegenübersteht, als wesenhaft anders als uns selbst wahrzunehmen und anzuerkennen. Es geht ihm in einem solchen Dialog nicht darum, dass eine_r die Meinung der anderen annehmen muss, sondern es geht um das „Wahrnehmen des Mitmenschen als einer – wenn auch zumeist recht mangelhaft entfalteten – Ganzheit, Einheit und Einzigartigkeit" (Buber 1997: 285). Diese Auffassung verknüpft sich bei Buber mit weiteren Bedingungen für den Dialog: dem Bedürfnis zu wirken, abzusagen und mit wirklicher Aufrichtigkeit. Denn das Wirkungsbedürfnis zielt darauf ab, das Gegenüber lediglich beeindrucken zu wollen, was ein wirkliches Gespräch ebenso verhindert wie die Zurückhaltung, insofern das wirklich Empfundene und Gedachte nicht ausgesprochen wird. Dieser Dialog geschieht Buber zufolge in der Ich-Du-Beziehung, die er als einen zentralen Grundbegriff in seine Philosophie einführt. Entgegen des Monologischen liegt Anerkennung gerade

• in der Anerkennung des Anders-Seins des Anderen: man kann, so Buber, das Dasein und Sosein eines anderen Menschen bestätigen, bejahen – beides sind Begriffe für Anerkennung. (vgl. Buber 1997)

Doch begreift Buber die Ich-Du-Beziehung nicht nur als zwischenmenschliches Prinzip, in dem das Ich erst durch ein Du entstehen kann. Seine Ausführungen zur Ich-Du-Beziehung werden auch ontologisch verstanden. Ontologisch bedeutet hier, dass primär keine psychologische Struktur gemeint ist, sondern man sich auf die Wirklichkeit insgesamt bezieht, auf verschiedene Sphären der Wirklichkeit: so können wir Menschen begegnen, der Natur begegnen etc. Die Ich-Du-Beziehung bezeichnet demnach ein Seinsverhältnis, „eine Beziehung zur Wirklichkeit, die alle Möglichkeiten des subjektiven Zugriffs auf die Wirklichkeit übersteigt, sei es der Zugriff des Gefühls, der Zugriff des Erkennens oder der Zugriff der Sprache. Der Dialog selbst „(...) weist somit auf eine sprachliche Grenze hin, weist somit über das Gespräch selbst hinaus" (vgl. Werner 2004).[35]
Emmanuel Lévinas sieht den zentralen philosophischen Beitrag Bubers in der "(...) dia-logischen Beziehung und ihrer phänomenologischen Nichtreduzierbarkeit, ihrer Fähigkeit, eine autonome Sinnordnung zu konstituieren" (Lévinas 1991: 39). Er selbst formuliert – anders als Buber – die Frage nach dem Anderen und die Begegnung mit dem Anderen als Ausgangspunkt seines Philosophierens. Die Begegnung oder Beziehung mit dem Anderen ist nach Lévinas grundlegend

[35] Einen interessanten Vergleich zwischen Buber und Habermas findet sich bei Hans-Joachim Werner: Dialog und Diskurs. Reflexionen über „Anderheit" bei Martin Buber und Jürgen Habermas. Vortrag vor der Philosophischen Sektion der Martin Buber-Gesellschaft am 23.10.2004 in Heppenheim. Online unter: http://www.philosophia-online.de/mafo/heft2004-6/Werner_Buber_Habermas.htm

für das menschliche Selbst- und Weltverhältnis. Erst die Beziehung zum Anderen, die uneinholbare Asymmetrie zwischen dem Anderen und dem Ich, macht das Ich zu einem Ich: der Andere ist absolut anders, er ist nicht auf seine Erscheinung als ein bestimmter Anderer zu reduzieren. In dieser Radikalität geschieht die Begegnung mit Anderen, verschränken sich Anerkennung und Verantwortung, die vom „Antlitz des Anderen" ausgeht, der man nie genügen kann (vgl. dazu auch 4.4). Anerkennung bei Lévinas bedeutet

- Anerkennung der absoluten Andersheit des Anderen, der kein Alter Ego, kein relativ anderes Ich ist (vgl. Lévinas 1991).

Demnach wird nicht das Eigene im Anderen gesucht, vielmehr ist das Interesse der Einen auf den Anderen gerichtet, soll etwas erfahren werden, das außerhalb des Eigenen liegt. Das setzt nach Lévinas „radikalen Großmut" voraus, insofern keine Dankbarkeit für dieses Interesse zu erwarten ist oder erwartet werden soll. Die Bestimmung zur Verantwortung und Anerkennung des Anderen liegt für Lévinas in der Problematik des Daseins selbst: „Das Sein des *Daseins* bedeutete: man hat zu sein. In der Verantwortung für den Anderen ist mein Sein selbst zu rechtfertigen: heißt dasein nicht immer schon einem Anderen den Platz nehmen? Das Da sein des Daseins ist bereits ein ethisches Problem." (Lévinas 1991: 47) . Dabei zielt Anerkennung darauf ab, die „Mannigfaltigkeit der sozialen Nähe (...)" (Lévinas 1991: 39) als Pluralität affirmativ ernst zu nehmen und von der Intention Abstand zu nehmen, Einheit, Synthese oder Totalität des Seins herstellen zu wollen.

Hannah Arendt lässt sich in die Reihe der Denker_innen zur Anerkennung in Bezug auf das Dialogische einfügen. Ihre Konzeption, die sich von Buber und Lévinas unterscheidet, geht vom Zusammenhang der Pluralität und Anerkennung im Kontext des Politischen aus. Vattimo pointiert: „Die Thematik der Anerkennung als ein die Probleme des Überlebens transzendierender Anspruch (...) kann leicht unter dem Licht der arendtschen Konzeption der Politik begriffen werden" (Vattimo 2002: o.S.).

Die Frage der Anerkennung ist für die Qualität unserer Existenz in der Welt entscheidend. Gleichzeitig hält Arendt fest, dass

- nicht an die Anerkennung des Anderen erinnert werden muss, weil das Wahrnehmen von Menschen in ihrer Pluralität bereits eine potentielle Erkennung und Anerkennung impliziert (vgl. Arendt 2003).

Der Anerkennung der Pluralität ist die Anerkennung der Vielfalt und Verschiedenheit von Menschen implizit. Damit ist ein Kern der Arendtschen Philosophie angezeigt: Das Faktum der Pluralität ist Arendt zufolge Grundlage des menschlichen Lebens und des Handelns.[36] Es ist die Tatsache, dass nicht ein Mensch, sondern

---

[36]   Handeln im Sinne des Politischen steht bei Arendt als Abgrenzung sowohl vom Tun einzelner Subjekte als auch vom Tun respektive Agieren im psychoanalytischen Sinne, das sich durch unbewusste Motive und Intentionen charakterisiert.

viele Menschen auf der Erde leben und die Welt bevölkern, die nur in der Vielheit existiert (vgl. Arendt 1967). Würde diese Pluralität ausgelöscht, so wäre das Arendt zufolge ein Auslöschen des Politischen – als öffentlicher Raum in dem Menschen sprechend und handelnd öffentliche Angelegenheiten regeln – wie es im Totalitarismus seine extreme Form erfuhr. Im ihrem Denktagebuch heißt es: Zerstörung von Pluralität. Die totalitär gewordene Moderne eliminiert die Wahrnehmung und Anerkennung menschlicher Vielfalt und Differenz (vgl. Arendt 2003). Diese Haltung Arendts, deren Theorie nicht ohne ihre Totalitarismuskritik und die Intention zu lesen ist, Alternativen gegen ein totalitäres und identitäres Denken und seine Manifestation in Staatsstrukturen zu entwickeln, steht damit auch der erwähnten Errichtung eines „homogenen Universalstaates" (Alexandre Kojève) entgegen.

In der Vielheit der Menschen charakterisiert Arendt Subjekte nicht als homogene, sondern als plurale in ihrer jeweiligen Einzigartigkeit im dialektischen Verhältnis von Gleichheit und absoluter Verschiedenheit (vgl. Arendt 1967): Sie sind zwar dasselbe, nämlich Menschen, aber keiner dieser Menschen gleicht je einem anderen (vgl. Arendt 1967). Als „handelndes Kollektiv" treten sie nicht als Einheit auf, sondern als eine Ansammlung einzelner Subjekte, die mit anderen im Handeln verflochten sind, sich zu einem bestimmten Zeitpunkt und mit je spezifischen Interessen, Vorstellungen, Intentionen, Wahrnehmungen und Affekten oder auch Erinnerungen dazu entschließen, gemeinsam zu handeln. Im Sinne der Möglichkeit zum Handeln und zur Veränderung von Gesellschaft teilen sie das ontologische Prinzip der Natalität: „Weil jeder Mensch aufgrund des Geborenseins ein *initium*, ein Anfang und Neuankömmling in der Welt ist, können Menschen Initiativen ergreifen, Anfänger werden und Neues in Bewegung setzen." (Arendt 1967: 15) Im Sinne des Interesses an der Welt als „Zwischenraum, in dem sich Menschen bewegen" – die „verschwindet, wenn sie nur noch unter einem Aspekt gesehen wird; sie existiert überhaupt nur in der Vielfalt ihrer Perspektiven" (Arendt 1967: 173; 57) – gilt in Arendts Konzeption Anerkennung nicht nur den einzelnen Subjekten in ihrer Gleichheit und absoluter Verschiedenheit, sondern der Pluralität als solcher. Insofern besteht nach Arendt auch die politische Gefahr z. B. der Armut „darin, dass sie die Pluralität vernichtet und aus den Vielen so etwas wie Eines macht" (Arendt 1994: 120).

Hannah Arendt geht es um den öffentlich-politischen Raum, ein Erscheinungsraum, der dort entsteht, wo immer Menschen handelnd und sprechend miteinander umgehen (vgl. Arendt 1967). Als Bedingungen dieses Raumes gelten: Er muss stets neu konstituiert werden, Mitberücksichtigung anderer Meinungen, anderen Denkens, Aufgabe der Allmachtsphantasien, denn der unverrückbare Anspruch auf die Wahrheit verhindert jegliche Diskussion, weil sie Unbedingtheit fordert. Im öffentlich-politischen Raum geht es auch um die Abschaffung gesellschaftlicher Herrschafts- und Gewaltverhältnisse sowie Totalitätsstrukturen zugunsten der Freiheit und Anerkennung aller Menschen. Hier zeigt sich Arendts Auffassung, was zum grundlegenden Menschenrecht gehört, nämlich das Recht, Rechte zu haben (vgl. Arendt 1949).

Dass de facto nicht alle Menschen dieselben Rechte haben, analysiert Arendt am Beispiel des europäischen Judentums vor dem 20 Jahrhundert, wo z. B. im 19. Jahrhundert viele Juden – und trotz vieler Assimilationen – gesellschaftlich nicht als ebenbürtig anerkannt wurden (vgl. Poliakov 1979-1988). Im Kontext der Frage nach Anerkennung greift Arendt seit Ende der zwanziger Jahre auf die Begriffe Paria und Parvenü zurück. Parvenü stand für assimilierte Juden und Jüdinnen, die in der Gesellschaft der Nicht-Juden ihren Platz finden und anerkannt sein wollten, jedoch von der Mehrheitsgesellschaft niemals vorbehaltlos anerkannt wurden. Paria als politischer Begriff, wie ihn Arendt zum ersten Mal in ihrem Buch über Rahel Varnhagen einführt, bezeichnet Menschen, die aufgrund ihres Andersseins zu Außenseiter_innen gemacht werden, er fokussiert die bewusste Anerkennung der Ausgestoßenen. Der/die *Paria* steht außerhalb der Gesellschaft und kann, so Arendt, durch diese Distanz bessere Einblicke in diese erhalten. (vgl. Arendt 1959b)

Im Sinne des Interesses am Anderen und damit an der Welt, stellt Arendt den Perspektivenwechsel, das dialogische Prinzip und den Dialog ins Zentrum ihres Denkens.

Gegen das monologische Prinzip der Einheit drückt das dialogische Prinzip bei Arendt das Interesse an den Anderen aus, so zu denken, wie das eigene Selbst nicht denkt, und in der Welt so zu sein, wie es das eigene Selbst in ihr nicht ist. Das bedeutet ein „repräsentatives bzw. dialogisches Denken" als eine erweiterte Denkungsart. Zentral ist dabei der Perspektivenwechsel: Hier geht es darum, verschiedene Standpunkte und Sichtweisen, verschiedene Vorstellungen einzunehmen, die ein eigenes Urteil zu einem nicht nur mehr subjektiven Urteil machen.[37] Der Perspektivenwechsel bezieht sich nicht auf das tatsächliche Denken, Meinen etc. anderer Menschen: wir können nicht denken, fühlen, wahrnehmen, wie ein anderer Menschen denkt, fühlt, wahrnimmt. Vielmehr bezieht er sich darauf, Abstand davon zu nehmen, die eine „meine" Sichtweise sei die einzig richtige. Dieser Perspektivenwechsel impliziert so das Absehen von privaten Interessen, in modernerer Formulierung: Abstand zu nehmen von Egozentrismus, durch den private Interessen (je individuelle, wirtschaftliche etc.) in den Vordergrund gerückt werden. Erst durch das Abstand nehmen davon können Arendt zufolge ungeprüfte Meinungen, Vorurteile, feststehende Standpunkte, Stereoty-

---

[37] Arendt drückt das Folgenderweise aus: „Eine Meinung bilde ich mir, indem ich eine bestimmte Sache von verschiedenen Gesichtspunkten aus betrachte, indem ich mir die Standpunkte der Abwesenden vergegenwärtige und sie so mit repräsentiere. Dieser Vergegenwärtigungsprozeß akzeptiert nicht (...) bestimmte, mir bekannte, von anderen vertretene Ansichten. (...) Vielmehr gilt es, (...) ohne die eigene Identität aufzugeben, einen Standort in der Welt einzunehmen, der nicht der meinige ist (...). Je mehr solcher Standorte ich in meinen Überlegungen in Rechnung stellen kann, und je besser ich mir vorstellen kann, was ich denken und fühlen würde, wenn ich an der Stelle derer wäre, die dort stehen, desto besser ausgebildet ist dieses Vermögen der Einsicht [– das die Griechen *phronesis*, die Lateiner *prudentia* und das Deutsch des 18. Jahrhunderts den Gemeinsinn nannten –], und desto qualifizierter wird schließlich das Ergebnis meiner Überlegungen, meine Meinung, sein." (Arendt 1985: 137)

pe, vermeintliche Wahrheiten etc. zerstört werden, wodurch die Urteilskraft als politischste aller menschlichen Fähigkeit Arendt zufolge freigesetzt wird, wodurch wir urteilen können.

Das Gegenteil des Perspektivenwechsels beschreibt Arendt im Zuge ihrer Beobachtungen des Eichmann-Prozesses mit der „erschreckende Banalität des Bösen", „vor der das Wort versagt und an der das Denken scheitert" (Arendt: 1986: 300). Es bezeichnet nicht nur die Normalität Eichmanns, sondern die der meisten, die weder pervers noch sadistisch, vielmehr unbegreiflich normal waren. Hannah Arendt führt die „Banalität des Bösen" nicht zuletzt auf einen Mangel an Einbildungskraft bzw. Vorstellungsvermögen zurück: Mangel als Unfähigkeit, sich in die Lage der Opfer zu versetzen und „vom Gesichtspunkt eines anderen Menschen aus sich etwas vorzustellen" (Arendt: 1986: 78). Das aber zu versuchen, wäre ein Schritt hin zur Anerkennung dessen, was andere Menschen denken, fühlen, wahrnehmen etc., ohne das je Eigene als das Wichtigste zu nehmen.

Arendts Interesse gilt der politischen Dimension des Dialoges, der sich in der politischen (und nicht intim-persönlichen) Freundschaft ereignen kann. „Freundschaft bzw. Liebe zur Welt" gilt Arendt als anerkennendes Interesse am Anderen und damit an der gemeinsamen Welt, das sich „(...) daran erweist, dass man bereit ist, die Welt mit Menschen zu teilen". (Arendt 1959a: 41) Der Dialog wird damit zu einem politischen Instrumentarium. Er wendet sich sowohl von der vermeintlich einen Wahrheit ab als auch von der Überzeugung, jeweils Recht zu haben.

Die Arendtsche Auffassung von Dialog besteht vor allem darin, dass durch ihn die Anzahl verschiedener Sichtweisen vergrößert wird: Ein Dialog, bei dem es nicht darum geht, die eine richtige Sichtweise zu finden und die anderen Menschen davon zu überzeugen, sondern dessen Hintergrund Pluralismus, Vielheit ist. Die Idee des Dialoges, die von der „prinzipiellen Nicht-Assimilierbarkeit des Gegenübers" und „vom Gewicht des Anderen, das seine Ausschließung nicht zulässt (...)" (Thürmer-Rohr 2002: 774), ausgeht, steht hierbei dem Monolog als Einheit von Sichtweisen und damit als Ende des Dialoges gegenüber und erhält politisches Gewicht im Interesse an und Anerkennung des jeweils Anderen und im Umgang miteinander und damit an der Welt in ihrer Pluralität. (Vgl. zu Arendt auch Perko 1993, 2003; Czollek/Perko 2006, 2008)

In Kontexten sozialer Berufe sind Dialog und Perspektivenwechsel Begriffe, die nicht mehr wegzudenken sind. Im Zusammenhang mit der Anerkennung von Menschen nicht als das, was „Ich" bin, sondern in ihrer „radikalen Andersheit" kann in sozialen Berufen auf die Dialogphilosophien Bezug genommen werden. Insbesondere mit der Arendtschen Konzeption des Dialogischen können wir in sozialen Berufen eine Personen zentrierte Arbeit im eigentlichen Sinne begründen:

> Bei jedem professionellen Gespräch können wir versuchen – fragend und zuhörend – herauszufinden, worum es dem Anderen konkret geht, was die Anliegen der Anderen sind. So versuchen wir mit Adressat_innen gemäß der „Hilfe

zur Selbsthilfe" gemeinsam Wege zum guten/gelingenden Leben zu finden, so weit es möglich ist. Durch Biografiearbeit und Gespräche mit den Angehörigen etc. können wir ferner versuchen, Anliegen der Anderen, so sie sich nicht mehr für uns verständlich artikulieren können, herauszufinden. Wir können zudem versuchen, uns vorzustellen, was der Andere wollen würde. Dabei sind der Dialog, das dialogische Denken und der Perspektivenwechsel zentral. Hier kann Hannah Arendt herangezogen werden. Denn mit ihrer Konzeption gewinnt der Perspektivenwechsel seine doppelte Bedeutung im Dialogischen: erstens im direkten Gespräch zwischen Menschen; zweitens bei „Abwesenheit" eines Menschen, der in der Situation nicht seine Bedürfnisse und sein Wollen äußern kann. Der Dialog als direktes Gespräch gilt in Abgrenzung zum Monolog nicht als Überzeugungsrede, sondern als anerkennendes „Erkennen" des Anderen, seiner Wünsche und Bedürfnisse, seines Wollens: durch Fragen, Zuhören und Sprechen. Im Sinne der Anerkennung wird auch im Dialog das eigene Subjekt nicht in egozentrischer Weise in den Mittelpunkt gestellt, gleichzeitig aber auch nicht gänzlich aufgegeben. Menschen werden mit dem anerkannt, wie sie selbst ihr Leben beschreiben. Um sie verstehen zu können, muss nach ihrem Wollen, ihren Wünschen und Bedürfnissen gefragt werden, aber auch danach, wie sie verstanden werden können. Die Instrumentarien, die zum Verstehen notwendig sind, können vielfältig sein. Doch liegt ihnen die Distanznahme zu den eigenen Vorstellungen und das Aufgeben als einzige/r Recht zu haben zugrunde. Moderner formuliert, bedeutet es das Aufgeben des Egozentrismus (oftmals in Gestalt des Eurozentrismus) als Haltung, mit der allgemeine Gültigkeiten und Wahrheiten verkündet werden und das Wissen davon beansprucht wird, was andere Menschen wollen, denken, begehren. Diese Haltung aufzugeben fällt im Berufsalltag nicht immer leicht. Doch scheint es der einzige Weg, sich dem Anderen im Dialog nicht zu verschließen, sondern ihn in seiner radikalen Andersheit (Buber, Lévinas, Arendt) anzuerkennen. Damit ist auch eine Trennung zwischen dem Subjekt als Subjekt und seinen Handlungen angesprochen: denn Anerkennen bedeutet nicht, alles gut zu heißen, was jemand sagt oder tut. In diesem Sinne ist mit der dialogischen Haltung eine Klientenzentrierung im eigentlichen Sinne begründet, d. h. das Eingehen darauf, was Klient_innen wollen, fühlen etc., das sich nicht mit dem decken muss, was wir als Professionelle für richtig halten.

Stellen Sie sich folgende Situation im Pflegebereich vor: Frau Y hatte einen Autounfall und wurde schwer verletzt. Jetzt ist sie im Wachkoma und wird auf der Pflegestation betreut. Sie muss ernährt werden, gewaschen, physiotherapeutisch behandelt werden. Die Pflegekraft erledigt ihre Arbeiten, hat wenig Zeit, mit Frau Y zu sprechen, weiß auch gar nicht, ob Frau Y sie hören kann.

Was wären mögliche Wünsche, Bedürfnisse von Frau Y, die wir uns aus ihrer Perspektive vorstellen könnten? Ihre Wünsche und Bedürfnisse müssen dabei nicht unseren entsprechen. Ihre Geschichte, ihre Erfahrungen sind nicht unsere. Über Biografiearbeit und Auseinandersetzung mit den Angehörigen von

Frau Y können wir uns ein Stück weit Frau Y nähern. Das garantiert nicht, wirklich zu wissen, was Frau Y wollen könnte. Möglich wäre es aber durch diesen Perspektivenwechsel aus der alltäglichen Routine herauszutreten. So könnte es z. B. sein, dass in der Pflegeeinrichtung regelmäßig Angebote eine_r Pfarrer_in (wie Gottesdienst etc.) gemacht werden. Durch die Biografiearbeit und Gespräche mit den Angehörigen könnten Aspekte dahingehend erhellt werden, dass die Patientin Atheistin, Jüdin, Muslimin oder Buddhistin etc. ist. Hier wäre es möglich, dass die Pflegekraft in einer Teamsitzung vorschlägt, dass die Institution sich mit dem humanistischen Verband, der jüdischen Gemeinde, der muslimischen Gemeinschaft etc. in Verbindung setzt, um ein entsprechendes Angebot für Frau Y zu entwickeln. Grundlage für ein solches Handeln wäre der Perspektivenwechsel, in dem die Pflegekraft nicht ihre eigenen Vorstellungen ins Zentrum setzt, was sie anstelle von Frau Y wollen könnte.

Die Theorie des Perspektivenwechsels im Dialogischen ist demgemäß ein philosophischer Vorschlag, wie Menschen miteinander umgehen können: und zwar im anerkennenden Sinne der jeweiligen Lebens- und Seinsweise, der jeweiligen Wünsche und des jeweiligen Wollens. Denn erst indem wir versuchen, verschiedene Sichtweisen einzunehmen, d. h. etwas nicht nur ausschließlich aus der eigenen Perspektive wahrzunehmen, kann eine Öffnung für den jeweils Anderen als Subjekt stattfinden, was die Anerkennung der Pluralität von Menschen einschließt. In sozialen Berufen bedeutet das, Urteile nicht ausschließlich als subjektive zu fällen. Die Arendtsche Theorie des Perspektivenwechsels begründet klient_innenzentrierte Arbeit, insofern es darum geht, das Wollen, die Bedürfnisse des Anderen als anzuerkennendes Subjekt in den Mittelpunkt zu stellen, auch, wenn sich der Andere nicht artikulieren kann: Biografiearbeit, Einbezug des Umfeldes, aber auch dialogisches Denken können dazu beitragen.

Das dialogische Prinzip als Prinzip des Denkens und Vorstellens, das dieser Haltung philosophisch zugrunde liegt, bedeutet, den Differenzen, dem Anderssein und der Gleichheit von Menschen affirmativ Rechnung zu tragen, den jeweils Anderen als diesen wahrzunehmen und anerkennend sein zu lassen. Es bedeutet ferner, offen zu sein für eigene Transformationen und führt schließlich zur Möglichkeit, neue Wege der Problemlösungen im Zeichen der Anerkennung der Anderen zu eröffnen.

Erst diese Bedeutungen zeigen moralische Handlungen als de facto intersubjektiv anerkennende, die sich auf die Anderen richten, die ich als Andere „erkennen" und anerkennen muss: Im Kontext sozialer Berufe sind die Anderen die zu Unterstützenden, die ein Recht auf Unterstützung, aber auch ein Recht auf Anerkennung haben. Die Frage nach einem anerkennenden Umgang stellt sich dabei immer im Kontext sozialer Beziehungen und im Verhältnis zwischen dem Selbst bzw. Subjekt und den Anderen, eingebunden in das jeweilige Gesellschaftliche, bezogen auf dessen Werte, Normen, Regeln ebenso wie auf Probleme, Missstände u.v.m.

4.3.2 Anerkennung in der beruflichen Rolle

Anerkennung in sozialen Berufen hat viele Dimensionen. Sie zeigt sich im unmittelbaren Umgang mit Adressat_innen ebenso wie auf struktureller Ebene. Die besprochenen Anerkennungstheorien – insbesondere die „moralisch-soziale Anerkennung", die „dialogische Anerkennung", aber auch die in Kapitel 4.2 beschriebene „partizipative Anerkennung" bieten ein breites Spektrum an Vertiefungs- und Auseinandersetzungsmöglichkeit mit der Frage nach Anerkennung. Sie können Reflexionsinstrumentarien sein, aber auch – wie etwa die „dialogische Anerkennung" – konkrete Vorgangsweisen ermöglichen. Im anerkennenden Umgang mit Menschen, der von Anerkennung vielfältiger Lebens- und Denkformen, von (politischer) Gleichheit, Differenzen und Anderssein, insgesamt also von der Anerkennung des Anderen als Subjekt getragen ist, steht eine affirmative Haltung im Zentrum, d.h. Menschen als Subjekte zu bejahen. Gleichzeitig sind wir aufgefordert, uns auf den Prozess der Transformation einzulassen, d.h. durch Vorstellungen, Wünsche, Perspektiven und Haltungen anderer Menschen können sich die je eigenen Vorstellungen, Wünsche, Perspektiven und Haltungen verändern (vgl. Perko 2004).[38]

Dieser Gedanke soll im Folgenden mit einem Fallbeispiel veranschaulicht werden.

> Stellen wir uns folgende Situation im Kontext Sozialer Arbeit vor, die Peter Pantucek als Beispiel herausgreift (vgl. Pantucek 2001):
>
> Frau Y, eine 13 jährige Roma, soll von ihrer Familie mit Herrn Z, einem 16 jährigen Roma, verheiratet werden. Die Familie wird sozialarbeiterisch betreut und hat mehrere Kinder, wobei einer der Jungen Schulschwierigkeiten hat. Die Sozialarbeiter_in möchte die Heirat verhindern, bemängelt die Schulschwierigkeiten und insgesamt die unordentliche Kleidung der Kinder.

Im Kontext der Sozialen Arbeit werden Sozialarbeitende von Roma als in vielen europäischen Ländern marginalisierte Gruppe oft als Agent_innen einer fremden Macht erlebt, die ihnen eine Lebensweise aufzwingen bzw. einreden, die nicht die ihre ist. Sie haben immer noch eine Geschichte des Leidens und der Nichtanerkennung, werden ausgewiesen und schlecht behandelt. „Zuerst kommen die Sozialarbeiterinnen, dann mischen sich Gerichte ein, dann die Polizei" (Pantucek 2001: 2). Wie könnte die Sozialarbeiter_in in der oben geschilderten Situation handeln? Auch hier verschränken sich die eingangs erwähnten Ebenen: individuell-professionelle, institutionell-strukturelle und die gesellschaftlich-kulturelle Ebene. Auch hier bedarf es eines anerkennenden Umgangs mit Menschen auf der individuell-professionellen Ebene und ethische Kompetenzen (vgl. 4.2)

---

[38]   Die Attribute „affirmativ und transformativ" werden Cavero 1997 entlehnt. Vgl. Perko 2004: hier wurde es als *affirmative und transformative Anerkennung* beschrieben, in der das Dialogische eine zentrale Rolle spielt.

Die Sozialarbeiter_in kann in Bezug darauf reflektieren, was ihre eigenen Vorstellungen sind, wie sich ihre kulturellen Werte in ihrem Bedürfnis die Ehe zu
verhindern finden, was ihre Genderbrille dabei ist. Sie kann eine andere Perspektive einnehmen, kann fragen, was der Sinn jener kulturellen Werte ist, die ihr
fremd sind, was die – wie Pantucek es ausdrückt – kulturelle Eigenlogik in der
frühen Verheiratung ist. „Gehen wir als Sozialarbeiterinnen und Sozialarbeiter nur
mit unseren Maßstäben – und das sind immer wieder die Maßstäbe der Mehrheit
oder gar die Maßstäbe einer gut gebildeten Mittelschicht – an die Lebensfragen
von Angehörigen von Subkulturen oder marginalisierten Gruppen heran, so erscheint uns wie in diesem Fall das Sorgen der Eltern für ihre Töchter als Men-
schenrechtsverletzung." (Pantucek 2001: 3) Hier zeigt sich nicht nur, dass es um
Repräsentanz spezifischer kultureller Werte geht, sondern explizit auch um ungleiche Machtverhältnisse. Die Sozialarbeiter_in könnte, obwohl sie sich an Gesetze etc. halten muss, aber auch anders handeln, indem sie die Lebensrealität der
Familie einbezieht und sich dialogisch dem ihr Fremden annähert. Das setzt das
Aufgeben voraus, „mein" Denken und Handeln wäre das einzig Richtige. Dabei
kann das Anders-Sein von Menschen affirmativ besetzt werden, das nur begrenzt
verstanden werden kann: „Diese Fremdheit ist unheilbar, und nur so lange sie
besteht, können wir von professioneller Sozialarbeit sprechen. Sie ermöglicht die
Form des Dialogs, die notwendige Asymmetrie der helfenden Beziehung." (Pantucek 2001: 5) Es ginge also nicht um Auflösung von Differenzen und nicht darum,
jemanden zu etwas zu überreden, sondern der Pluralität im Sinne der Anerkennung Rechnung zu tragen, und auch die Möglichkeit zuzulassen, eigene Vorstellungen, Ansichten etc. durch Andere zu verändern. Das könnte bedeuten, die
eigene Funktion und den eigenen Status im Kontext von Macht- und Herrschaftsverhältnissen (Repräsentationsfunktion der Sozialarbeiter_innen einer Institution,
einer Kultur) in seiner Wirkung auf die Roma Familie zu reflektieren, die Fähigkeit,
eigene Unsicherheit, Fremdheit, Nichtwissen und Mehrdeutigkeiten auszuhalten.
Hier zeigt sich die Verschränkung hin zur institutionell-strukturellen und gesellschaftlich-kulturellen Ebene, die aus der Perspektive der Sozialen Arbeit reflektiert
werden könnte. Denn auf diesen Ebenen wurden für Roma bis heute keine anerkennenden Strukturen und Lebensmöglichkeiten geschaffen. Im Gegenteil, sie
erfahren das, was mit Honneth und Taylor als Auswirkungen von Nichtanerkennung beschrieben wurde.

Die skizzierten möglichen Reflexions- und Handlungsweisen der Sozialarbei-
ter_in beschreiben einen anerkennenden Umgang mit Adressat_innen sozialer
Berufe. Dieser impliziert eine affirmative Haltung als Wahrnehmung von Adres-
sat_innen, ohne sie bloß nach eigenen Maßstäben zu beurteilen. Der Begriff
Anerkennung beschreibt hier dialogische Prozesse zwischen Menschen auf inter-
aktiver Ebene, einen Kanon von Einstellungen, Fähigkeiten und Handlungskompetenzen, mit denen Menschen sich begegnen (können), indem sie sich – über
die Ebene der bloßen Toleranz hinaus – als die je Anderen wahrnehmen und
„erkennen": nämlich jeweils als von mir getrennt Seiende und losgelöst von der

Auffassung, meine Erfahrungen, Perspektiven oder Bewertungen seien die einzig richtigen.

Affirmativ ist diese dialogische Anerkennung dabei, wenn:

- das Gegenüber in seinem Verschieden- und Anders-Sein wesentlich bejaht wird und Zustimmung findet. (vgl. Perko 2004)

Für Professionelle in sozialen Berufen bedeutet das, Adressat_innen als Subjekte anzuerkennen, nicht nur zu tolerieren, und zu differenzieren zwischen dem anzuerkennenden jeweiligen Subjekt und den Handlungen: denn affirmative Anerkennung bedeutet nicht, alle Handlungen oder Äußerungen gutzuheißen oder ihnen zuzustimmen.

Transformativ ist diese dialogische Anerkennung, wenn:

- die Möglichkeit der Veränderung durch Andere zugelassen wird, insofern die je eigene Sichtweise durch den Anderen verändert wird, und umgekehrt. Gegen die Vorstellung bzw. Illusion eines abgeschlossenen, authentischen Ich, eines statischen, identitären Subjekts, liegt die Möglichkeit der Transformation durch Andere – mit Grenzen – im Subjekt als Imaginierendes, als ein Sich-Entwerfendes, ein Projekt, das nicht zum Stillstand kommt (vgl. Castoriadis 1991). Im dialogischen Umgang mit anderen Menschen ist diese Form der Anerkennung Subjekt (mit)konstituierend. (vgl. Perko 2004)

Für Professionelle in sozialen Berufen bedeutet das, Abstand von der Vorstellung zu nehmen, ihre Sichtweisen, Normen, Werte seien immer die richtigen. Sie stehen in einem dialogischen Prozess, in dem sie versuchen, die Bedürfnisse und Anliegen von Adressat_innen ernst zu nehmen, das Gegenüber zu reflektieren, seine Aussagen und möglichen Vorstellungen einzubeziehen, abzuwägen. Anerkennung erfordert sowohl den direkten Dialog als auch den Perspektivenwechsel als dialogisches Prinzip, wenn eine Person ihr Wollen und ihre Bedürfnisse nicht äußern kann. Sie erfordert die Öffnung für den Anderen in seiner radikalen Andersheit. Das bedeutet mehr ein „Mitfühlen" denn ein „Einfühlen" (vgl. Maaser 2010: 103), insofern die Einfühlung immer begrenzt ist. Denn: „Deine Geschichte ist doch niemals meine Geschichte. Ganz gleich, wie sehr sich die großen Linien unserer Lebensgeschichten auch ähneln – ich erkenne mich doch nicht *in* dir und noch weniger im kollektiven *Wir*" (Cavero 1997: 92).

Anerkennung bezieht sich nicht auf ein starres ethisches Regelsystem. Sie bedarf immer des beschriebenen Dialogischen (Dialog als direktes Gespräch, dialogisches Prinzip), des Perspektivenwechsels, dem die Affirmation, Bejahung eines Menschen als Subjekt und die Transformation als Offenheit für eigene Veränderung durch andere Menschen inne liegen; sie spielt sich immer auf der kulturell-gesellschaftlichen, institutionell-strukturellen und individuellen Ebene im Umgang mit anderen Menschen ab. Und sie bedarf immer auch der argumentativ begründbaren (Selbst)Reflexion und Analyse, welche negativen Auswirkungen Nichtanerkennung auf diese Ebenen haben kann, sowie welche Machtposition wir als Professionelle einnehmen, wenn wir Menschen Anerkennung verweigern. Die Forderung nach Anerkennung, vor allem als „dialogische, moralisch-soziale und partizipative Anerkennung", steuert jenen negativen Auswirkungen entgegen. Ethische und politische Dimensionen der Anerkennung bedeuten, Anerkennung als kontextuell-konkret und zugleich universalistisch anzusehen: kontextuell-konkret, indem es um den je einzelnen Menschen geht; universalistisch, insofern diese ethische Haltung allen Menschen gegenüber gilt (oder gelten sollte): ungeachtet von Gender, sexueller Orientierung, Hautfarbe, sozialer Herkunft/Klasse, kultureller Herkunft etc. oder der ökonomischen „Nützlichkeit" von Menschen. Bei ihrer Verwirklichung geht es in der Praxis immer darum, sich für ein moralisches Handeln zugunsten von Adressat_innen sozialer Berufe, zugunsten ihres gelungenen Lebens zu entscheiden.

4.3.3 Rekapitulationsfragen

* Wozu brauchen Menschen nach Taylor und Honneth Anerkennung, was geschieht, wenn sie keine Anerkennung erhalten?
* In welchen Dimensionen wird im philosophischen Diskurs Anerkennung reflektiert, wo finden sich Unterschiede, wo Ähnlichkeiten?
* Was bedeuten Dialog, dialogisches Prinzip und Perspektivenwechsel nach Arendt im Kontext von Anerkennung?

4.4 Verantwortung

„Das fällt in Ihre Verantwortung", „bei dieser Aufgabe trägt man eine große Verantwortung", „dafür werde ich Sie verantwortlich machen!". Sätze wie diese kann man im beruflichen Alltag häufiger hören – wenn jemandem eine Aufgabe übertragen wird; wenn hervorgehoben werden soll, dass diese Aufgabe mehr Gewicht hat als andere, aber auch von *Klientel*seite, wenn jemand sich schlecht behandelt fühlt oder Schaden für sich befürchtet. Immer, wenn so gesprochen wird, erwartet man mehr als die sachkundige Anwendung von Regeln und immer ist das angesprochene Verhältnis der Personen zueinander ein *asymmetrisches*. Wer Verantwortung überträgt, ist weisungsbefugt. Wer die große Verantwortung seiner Aufgabe hervorhebt, lädt sich mehr auf an Um- bzw. Weitsicht als andere und verlangt, dass die vertretenen Positionen auch entsprechendes Gewicht haben. Wer androht, jemanden für etwas verantwortlich zu machen, fühlt sich im Recht und zugleich abhängig von denjenigen, die etwas verwehren oder unvollständig erledigen. In dieser Weise von Verantwortung zu sprechen, ist historisch gesehen eine relativ junge Erscheinung[39]. Noch zu Beginn des 20. Jahrhunderts geschah

---

[39] Einen Überblick über die Begriffsgeschichte von „Verantwortung" liefert Micha H. Werner 2002.

dies nur ausnahmsweise. Verbreitet hat sich das Übertragen bzw. Einfordern von Verantwortung mit der Zunahme von Berufen, die berechtigt sind, die persönlichen Angelegenheiten anderer zu verwalten bzw. in die persönlichen Beziehungen einzelner Bürger einzugreifen. Solche Eingriffe erfolgen im Auftrag des Gemeinwesens, heute beispielsweise wenn das Jugendamt aktiv wird oder ein Gerichtsbeschluss zum Aufenthalt in einer psychiatrischen Klinik zwingt. Ärzt_innen und Anwält_innen gehören zu den Berufsgruppen, die in dieser Weise Verantwortung für die Angelegenheiten Anderer übernehmen, aber auch Lehrer_innen, Psychotherapeut_innen oder Fachkräfte in der Sozialen Arbeit. Der Prozess, in dem einzelne Berufe in dieser Weise zu Professionen werden, beginnt in Europa im 19. Jahrhundert und dehnt sich mit dem Ausbau des Wohlfahrtsstaates im 20. Jahrhundert auf viele Lebensbereiche aus.

Vor dieser Zeit hat man von Verantwortung nahezu ausschließlich im Rahmen der Gerichtsbarkeit gesprochen und hier hieß es, jemand werde „zur Verantwortung gezogen" oder habe sich „vor dem Richter zu verantworten". Im Bereich des Rechts ist Verantwortung auch heute noch gleichbedeutend mit „Rechenschaft" im Sinne von „Rechenschaft ablegen" oder "zur Rechenschaft gezogen werden" und bezieht sich dann immer auf bereits erfolgte Handlungen bzw. Unterlassungen. Man hat sich zu rechtfertigen für etwas, das man getan oder unterlassen hat, und wenn die Rechtfertigung nicht gelingt, dann ist das „Zur-Verantwortung-gezogen-Werden" mit Strafe bzw. Sanktionen verbunden. Diese Aspekte von Verantwortung spielen auch außerhalb juristischer Auseinandersetzungen eine Rolle. Wenn heute in der Politik oder in Bezug auf die Amtsführung z. B. des Jugendamtes gefordert wird, jemand solle die Verantwortung übernehmen, dann schwingt meist auch hier ein Bedeutungsaspekt von „Schuld" mit und es werden Konsequenzen befürchtet bzw. angedroht. Trotz dieser historischen und normativen Nähe ist die berufliche Verantwortung der Professionellen in den sozialen Berufen nicht identisch mit Verantwortung im juristischen Sinne. Man könnte das Verhältnis der beiden Begriffe zueinander folgendermaßen beschreiben: Die auf gesellschaftliche Rollen oder berufliche Positionen bezogene Vorstellung von Verantwortung entsteht durch Übertragung des aus der Rechtsprechung stammenden Begriffs. Dabei haben Verschiebungen der Bedeutung stattgefunden – am augenfälligsten ist eine Erweiterung: berufliche Verantwortung kann man nicht nur auf Vergangenes (= retrospektiv) beziehen, sondern auch auf Zukünftiges (= prospektiv).

Solche Bedeutungsübertragungen – man nennt es einen metaphorischen Gebrauch – sind nichts Ungewöhnliches.[40] Bei der Übertragung auf einen anderen Lebensbereich verlieren die Begriffe meist etwas von ihrer Genauigkeit und ge-

---

[40]   Vermeidbar sind sie im Übrigen auch nicht. Letztendlich – darauf hat Kant in der Kritik der reinen Vernunft (1791) verwiesen – ist jedes Denken auf die Bildlichkeit der sinnlichen Anschauung genauso angewiesen wie auf die begrifflich-logische Strukturierung: „Gedanken ohne Inhalt sind leer, Anschauungen ohne Begriffe sind blind" (Kant 1968, Bd. III, 98).

winnen neue Bedeutungsaspekte hinzu. Es gibt wichtige Gemeinsamkeiten mit dem ursprünglichen Gebrauch (sonst würde man das metaphorische Sprechen nicht verstehen). Es kommen jedoch neue Akzente hinzu und manche Facetten der ursprünglichen Bedeutung gehen verloren. Das ist auch der Fall, wenn der Begriff „Verantwortung" in andere Bereiche als den der Rechtsprechung übergeht. Zwar wissen wir, wenn von Verantwortung die Rede ist, dass es um etwas Wichtiges geht, eine moralische Dimension mitschwingt und Kompetenz, Achtsamkeit und umsichtiges Handeln gefordert sind. In vielen Zusammenhängen ist auch klar, dass Fehlverhalten Folgen haben wird. Aber was jeweils inhaltlich angesprochen ist, wofür man verantwortlich sein soll und wie sich die Verantwortung in konkreten Handlungssituationen auswirkt – das alles bleibt häufig offen und gerade diese Unklarheit kann unter Druck setzen und moralisch überfordern. Am Beispiel einer Handlungssituation, wie sie in sozialen Berufsfeldern nicht selten vorkommt, lässt sich dies verdeutlichen.

> Stellen wir uns eine Szene aus der Familienhilfe vor: Frau M. hat zwei Kinder im schulpflichtigen Alter – eine Tochter, N., die in die siebte Klasse einer Hauptschule geht, und einen Sohn, R., der noch die Grundschule besucht. Der Vater der Kinder ist vor zwei Jahren nach einer massiven Beziehungskrise ausgezogen. Die Familie ist bereits mehrfach in die Aufmerksamkeit von Hilfeinstitutionen geraten: Zum ersten Mal war dies der Fall, als Herr und Frau M. während ihrer Krise eine Familienberatung aufsuchten. Nach der Trennung des Paares kam im Haushalt von Frau M. eine sozialpädagogische Familienhelferin (ein halbes Jahr lang) zum Einsatz. Als die Tochter in die sechste Klasse kam, hatte ihre Lehrerin angeregt, sie durch eine freiwillige Hausaufgaben-Hilfe im Nachbarschaftszentrum zu unterstützen. Diese Maßnahme hatte N. gut getan, nicht nur ihre schulischen Leistungen betreffend – die Regelmäßigkeit der Unterstützung und der Kontakt mit anderen Kindern hatten sie auch ausgeglichener gemacht. Nun ist die Lehrerin von R. aktiv geworden; sie hat Frau M. zu einem Elterngespräch gebeten. Im einladenden Telefongespräch hat sie erklärt, der Schüler sei unruhig, falle durch aggressive Impulse auf und komme den Leistungsanforderungen nicht mehr nach. Am Vortag habe R. sich mit einem Mitschüler geprügelt und mit einem Messer gedroht – es müsse etwas geschehen.

Obwohl die hier geschilderte Situation aus der beruflichen Routine heraus fast alltäglich erscheint, obwohl es offenkundig um Fragen von Verantwortlichkeit geht, ist nicht leicht herauszufinden, wer welche Verantwortung trägt und welche Verpflichtung daraus jeweils folgt. Gehört – so kann gefragt werden – Elternverantwortung zu dem Typ von Verantwortung, der Zukünftiges einschließt? An was kann man scheitern, wenn man in Erziehungssituationen Verantwortung übernimmt? Gibt es Sanktionen, wenn man daran scheitert? Kann man eine sozialpädagogische Familienhelferin für das zur Verantwortung bzw. Rechenschaft ziehen, was in der Familie geschieht, in der sie arbeitet bzw. gearbeitet hat? Haften Eltern für ihre Kinder? Und – wer trägt die Verantwortung für aggressives Schülerverhalten im Unterricht?

Erschwert wird die Beantwortung solcher Fragen zusätzlich dadurch, dass im öffentlichen und politischen Gebrauch der Begriff „Verantwortung" meist mit einem sehr weit reichenden moralischen Anspruch versehen ist. So steht beispielsweise der in der Öffentlichkeit häufig verwendete Begriff der „Generationenverantwortung" für die Verpflichtung der z. Z. politisch und wirtschaftlich aktiven Generation, die Lebensbedürfnisse der vorangegangenen und der zukünftigen Generation(en) mit zu sichern. Sowohl in der Familienpolitik und den Diskussionen um den „demografischen Wandel" treffen wir auf „Generationenverantwortung" als auch bei allen Debatten, in denen bezogen auf die zukünftige Generationen die Nachhaltigkeit von politischen Entscheidungen eingefordert wird – ob es um die Energiepolitik, den Klimawandel oder die Rentenversicherung geht. Die Bedeutung von „Verantwortung" hat sich dabei wiederum etwas verschoben: Noch weniger als bei der skizzierten beruflichen Handlungssituation ist hier klar, wer genau wofür verantwortlich ist und was der- oder diejenige tun muss, um dieser Verantwortung nachzukommen. Und zugleich ist der Aspekt möglicher Sanktionen für Nicht-Ausfüllung aus der Bedeutung verschwunden. Zum besseren Verständnis der Kategorie „Verantwortung" und um die aufgeworfenen Fragen beantworten zu können, wollen wir im Folgenden die philosophische Diskussion befragen. Im Anschluss werden wir dann die Aspekte der Kategorie Verantwortung herausstellen, die für das berufliche Handeln und seine Reflexion hilfreiche Instrumente liefern.

4.4.1 Verantwortung im philosophischen Diskurs

Nicht nur in der Alltagssprache, auch in der griechisch-okzidentalen Philosophie (mit ihrer hinsichtlich von grundlegenden Fragen des menschlichen Zusammenlebens sehr langen Denktradition) ist „Verantwortung"[41] erst spät ein explizit verwendeter Begriff. Zwar haben sich Philosophen seit der griechischen Antike mit einzelnen Fragen beschäftigt, die heute im Zusammenhang mit Verantwortung diskutiert werden. Interessanter Weise erfolgte dies allerdings unter einem anderen Begriff – dem der „Tatherrschaft" bzw. „Zurechnung", durch andere Aspekte ins Zentrum gestellt werden, als wenn von Verantwortung gesprochen wird. Stärker noch als andere Begriffe scheint das, was wir heute mit „Verantwortung" bezeichnen, von kulturellen Bedingungen beeinflusst. Stellt man sich die antike Götterwelt vor, mit ihrer hohen Bereitschaft sich aktiv in die Angelegenheiten der Menschen einzumischen, dann ist nachvollziehbar, dass in dieser kulturellen Um-

---

[41]   Die hier skizzierte Begriffsgeschichte folgt der Beschreibung des „Historischen Wörterbuchs der Philosophie"; (Ritter u. a. 1971-2004) Bd. 11, 566-575

gebung vor allem darüber nachgedacht wird, welche Handlungen den Bürgern[42] *zuzurechnen* sind und was im Gegensatz dazu auf das Konto der Götter oder des Schicksals geht. Dabei ist diese Zurechnung zunächst noch ganz ohne moralische Bewertung gedacht, nicht „Wer ist schuld?" wird gefragt, sondern „Wer ist Urheber der Handlung?" Erst im zweiten Schritt folgen moralisch und rechtlich relevante Formen der Zurechnung. Die Einführung von moralischer „Schuld" in die Imputationslehre (von lat. „imputatio" = Zurechnung) ist christlichen Ursprungs. Die Schuldfrage gerät in diesem kulturellen Kontext – anders als in juristischen Entscheidungen – in eine Nähe zu „Sünde", was noch heute mitschwingt, wenn wir von „Schuldgefühlen" sprechen. Die Naturphilosophie und die Aufklärung des 18. Jahrhunderts lösen die Diskussion dann wieder von den religiösen Inhalten und nehmen die Frage der Zurechenbarkeit von Handlungen neu auf. Das kulturelle Szenarium und – damit verbunden – die Bedeutung des Begriffs sind allerdings sehr verschieden. Nun werden die Fragen nicht mehr durch die Abhängigkeit der Menschen von göttlichen Einflüssen aufgeworfen, sondern durch Vorstellungen von Kausalität, die von der erfolgreich sich entwickelnden Naturwissenschaft geprägt sind: Ist das, was geschieht oder geschehen ist, durch das Handeln einer Person *verursacht* und dieser deshalb zuzurechnen?

Interessant für unsere heutige Sicht ist, dass in dieser ganzen Tradition Verantwortung als etwas, das man auf Zukunft hin übernimmt, nicht vorkommt, auf zukünftiges Handeln bezogene ethische Fragen, wurden getrennt davon als „Tugend" bzw. seit der Philosophie Kants[43] als „Pflicht" thematisiert. Verantwortung in der doppelten Ausrichtung (auf Vergangenes wie Zukünftiges) scheint ein Phänomen der Moderne zu sein. In der vormodernen Tradition wird im Zusammenhang mit Verantwortung vor allem die Frage der Zurechenbarkeit von Handlungen geklärt.

> Diese Frage – Ist das, was geschehen ist, wirklich dieser Akteur_in zuzurechnen? – spielt in heutigen Diskussionen (als wichtige Voraussetzung retrospektiver Verantwortung) weiterhin eine Rolle. Sie lässt sich auch bezogen auf die obige Fallskizze stellen: Wie kam es zu der von der Lehrerin beschriebenen Prügelei? Hat R. sie ausgelöst? Ist sie ihm vollständig zuzurechnen? Oder haben die beiden Raufbolde Gruppenprobleme der Schulklasse im sozialpsychologischen Sinne „agiert"? Wurde R. provoziert? Erst wenn klar ist, dass die Aggressionen wirklich von R. ausgehen (verursacht sind), ist der Zusammenhang, den die Lehrerin faktisch herstellt (= R. hat Probleme und die Mutter muss sich damit auseinandersetzen), legitim.

---

[42] Die männliche Sprachform wird hier nicht zufällig verwendet – in der Antike waren nur freie Männer Bürger und obwohl es bereits in der Antike Philosophinnen gab, wurden Frauen in der Mainstream-Philosophie nicht als Subjekte bedacht, denen Handlungen zugerechnet werden könnten.

[43] Eine der grundlegenden Schriften ist die 1797 erschienenen „Metaphysik der Sitten. Die Metaphysischen Anfangsgründe der Rechtslehre", (Kant Werke 1968 Bd VIII).

Der *Begriff* „Verantwortung" wird erst später zu einer bedeutungsvollen philosophischen Kategorie, zu einer Zeit als die sich zunehmend etablierende bürgerliche Gesellschaft auf einer ganz pragmatischen Ebene Fragen danach aufwirft, wie der einzelne Bürger als vernünftiges und moralisches Subjekt konstituiert und begründet werden kann.[44]

Im 19. Jahrhundert verwenden Kierkegaard (1813-1855) und Nietzsche (1844-1900) den Begriff „Verantwortung", aber erst im 20. Jahrhundert bekommt er bei einigen Theoretikern zentrale Bedeutung. Bei Husserl (1859-1938), Heidegger (1889-1976), Löwith (1897-1973), Sartre (1905-1980), Lévinas (1905-1995), Ricœur (1913-2005), Derrida (1930-2004) und Jonas (1903-1993) wird „Verantwortung" zu einer wichtigen philosophischen Kategorie. Auch wenn wir die Theorien dieser Autoren hier nicht im Einzelnen beschreiben können,[45] so ist doch interessant zu beobachten, wie sich die Thematisierung theoriegeschichtlich verändert. Verantwortung wird zunächst (bei Kierkegaard, Nietzsche, Heidegger und dann auch bei Sartre) als etwas zum Thema gemacht, das das einzelne Denken und den individuellen Lebensentwurf etwas angeht. Sich selbst nicht als gegeben hinzunehmen, sondern bewusst zu wählen, gilt als Übernahme von Verantwortung; Freiheit konstituiert sich als Verantwortlichkeit sich selbst gegenüber; in dieser Form wird Verantwortung zur Basis der Existenz.[46]

Auch dieser Theoriestrang wirkt in heutige Diskussionen. Zum einen greift man auf die sehr voraussetzungsreichen existenzphilosophischen Vorstellungen zurück, wenn in manchen Sozialtheorien von „Eigenverantwortung" im Sinne einer Pflicht zum Entwurf eines eigenständigen Lebens gesprochen wird. Zum anderen unterstellen wir, wenn wir jemandem Verantwortung zuschreiben, dass diese Person Vorstellungen darüber hat, was sie erreichen will und wie sie sich selbst sehen will. Wir unterstellen auch, dass sie handlungsfähig ist und die Folgen ihres Tuns abschätzen kann. Bzw. umgekehrt mit Bezug auf unsere Fallskizze: Wenn wir – wie das viele Fachkräfte in einer solchen Situation tun würden – den Jungen (R.) gänzlich aus der Verantwortung nehmen, unterstellen wir, dass er nicht (wirklich) selbstbestimmt über sein Handeln entscheidet bzw. dass ihm die nötige Weitsicht (noch) fehlt um ab-

---

44 Dass in dieser Formulierung ausschließlich die männliche Genus-Form vorkommt, ist weder Zufall noch Versehen, sondern spiegelt den geistesgeschichtlichen Prozess: das vernünftige, moralische Subjekt des philosophischen Diskurses war als männliches entworfen – worin sich der auch im 18. und 19. Jh. als selbstverständlich hingenommene, weitgehende Ausschluss weiblicher Subjekte aus Öffentlichkeit und Politik spiegelt.

45 Bei einer genaueren Darstellung der einzelnen Theorien, wäre bei einigen Autoren auch kritisch auf darin enthaltene oder durch sie ermöglichte politische Positionen einzugehen. So ist Heidegger ein Bündnis mit dem Nationalsozialismus eingegangen.

46 Theorien, die wie bei Kierkegaard, Nietzsche, Heidegger und Sartre die (die subjektive) Existenz des Menschen zum Ausgangspunkt ihres Philosophierens nehmen, werden als Existenzphilosophie bezeichnet.

> zuschätzen, was sein Handeln anrichtet, und dies dann auch (vor sich selbst und anderen) zu verantworten.

Erst in einem zweiten, sich z. T. explizit von der den Selbstbezug des Subjekts fokussierenden Sicht abgrenzenden Schritt kommt „der Andere", die *dialogische* und *soziale Dimension* von Verantwortung ins Zentrum der Überlegung. Löwith hebt hervor, dass im miteinander Sprechen die eigene Rede zu verantworten sei (vgl. Löwith 1928). Lévinas versteht Verantwortung als eine zentrale Dimension von Ethik, die darin zum Ausdruck kommt, dass der Mensch sich dem Antlitz „des Anderen" aussetzt (vgl. Lévinas 1999). Diese Hinwendung zum Anderen erfolgt auf dem Hintergrund der Genozide des 20. Jahrhunderts – an Armeniern, Juden und Jüdinnen, Sinti und Roma. Hannah Arendt hat darauf hingewiesen, dass es nach dem Zweiten Weltkrieg der Kriegsverbrecher-Prozesse bedurfte, um die persönliche Verantwortung einzelner Menschen für das, was mit anderen Menschen geschieht, wieder ins Blickfeld zu rücken (Arendt 2006: 20-21).

Bei einigen Autor_innen wird Verantwortung als etwas, das sowohl die Zurechenbarkeit einzelner Handlungen als auch den Existenzentwurf der Individuen überschreitet, zur Grundlage des eigenen Philosophierens. Derrida spricht von Verantwortung gegenüber dem Gedächtnis als zentrale Voraussetzung für das Verfahren der Dekonstruktion (vgl. Derrida/Habermas 2004). Jonas schließlich versteht Verantwortung, die als Basis seiner Ethik gilt, als Sorge um ein anderes Sein, die als Pflicht anerkannt worden ist, wobei „Sein" den objektiv gegebenen Gesamtzusammenhang von Natur und Welt einschließt (vgl. Jonas 1979).

Folgt man dieser denkgeschichtlichen Skizze, dann lässt sich bezogen auf philosophische Konzepte, die dem Verantwortungsbegriff einen zentralen Platz einräumen, eine interessante Bewegung beobachten.

> Verantwortung spiegelt den Prozess der Konstituierung des Einzelnen als handelndes Subjekt, zunächst spielt sie eine Rolle bei der Selbstvergewisserung des Selbst als Subjekt. Erst im zweiten Schritt wird die soziale Dimension einbezogen – verstärkt durch die als Zivilisationsbruch erfahrenen Gewaltexzesse der Weltkriege und der Vernichtungszüge gegen die als „Andere" Ausgegrenzten. Verantwortung wird zentral für den Bezug auf den anderen Menschen als Gegenüber und als notwendiger Spiegel für das Wahrnehmen des eigenen Selbst. In der zweiten Hälfte des 20. Jahrhunderts lässt sich zudem so etwas wie eine „Verantwortungskrise" (Fischer 2006: 112) konstatieren, die damit zusammenhängt, dass die moderne Technologie Auswirkungen und Folgen produziert, die den Rahmen des Handelns einzelner Subjekte übersteigen, dennoch aber durch das Tun der Individuen in ihrer Gesamtheit zustande kommen.

Auch diese theoretische Bewegung ist für die heutige Diskussion bedeutend: Verantwortung (als über die Frage der Zurechenbarkeit einzelner Handlungen hinausgehende) kommt dann ins Spiel, wenn Handlungen mit dem eigenen Selbstentwurf stimmig sein sollen, wenn wir nicht (nur) Akteure und ihr Verhalten betrachten, sondern Subjekte und ihre Handlungen. Dieser Subjektbegriff ist heute weder an die (Unfreie und Frauen ausschließenden) Bedingungen der antiken Polis gebunden noch an die geschlechterhierarchisierenden Vorstellungen des bürgerlichen Subjekts. Er basiert vielmehr auf den politischen Bedingungen und Herausforderungen der „res publica" (das Gemeinwesen als Republik im Sinne der politischen Theorie Hannah Arendts; vgl. 4.3).

Warum die Kategorie der Verantwortung mit den gesellschaftlichen Bewegungen der Moderne zunehmend an Bedeutung gewinnt, ist aus der historischen Perspektive durchaus nachvollziehbar und plausibel: Der Status der Bürger_innen innerhalb einer sich ausdifferenzierenden Gesellschaft verlangt zunehmend *Verantwortung* für persönliche Lebensentscheidungen. Und die berufliche Wahrnehmung eines ganzen Spektrums von Gemeinwesenaufgaben produziert einen spezifischen Typ von *(Berufs-)Rollenverantwortung*. Auch die Moralphilosophie reflektiert diesen Differenzierungsprozess, indem an die Stelle eines relativ rigiden (von Kant geprägten) Konzeptes der moralischen Pflicht das Konzept der Verantwortungsübernahme tritt (vgl. Röttgers 2007: 21).[47]

4.4.2 Verantwortung als Baustein moraltheoretischer Theorien

Einige der im vorangegangenen Abschnitt genannten Autoren vertreten ein Konzept von Ethik, im dem ein sehr anspruchsvolles Verständnis von „Verantwortung" grundlegend ist – Verantwortung wird zu einer bzw. der Basis der Moraltheorie. Zwei dieser Theorien, die Positionen von Emmanuel Lévinas[48] und Hans Jonas[49], wollen wir etwas genauer in den Blick nehmen. Denn an ihren Theorien lassen sich sowohl die Ansatzpunkte aufzeigen, die eine sehr weit gefasste Verantwortlichkeit begründen, als auch die Grenzlinien diskutieren, an denen individuelle Verantwortung sich nur in kollektivem Handeln ausfüllen lässt – Ethik in Politik übergeht.

---

[47]   Die von Max Weber in seinem 1919 gehaltenen Vortrag „Politik als Beruf" (vgl. Weber 1992) vorgenommene Unterscheidung zwischen Verantwortungsethik und Gesinnungsethik reflektiert unter anderen Gesichtspunkten dieselbe Differenz.

[48]   Die Arbeit, in der diese Position am deutlichsten argumentativ entwickelt wird, ist „Die Spur des Anderen. Untersuchungen zur Phänomenologie und Sozialphilosophie" (Lévinas 1999).

[49]   Die Arbeit, auf die es sich hier zu beziehen gilt, trägt das Programm bereits im Titel: Das Prinzip Verantwortung. Versuch einer Ethik für die technologische Zivilisation (Jonas 1979).

Für *Lévinas* ist – auf dem Hintergrund von Holocaust und Vernichtungskrieg – ein grundlegendes In-Verantwortung-Nehmen der Ausgangpunkt von Philosophie. Was in der philosophischen Tradition nur selten thematisiert worden ist, aber allen ethischen Regeln und konkreten moralischen Vorstellungen vorhergeht, ist die Bereitschaft sich von anderen Menschen in ihrer individuellen Besonderheit wie in ihrer Bedürftigkeit berühren zu lassen. Die Begegnung mit dem Anderen (Menschen), das Sich-Einlassen auf diese Begegnung, die Verantwortung, die vom Antlitz des Anderen ausgeht und die man übernimmt, ohne ihr genügen zu können (weil der/die Andere in seinem Anderssein eine Eigenständigkeit behält, die nicht einzuholen ist) – darin liegt für Lévinas die elementare Grundlage moralischen Verhaltens und menschenwürdigen Zusammenlebens.

Besonders unter den folgenden Aspekten ist diese Position für die Reflexion der beruflichen Praxis von Bedeutung:
- Lévinas stellt Gedanken und Überlegungen zur Verfügung, mit deren Hilfe sich grundlegende Erfahrungen der helfenden Berufe reflektieren und verarbeiten lassen. Gerade wenn man sich in der Arbeit mit einzelnen Klient_innen in sehr elementarer Weise berühren lässt – von der Hilflosigkeit und der Bedürftigkeit menschlichen Lebens – ist das „Nicht-Genügen" der Hilfeleistung oft schwer auszuhalten. Die nicht einholbare Eigenständigkeit des bzw. der Anderen zu akzeptieren, statt Resistenz und Scheitern zu diagnostizieren – dazu bietet die Philosophie von Lévinas Anstöße.
- Bezogen auf die geteilte Verantwortung in einem Gemeinwesen lässt sich die Bedeutung der von Lévinas geforderten Haltung nachvollziehen, wenn man sich ihr Fehlen vorstellt: Wer eine andere Person nicht wahrnimmt, sie übersieht, nicht der (ungefragten) Antwort für wert hält, setzt damit alle Regeln des Miteinander-Umgehens, mögliche Forderungen, Verhandlungen oder Zurückweisungen außer Kraft und leugnet die gemeinsame Welt. Die Verantwortung der Wahrnehmung und Achtung des/der Anderen ist in diesem Sinne Grundlage von Sozialität, das, was Axel Honneth (1990) die moralische Grundlage der Anerkennung nennt und was Hannah Arendt (1949) zum grundlegenden Menschenrecht erklärt hat – das Recht, Rechte zu haben. So verstanden können die Überlegungen von Lévinas eine Basis für verantwortliches Handeln in sozialen Situationen liefern. Sie begründen eine generelle Verantwortung auch jeder und jedes Einzelnen für das Aufrechterhalten einer Sozialität, die niemandes Ausschluss verträgt.[50]

Gerade an den Punkten, in denen Lévinas für das berufliche Handeln wichtige Reflexionspunkte liefert, lässt sich auch deutlich machen, worin sich dieses Konzept von den Aspekten unterscheidet, die im Nachdenken über Verantwortung ansonsten im Vordergrund stehen: Lévinas überschreitet in seiner Philoso-

[50] Hier lassen sich Überlegungen zur Kategorie Anerkennung unmittelbar anschließen (vgl. 4.3).

phie den Handlungsrahmen, den einzelne Subjekte ausfüllen und (deshalb auch) verantworten können – womit bezogen auf die Professionellen der sozialen Berufe der Übergang von der individuellen Tätigkeit zum Team, zum Gemeinwesen und zum politischen Handeln angesprochen ist.

In ähnlicher Weise überschreitet auch die Ethik von *Hans Jonas* die Verantwortungsmöglichkeiten der Individuen. Sein Buch „Das Prinzip Verantwortung" (1979) hat in den 1980er Jahren des letzten Jahrhunderts weniger in der innerphilosophischen Diskussion als in den politischen und kulturellen Debatten der Zeit einen großen Einfluss gehabt. Jonas greift technikkritische Überlegungen auf, die seit den 1960er Jahren formuliert worden sind, und sieht in den technologischen Möglichkeiten der Zeit eine Bedrohung, die weiter reicht als die bis dahin bekannten Technologiefolgen: die Grundlagen menschlicher Existenz stehen aus seiner Sicht in Frage. In der alltäglichen Nutzung von Arbeitsteilung und Wohlstandstechnologien trägt jede_r Einzelne zu dieser Bedrohung bei, ohne dass diese einzelnen Handlungen verursachend zugerechnet werden kann.

Jonas verbindet mit dieser Diagnose die moralische Forderung, (sich an den existenziellen Bedingungen menschlicher Existenz orientierend) für das Menschsein und für zukünftige Generationen Verantwortung zu übernehmen. Modell für dieses sehr umfassende Verständnis von Verantwortung ist die *elterliche Verantwortung* (Jonas 1979: 189), die Sorge und Fürsorge einschließt: „Verantwortung ist die als Pflicht anerkannte *Sorge* um ein anderes Sein, die bei Bedrohung seiner Verletzlichkeit zur ‚Besorgnis‘ wird … , was wird *ihm* zustoßen, wenn *ich* mich seiner *nicht* annehme.'" (Jonas 1979: 391).[51]

Damit greift Jonas ein in der Diskussion um Verantwortung wichtiges Prinzip auf und führt es zugleich in eine Paradoxie: Das Maß der jeweils zu übernehmenden Verantwortung ist sinnvoller Weise an die Handlungsmächtigkeit der Akteure gebunden. Wer viel bewerkstelligen kann, trägt eine große Verantwortung. Insofern lässt sich aus der machtvollen Technologie moderner Gesellschaften mit ihren weit reichenden Folgen für die Zukunft des Planeten eine entsprechend große Verantwortung ableiten. Diese Handlungsmächtigkeit entsteht durch das Interagieren aller in einer technisierten Welt. Die Verantwortung für die zukünftigen Lebensbedingungen der Menschen hängt an allen und kann dennoch vom Handeln benennbarer Einzelakteure abgelöst werden. Es stellt sich daher die Frage nach dem Subjekt, das die erforderlichen Maßnahmen ergreifen soll. Die Menschheit als ganze wie die moderne westliche Gesellschaft stellen jeweils Pluralitäten (von Akteuren, Interessen, Handlungsmöglichkeit) dar, eine Willensbildung ist daher nur in komplizierten politischen Prozessen möglich. Auf die Frage, wie mit einer Verantwortung umgegangen werden kann, die um-

---

[51]   Hier wird deutlich, wie „Verantwortung" und „Care" als Reflexionskategorien an einander anschließen (vgl. 4.5).

fassender ist, als die jeweiligen Handlungsmöglichkeiten, gibt Jonas keine klare Antwort.

Für die sozialen Berufe lässt sich eine so weit reichende Konsequenz vermutlich nicht ziehen, denn die sorgende und zur Besorgnis werdende Verantwortung für künftige Generationen lässt sich nicht Berufen übertragen. Andererseits kann es für die Reflexion des beruflichen Handelns hilfreich sein, die skizzierte Paradoxie im Blick zu haben: Moderne Gesellschaften produzieren unter Beteiligung Aller soziale Probleme und Herausforderungen, Armut und Ausschlüsse, die von den sozialen Berufsgruppen (mehr als von anderen) wahrgenommen und erfahren werden können, ohne dass man sie im beruflichen Handeln wirklich (auf-)lösen könnte. Die bewusste Übernahme der (begrenzten) Verantwortung in der beruflichen Rolle erfordert häufig auch eine persönliche Auseinandersetzung mit der in beruflichen Handlungssituationen gespürten, diese aber überschreitenden Verantwortlichkeit.

4.4.3 Verantwortung in der Ethik und im juridischen Diskurs

Folgt man unserer Beschreibung der Thematisierung von Verantwortung in der Philosophie, dann fällt auf, dass die Bedeutung von Verantwortung für die Ethik seit dem 19. Jahrhundert zunimmt[52] und sich die Diskussion dabei weitgehend von der rechtlichen Auffassung emanzipiert. Wir haben an mehreren Stellen darauf hingewiesen, dass es sich bei dieser Entwicklung nicht um einen autonomen Prozess im Reich der Ideen handelt, sie vielmehr Teil breiterer sozial- und kulturhistorischer Prozesse ist. Insofern wäre es erstaunlich, wenn auf Seiten des Rechts keine Veränderungen zu konstatieren wären.

Paul Ricœur hat darauf aufmerksam gemacht, dass es auch im Bereich des rechtlichen Denkens Entwicklungen gibt, die mit denen in der Ethik korrespondieren. Sein Konzept, das einer historischen Hermeneutik[53] verpflichtet ist, (vgl. Ricœur 1995) stellt Überlegungen an zum *Unterschied und zum Zusammenhang der Bedeutung von Verantwortung* in der *Ethik* und im *juridischen Denken*. Auch im Bereich des Rechts konstatiert er in der zweiten Hälfte des 20. Jahrhundert eine Verschiebung der Aufmerksamkeit: Nicht mehr der Schaden verursachende Handelnde steht im Zentrum des *Zivilrechts*, sondern das Schaden erleidende Opfer.

---

[52]   Dies hat zum einen mit den skizzierten Modernisierungseffekten zu tun, die zur Ausdifferenzierung von Professionen führen. Bedeutender jedoch ist die historische Erfahrung von Amoralität und Menschenverachtung in den Weltkriegen und Genoziden des 20. Jahrhunderts, insbesondere im deutschen Nationalsozialismus.

[53]   Mit „historischer Hermeneutik" ist Ricœurs theoretischer Ansatz gemeint, der gesellschaftliche Prozesse und Entwicklungen über sprachliche und symbolische Ausdrucksformen zu *verstehen* versucht (vgl. Albert 1995: 739 f.).

Verantwortung wird zunehmend als eine Pflicht zu Entschädigung bzw. Wiedergutmachung verstanden. Es geht weniger darum, Verursacher_innen eines Schadens zu bestrafen, als vielmehr darum, sie *für einen Schadensausgleich zur Verantwortung zu ziehen*. Damit tritt in vielen Lebensbereichen das Risiko (von Schadensverursachung oder -erleidung) an die Stelle von Vergehen und Fehlverhalten. Zwei Folgen lassen sich feststellen: Mögliche Schadensfälle werden Gegenstand von Wahrscheinlichkeitskalkülen und Vertragsobjekt von Versicherungen; gleichzeitig entsteht ein hohes Bedürfnis, für Schadensfälle (welcher Art auch immer) Verantwortliche ausfindig zu machen sowie der Wunsch Verantwortlichkeiten *präventiv* zu gestalten.

Auf dem *Gebiet der Moral* ist parallel zu solchen Veränderungen im rechtlichen Bereich die beschriebene Zunahme und Ausbreitung des Begriffs „Verantwortung" festzustellen, wobei das gesellschaftlich erzeugte Bedürfnis nach *präventiver Verantwortung* im Mittelpunkt steht. Es geht, wenn in dieser Weise über die Zukunft nachgedacht wird, nicht um die Übertragung einer immer nur begrenzt denkbaren prospektiven Verantwortung auf konkret benennbare Akteure, sondern in einem sehr grundsätzlichen Sinne um die Möglichkeit zukünftigen Schadens. Da dabei häufig auf anthropologische Begründungen zurückgegriffen und auf die Grundbedingung menschlicher Existenz abgehoben wird, wird Verantwortung in vielen Konzepten auch auf einen anderen Gegenstand bezogen gedacht: Verantwortlichkeiten entstehen nicht nur hinsichtlich der unmittelbaren Handlungsfolgen von einzelnen Akteuren, sondern bezogen auf andere Personen, es ist nun auch *der andere Mensch, der Andere*, für den man verantwortlich gehalten wird. Auch hier also wird die Seite des Opfers fokussiert, weniger allerdings unter dem Gesichtspunkt von Ausgleich für mögliche Schäden, sondern vielmehr unter dem Aspekt möglicher Beschädigung, für die es keine Wiedergutmachung geben kann. Ricœur fragt: Wofür kann man verantwortlich sein/verantwortlich gemacht werden in Bezug auf den Anderen? Verantwortlich sein kann man für das Empfindliche und Verletzliche der Gegenstände, die einem von ihm anvertraut worden sind; im Weiteren dann auch für das *Empfindliche und Verletzliche* am Anderen selbst.[54]

Als ein sehr klares Beispiel für das von Ricœur zum Thema gemachte Korrespondieren von Recht und Moral lässt sich die Diskussion anführen, die über den Kinderschutz in Deutschland geführt worden ist. Aufgabe der Jugendämter war und ist u.a. der Schutz von Kindern vor Verwahrlosung. Bis in die 1960er Jahre hinein stand das „verwahrloste Kind" im Zentrum der Aufmerksamkeit, wobei dysfunktionale Familienstrukturen, auffälliges Verhalten des Kindes und erzie-

---

[54]   Ricœur beschreibt und erklärt diesen Prozess, vertritt aber selbst keine moralische Theorie, die auf ein so anspruchsvolles Konzept von Verantwortung zurückgreift, er wendet sich vielmehr, die Dimension der Verletzlichkeit berücksichtigend, den moralischen Möglichkeiten des/der Einzelnen zu, die auf den Fähigkeiten des Selbst basieren und – durch die Notwendigkeit von narrativer Identität immer auch *sozial* verankert sind (vgl. Ricœur 1996).

herische Hilflosigkeit der Eltern wichtige Kriterien waren, die Eingriffe des Amtes legitimierten. Die Liberalisierung des Erziehungsdiskurses seit den 1960er Jahren hat die Aufmerksamkeit verschoben und die Entwicklungschancen der Kinder in den Mittelpunkt gestellt – eine Umstellung von gesetzlich abgesicherter Kontrolle auf Hilfe und Unterstützung. Entsprechend wurde die Aufgabe der Jugendämter bis in die 1990er Jahre hinein im Wesentlichen als Unterstützung der Eltern in der Wahrnehmung ihrer Erziehungsaufgabe verstanden – auch dann wenn Kinder außerhalb der Familie untergebracht werden mussten. Die Skandalisierung körperlicher Gewalt und sexuellen Missbrauchs in der Familie (durch sozialpolitisch aktive Vertreter_innen der sozialen Berufe und der Frauenbewegung) hat die Opferseite auch in das Zentrum der Rechtsprechung gerückt. Und mit den 2006/2007 öffentlich breit diskutierten Todesfällen misshandelter und vernachlässigter Kinder tritt das gesellschaftliche Interesse nach Prävention in den Vordergrund: Kinderschutz wird nun auch politisch als präventive Aufgabe definiert, in die neben Jugendämtern auch Kinderärzt_innen, Erzieher_innen und Lehrer_innen einbezogen sind. Präventive Maßnahmen wie die Inobhutnahme sind im Zweifelsfall auch gegen die Eltern durchzusetzen und bei deren Nicht-Gelingen können auch die Professionellen aus dem Umfeld der Familie zur Verantwortung gezogen werden. So nachvollziehbar die Motive für diese sozialpolitischen Lösungen sind, unter dem Gesichtspunkt der Verantwortungsverteilung zeigen sich auch die damit verbundenen Schwierigkeiten: Präventiv verstandene Verantwortlichkeit lässt die Zurechenbarkeit des (zu verhindernden) Schadens rechtlich in einem Bereich der Unschärfe und für die präventiv zum Handeln Verpflichteten besteht immer das Risiko des Zu-wenig (wenn ein nicht wieder gut zu machender Schaden entstanden ist) und des Zu-viel (wenn Elternrechte unangemessen verletzt werden).[55]

Moral und Rechtsprechung korrespondieren also insofern, als eine Unschärfe im Bereich des Rechtes hinsichtlich von Zurechenbarkeit und Bestrafung (verbunden mit der Verschiebung des Interesses in Richtung Prävention) im Bereich der Moral eine Ausdehnung von Verantwortung ermöglicht bzw. produziert, sowohl hinsichtlich des Gegenstandes als auch bezogen auf Zeit und Raum. Die mit diesen Prozessen verbundenen kulturell-atmosphärischen Veränderungen machen dann auch Moral*theorien* politisch anschlussfähig, die auf sehr gehaltvollen Begriffen von Verantwortung basieren. So wurde die Theorie von Hans Jonas zu einem wichtigen Bezugspunkt für die politische Kritik an der Atom-Technologie und so hat der Bezug auf Lévinas Judith Butler (nach dem Terrorangriff auf die Twintowers in New York im September 2001) geholfen, grundlegende Fragen der Achtung des (verletzlichen) Anderen hinsichtlich des Krieges im Irak zu formulieren (vgl. Butler 2005). Wird im politischen Diskurs (die eigene Position bekräf-

---

[55] Das etablierte Konzept des Kindesschutzes versucht dieses Problem durch Einbeziehung der Familiengerichte und diskursive Verfahren kollegialer Beratung sowie der Hilfekonferenzen zu lösen.

tigend oder das Gegenüber appellativ in Anspruch nehmend) auf ethische Theorien zurückgegriffen, dann sind meist nicht die Theorien selbst präsent, vielmehr werden die Moraltheoretiker_innen als Autoritäten in Anspruch genommen – ein nicht ganz unproblematischer Vorgang.

4.4.4 Zur logischen Struktur von Verantwortung

Der Blick in die philosophische Diskussion über Verantwortung hat sowohl den kultur- und sozialgeschichtlichen Hintergrund verdeutlicht als auch Überlegungen und Argumente bereitgestellt, die für die ethische Reflexion des beruflichen Handelns genutzt werden können. So nehmen alle skizzierten Positionen an, dass Verantwortung etwas ist, das *handelnden Subjekten* zugesprochen werden kann. Wer verantwortlich handeln soll bzw. zur Verantwortung gezogen werden kann, muss über ein *ausreichendes Maß an Handlungsfreiheit* verfügen und die Ergebnisse bzw. Folgen der Handlung müssen ihm auch *zugerechnet werden* können. Außerdem scheint es sinnvoll zu sein zu differenzieren – zwischen der Verantwortung, die man als Person oder Bürger_in hat bzw. zugeschrieben bekommt, und der Verantwortung, die Professionelle in ihrer Berufsrolle übernehmen und bezogen auf die sie dann auch zur Rechenschaft gezogen werden können. Der Blick in die philosophische Diskussion hat aber auch gezeigt, dass Verantwortung sehr unterschiedlich begründet und sehr unterschiedlich weit gefasst werden kann. Auf welche Konzeption kann man sich in der Reflexion des beruflichen Handelns stützen, welche Überlegungen sind wann hilfreich? Um zu entscheiden, welche ethischen Positionen sich für die Analyse beruflicher Handlungssituationen eignen, ist es nützlich sich der logischen Struktur der Kategorie Verantwortung zu vergewissern. Die logische Struktur einer ethischen Kategorie lässt sich verhältnismäßig leicht erkennen, wenn man von einer relativ einfachen sozialen Konstellation ausgeht. Stellen wir uns zwei Akteure vor, die miteinander kommunizieren oder kooperieren – kurz: in Interaktion miteinander treten. Es wird auf beiden Seiten Interessen, Wünsche und Ziele, wenn es sich um Personen handelt, auch Gefühle, Impulse und Affekte geben, die die Interaktion motivieren. Nicht jede Interaktion stellt die Frage nach der Verantwortung für das, was geschieht. Vielmehr wird man nach der Verantwortung des einen oder anderen Akteurs immer dann fragen, wenn moralische Werte im Spiel sind, in die Intimsphäre von Personen eingegriffen wird oder Schaden entsteht. In solchen einfachen Interaktionen geht es nicht um die ungeteilte Verantwortung für eine Person, sondern um Verantwortung hinsichtlich eines *benennbaren konkreten Gegenstandes*. Dabei kann es sich um eine Sache, eine Aufgabe oder auch um einen Aspekt von Versorgung oder Aufmerksamkeit für eine Person handeln. Wer die Verantwortung für ein Kind übernimmt, wird für dessen Versorgung zuständig und hat darauf zu achten, dass Gefährdungen, die ein Kind nicht überblicken kann, von ihm ferngehalten werden. Man übernimmt also Verantwortung für etwas *und* hinsichtlich einer bestimmten normativen Vorstellung oder Vorschrift.

Zur Verdeutlichung hier eine lebensweltliche Situation:

Ein Elternpaar möchte einen Abend gemeinsam mit Freunden verbringen und die zweijährige Tochter dabei gut versorgt wissen. Es fragt also eine junge Frau aus dem weiteren Bekanntenkreis, die ihnen in ähnlichen Situationen schon geholfen hat, ob sie an diesem Abend Zeit hat als Babysitter einzuspringen. Die junge Bekannte stimmt zu und übernimmt das kleine Mädchen um 19 Uhr, mit dem Auftrag es zu Bett zu bringen und in der Wohnung zu bleiben, bis die Eltern zurückkehren. Gegen 24 Uhr will das Paar zurücksein.

In einer solchen Situation werden einige Punkte quasi-selbstverständlich vorausgesetzt, die Umfang und Form der übernommenen Verantwortung festlegen. So spielen in Fragen der Kinderversorgung normative Vorstellungen darüber hinein, worin eine gute Versorgung besteht und welche Herausforderungen für ein Kind als Lernchance gelten oder aber als Gefährdung, vor der man das Kind schützen muss. Schließlich gibt es meist auch eine Instanz, der gegenüber man sich zu rechtfertigen hat, falls etwas schief geht. Hat man als Babysitter_in die Verantwortung für ein Kind von dessen Eltern übertragen bekommen, dann sind es eben diese Eltern, denen gegenüber man Erklärungen abgeben muss, wenn sich das Kind vielleicht verletzt hat oder bei Rückkehr der Eltern immer noch nicht schläft. Trägt man als Elternteil Verantwortung für ein Kind, dann kann die Instanz, der gegenüber Rechtfertigung erforderlich werden kann, das andere Elternteil, die weitere Familie, der Freundeskreis oder aber das Jugendamt sein. Logisch ergibt sich damit zur Bestimmung von Verantwortung eine Beziehungsstruktur, in der mindestens vier Bezüge zusammenwirken:

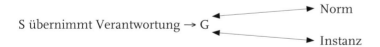

$$S \text{ übernimmt Verantwortung} \rightarrow G \quad \begin{matrix} \text{Norm} \\ \text{Instanz} \end{matrix}$$

Oder sprachlich ausgedrückt: Ein Subjekt (in unserem Beispiel die Babysitterin) trägt gegenüber einer Instanz (in unserem Beispiel die Eltern) Verantwortung für einen Gegenstand (in unserem Beispiel die Versorgung des Kindes) mit Bezug auf eine bestimmte Norm (in unserem Beispiel die abgesprochenen oder als selbstverständlich unterstellten Standards des Kinderhütens). Beim Babysitten als Beispiel bleibend kann man noch eine Zeitdimension bzw. einen bestimmten Handlungsbereich hinzufügen: von 19 – 24 Uhr. Abstrakt wird die gerade explizierte logische Struktur von Verantwortung als vierstellige Relation beschrieben: *„Jemand* (Subjekt) ist *für* etwas (Gegenstand) *vor* oder *gegenüber* jemandem (Instanz) *aufgrund bestimmter normativer Standards* (Normhintergrund)

– prospektiv verantwortlich. Bzw.: *Jemand* (Subjekt) verantwortet sich – retrospektiv – *für* etwas (Gegenstand) *vor* oder *gegenüber* jemandem (Instanz) *unter Berufung auf bestimmte normative Standards* (Normhintergrund)." (Werner 2002: 522). Gemessen an dieser relativ klaren Struktur erweist sich die häufig auch im Alltag zu hörende Formulierung „für die Person X verantwortlich sein" als Vereinfachung – der Gegenstand in Bezug auf den Verantwortung übernommen worden ist, wird nicht genannt, sondern als klar unterstellt. Dass es dabei nicht um die ungeteilte Verantwortung für eine Person geht, lässt sich – um noch einmal auf das obige Beispiel zurückzukommen – ziemlich schnell klären: Sollte das Kind während der Betreuung hohes Fieber bekommen (= der Ausbruch einer Kinderkrankheit), wird man nicht die Babysitterin dafür verantwortlich machen, sondern erwarten, dass die Eltern und/oder ein Arzt gerufen werden. Mit der relativ einfach zu klärenden logischen Struktur der Kategorie Verantwortung lassen sich nicht nur lebensweltliche Situationen wie das herangezogene Beispiel sowie viele berufliche Handlungssituationen beschreiben. Auch die Differenz zwischen Verantwortungsübernahme in diesem (lebensweltlich oder beruflich) alltäglichen Sinn und den diskutierten anspruchsvollen Konzepte von Verantwortung lässt sich verdeutlichen: Wenn – wie in der Ethik von Lévinas – Verantwortung für den/die Andere übernommen werden soll, verändert sich der *Gegenstand* der Verantwortung. Gefordert ist nicht mehr eine begrenzte Aufgabe, sondern das Einstehen für die andere Person. Diese Form von Verantwortung kann es eigentlich nur vor einer einzigen Instanz geben, dem moralischen Subjekt selbst. Sie kann sich auch nur auf existenziell Wichtiges beziehen, auf das „Empfindliche und Verletzliche am Anderen", auf das Verhindern von Schaden, der nicht wieder gut zu machen ist – und man kann nicht sicherstellen, dass man ihr genügt. Formen präventiver Verantwortung enthalten eine ähnliche Ausdehnung des Gegenstandes von Verantwortung, sie können allerdings nicht einzelnen übertragen werden und enthalten, wie am Beispiel des Kinderschutzes aufgezeigt, schwer zu überschauende Handlungsrisiken. In der Verantwortungsethik von Jonas verändert sich zusätzlich das Subjekt – Subjekt von Technologie und Ressourcenausbeutung sind „wir alle", im moralischen Sinne verbindlich handeln können jedoch nur einzelne Subjekte, die Schadensvermeidung allerdings liegt nicht im Handlungsspielraum der Einzelnen. Erfahrbar ist die damit verbundene Paradoxie auch in den Tätigkeiten der sozialen Berufe, lösbar ist sie nicht. Moralisch anspruchsvolle Konzepte von Verantwortung können – so die Konsequenz – Teil der persönlichen Moral und damit auch der persönlichen Motivation für soziales Handeln sein, sie lassen sich nutzen, um Grenzlinien des beruflichen Handelns zu beschreiben und den Übergang zum politischen Handeln zu markieren. Die mit der Berufsrolle zu übernehmende Verantwortung ist in der Regel weniger anspruchsvoll.

4.4.5 Verantwortung in der beruflichen Rolle

Die im vorangegangenen Abschnitt verdeutlichte logische Struktur der Kategorie Verantwortung ist ausgesprochen hilfreich, wenn man sie auf die mit den beruflichen Rollen verbundene Verantwortung überträgt. Anders als bei vielen Handlungen in der privaten Alltagswelt lassen sich bei professionellen Tätigkeiten Handlungssubjekt, Handlungsrahmen, zeitliche Begrenzung und Inhalt der rollenspezifischen Verantwortung – auch unterhalb der strafrechtlich relevanten Ebene – meist ebenso klar bestimmen wie die Normen (auf die bezogen Verantwortung übernommen wird) und die Instanzen (gegenüber denen man sich im Zweifelsfall zu rechtfertigen hat): Eine Fachkraft aus Pädagogik, Sozialer Arbeit oder Gesundheitsversorgung (= *Subjekt*) handelt in Ausübung ihres Berufes immer auf Grundlage von und legitimiert durch ihre (in Ausbildung und Studium) erworbenen spezifischen *Kompetenzen*. Die Personen, auf die bezogen diese Handlungen erfolgen (Kinder, Teilnehmer_innen der Erwachsenenbildung, Klient_innen oder Patient_innen), verfügen über diese Kompetenzen nicht (grundsätzlich oder situativ), sind aber darauf angewiesen. Aus dieser Asymmetrie ergibt sich für die Seite der Professionellen ein *doppelter Gegenstand der Verantwortung*: die Verantwortung für die sach- und bedarfsgerechte Ausübung der fachlichen Kompetenz (Erziehung, Bildung, Sozialarbeit, Pflege, medizinische Hilfe) und die Verantwortung für die angemessene Gestaltung der Interaktion (Schadensvermeidung, Respekt der Persönlichkeitsrechte, Kommunikation über die erforderlichen Eingriffe). Damit sind auch die *normativen Kriterien* genannt, auf die bezogen professionell Handelnde Verantwortung übernehmen: es sind die jeweiligen fachlichen Standards der Berufsausübung und die für demokratische Gesellschaften typischen Persönlichkeitsrechte (Schutz der körperlichen und psychischen Integrität; Selbstbestimmung, Diskriminierungsverbot). Die Handlungen, um die es im beruflichen Einsatz geht, sind *begrenzt*, in der Sache durch die fachlich erforderlichen Maßnahmen, und zeitlich durch die Dauer, die für die entsprechende Interaktion erforderlich ist. Etwas komplizierter zu beantworten ist die Frage nach der Instanz, vor der man verantwortlich ist/bzw. gemacht werden kann. Sicher gibt es eine moralische Verantwortlichkeit gegenüber der jeweiligen Klientel, die allerdings (je nach Alter und Mündigkeit) unterschiedlich sein kann und häufig auch dadurch modifiziert ist, dass der Auftrag für die professionelle Handlung nicht von den Klient_innen selbst, sondern vom Gemeinwesen erteilt wird bzw. im Kontext von Organisationen erfolgt. Da die Asymmetrie der professionellen Handlung wesentlich auf einer Differenz von Wissen und Kompetenzen basiert, können die Personen, die Hilfe, Bildung oder Pflege in Anspruch nehmen, nicht zugleich im vollen Sinne die Instanz sein, vor der die Angemessenheit des Tuns nach fachlichen Kriterien zu rechtfertigen ist – in der Regel wird eine kompetente Beurteilung nicht möglich sein. Es ist daher die ideelle Versammlung der Fachkolleg_innen, die als Instanz herangezogen wird – in der abstrakten Form

des Kriteriums der Fachlichkeit, aber auch durch Berufsverbände, Fachzeitschriften, Kammern, staatlich autorisierte Fachkollegien. Dass es auch für den
zweiten Gegenstand beruflicher Verantwortung (für die angemessene Gestaltung der Interaktion) einer berufsbezogenen Instanz bedarf, ist nicht in derselben Weise auf Anhieb einleuchtend, handelt es sich doch bei Fragen der ethischen Angemessenheit von Beziehungsgestaltung (Schutz der körperlichen und
psychischen Integrität; Selbstbestimmung, Diskriminierungsverbot) gerade
nicht um Normen, für die es in irgendeiner Form Expertise geben könnte, sondern vielmehr um moralische und moralisch-politische Werte, die von jedem
Bürger und jeder Bürgerin und von jedem moralischen Subjekt gefordert werden können. In dieser Hinsicht besteht also zwischen Professionellen und Kli-
ent_innen keine Asymmetrie. Nur in dem Maße, in dem diejenigen, die Hilfe,
Pflege, Erziehung oder Belehrung entgegennehmen, situativ kleinere Handlungsspielräume haben als die Professionellen, gibt es wie in lebensweltlichen
Beziehungen auch eine größere Verantwortung auf Seiten der Fachkräfte. Hinzukommt, dass professionelle soziale Tätigkeiten immer auch in Machtstrukturen eingebunden sind, die den Professionellen Beziehungs- und Definitionsmacht verleihen und damit auch hinsichtlich der Beziehungsgestaltung eine
Asymmetrie herstellen (vgl. 4.6.1). Ethische Richtlinien, ethische Fallbesprechungen und Ethikkommissionen tragen zur Klärung dieser Dimension professioneller Verantwortung bei. Die Geschichte der Entwicklung der Professionen
seit dem 19. Jahrhundert hat zudem gezeigt, dass die Asymmetrie von professionellen Beziehungen, die in die persönlichen Lebensverhältnisse, in die Körper-
lichkeit oder die Psyche eingreifen, auch spezifische Verführungen für die in
der Berufsrolle Handelnden enthält. So scheint im medizinischen Bereich etwa
eine Verführung zu bestehen, das professionelle Wissen nicht zweckgebunden
im Interesse/Auftrag der Patient_innen einzusetzen, sondern umgekehrt diese
zur medizinischen Wissenserweiterung zu benutzen. Anwält_innen könnten
verführt sein, unsinnige Verfahren anzustrengen, nur weil das Honorar attrak-
tiv erscheint. Lehrer_innen, Erzieher_innen, Pflegekräfte, Sozialarbeiter_innen,
Ärzt_innen und Psychotherapeut_innen können die körperlich und psychisch
nahe Beziehung ausbeuten, indem sie eigene sexuelle oder emotionale Bedürfnisse befriedigen. Solche Vergehen stellen einen Missbrauch der mit der Fachkompetenz verbundenen (Beziehungs-)Macht dar und sie bedeuten mehr als
schlichten Betrug und mehr als Übergriffigkeit in Interaktionen des Alltagslebens. Durch die Abhängigkeit, die in längeren professionellen Hilfebeziehun-
gen oder (sozial-)pädagogischen Kontexten entsteht, ist eine solche Ausbeutung
zum einen länger aufrecht zu erhalten, zum anderen zerstört sie Vertrauen in
doppelter Form. Die Verantwortung für die damit angesprochene Form der
Schadensvermeidung liegt immer auf Seiten der Professionellen und zwar deshalb, weil die mit der beruflichen Rolle verbundene Macht zur Beziehungsgestaltung eine einseitige ist. Die meisten der angesprochenen Vergehen sind auch
strafrechtlich relevant; in diesen Fällen sind es juristische Instanzen, denen die

Verfolgung (= das „Zur-Verantwortung-Ziehen" im rechtlichen Sinne) der angesprochenen Vergehen obliegt. Aufmerksamkeit für die Beziehungsmacht helfender oder erziehender Berufe sollte jedoch auch im Vorfeld von Straftaten selbstverständlich(er) sein und sie ergibt sich im Rahmen der fachlichen Ausbildung nicht quasi-natürlich aus der persönlichen Moralität der Individuen. So sind in den letzten Jahren in fast allen helfenden Berufe berufsethische Standards entwickelt sowie in den Berufsverbänden Ethikkommissionen eingerichtet worden, die im Sinne eines ideellen Fachkollegiums Sensibilität auch für die Beziehungsverantwortung der Fachkräfte schaffen.

Will man beurteilen, wer in welchem Maße die Verantwortung für das trägt, was in einer sozialen Situation geschieht, dann reicht der Blick auf einzelne Akteure nicht aus. Alle an der sozialen Situation Beteiligte sind als Handelnde zu sehen, die an Zielen und Wertvorstellungen (Sinn) orientiert, eine Handlungssituation konstruieren (können), innerhalb derer sie Entscheidungen treffen und bezogen auf das Verhalten der übrigen Beteiligten etwas tun. Die Handlungsspielräume der Einzelnen jedoch können sehr unterschiedlich sein, genauso wie die Fähigkeit eigene Handlungsmöglichkeiten wahrzunehmen. Es sind die jeweiligen Differenzen in den zur Verfügung stehenden Ressourcen und Kompetenzen, sowie in der Handlungsfähigkeit der beteiligten Personen, aus denen sich unterschiedliche Verantwortlichkeiten ergeben.

Zur Verdeutlichung kommen wir noch einmal auf das Fallbeispiel vom Beginn dieses Kapitels zurück:

Analyse des Fallbeispiels „R. in der Schule":

Die erarbeiteten Klärungen sollten es ermöglichen die zu Beginn beschriebene Situation nun hinsichtlich der Verantwortungsverteilung zu analysieren. Am Beispiel der Fallskizze (das Elterngespräch mit Frau M. über die Probleme von R. in der Schule) wird nun eine entsprechende Analyse vorgenommen. Dabei werden nur die Verantwortlichkeiten in die Überlegungen einbezogen, die für die Fallsituation selbst von Belang sind. Dass alle Erwachsenen für sich selbst Verantwortung tragen, wird genauso vorausgesetzt und nicht erörtert wie die Frage der möglicherweise bestehenden wechselseitigen Verantwortung des Ehepaares M. für einander. Auch die sicher nicht unbedeutende Rechtslage (Sorgerecht, Aufsichtspflicht, Kinderschutz, Übertragung von Erziehungsaufgaben, Strafmündigkeit von Kindern im Grundschulalter, Wächteramt ...) wird unberücksichtigt gelassen. Um die Verteilung von Verantwortlichkeiten zu klären, müssen wir im oben beschriebenen Sinne alle Beteiligten als Akteur_innen in einer Handlungssituation wahrnehmen und die an einer (psychologischen oder sozialen) Diagnose interessierte Perspektive verlassen.

Lebensweltliche Akteur_innen:
- Herr M. und Frau M.: Trotz Trennung gibt es eine (prospektive wie retrospek-tive) Elternverantwortung für die gemeinsamen Kinder (die jedoch auf Grund der unterschiedlichen Versorgungsleistung unterschiedlich gewichtet ist). → Fragen: Wie füllt Herr M. seine Elternverantwortung? Hat er Kontakt zu seinen Kindern? Beteiligt er sich an Problemlösungen? Warum findet das Elternge-spräch nur mit Frau M. statt?
- Frau M.: Frau M. trägt, da die Kinder bei ihr leben, den Hauptteil der Eltern-verantwortung, dazu gehört der Schutz vor Gefährdungen, eine angemessene körperliche Versorgung sowie die Bereitstellung von Lern- und Entwicklungs-chancen. → Fragen: Ist R. im häuslichem Umfeld angemessen versorgt? Gibt es in der Familie Wertvorstellungen und Normen, die gemeinsam beachtet werden? Hat die Unterstützung, die N. genossen hat, in der Familie etwas verändert? Hat Frau M. bei R. Defizite wahrgenommen? Sieht sie bei ihm Schwierigkeiten? Wenn ja, hat sie etwas unternommen?
- Tochter N.: N. kann für ihren Bruder vielleicht einiges an Unterstützung leisten – Verantwortung trägt sie nicht.
- Sohn R.: Die Frage bei R. ist, in welchem Umfang er sein Verhalten zu verant-worten in der Lage ist – es geht bei einem Grundschüler jedenfalls ausschließ-lich um Verantwortung für das eigene Handeln. Diese in angemessenem Um-fang zu erwarten und in den Klärungsprozess einzubeziehen, wäre auch pädagogisch sinnvoll.

Professionelle Akteur_innen:
- Familienberater_in: Die Familienberater_in hat ihre Tätigkeit abgeschlossen – allenfalls retrospektiv wäre zu fragen, ob die Frage der gemeinsamen Eltern-verantwortung in der Beratung angemessen thematisiert wurde.
- Sozialpädagogische Familienhelferin: Auch hier – die Tätigkeit ist abgeschlos-sen, retrospektiv ließe sich fragen, ob die Entwicklungsperspektive der Familie in der Arbeit angemessen berücksichtigt worden ist.
- Lehrerin von N.: nach Auftrag in der Berufsrolle hat sie keine Verantwortung für die Geschwister ihrer Schülerin.
- Nachbarschaftszentrum/Hausaufgabenhilfe: Auch hier: es handelt sich um eine offenes Angebot, Verantwortung für R. gäbe es nur, wenn er ein Angebot nutzen würde.
- Lehrerin von R.: Die Lehrerin hat bezogen auf die hier diskutierte Situation sowohl retrospektiv als auch prospektiv eine doppelte Verantwortung. Retro-spektiv: Als Grundschullehrerin von R. ist ihr ein Bildungs- und Erziehungs-auftrag erteilt (→ Frage: Hat es förderliche pädagogische Interventionen ge-geben?) und bezogen auf die entstandene Aggression in der Klasse besteht eine pädagogische Verantwortung zur Gestaltung produktiver sozialer Bezie-hungen (→ Frage: Was hat sie unternommen, um aggressive Auseinander-

setzungen zu verhindern?). Prospektiv: Bezogen auf das Elterngespräch hat die Lehrerin eine doppelte Verantwortung – zum einen für die fachlich kompetente Gestaltung des Sprechens über den Schüler/Sohn R., zum anderen für eine respektvolle Kommunikationsform.

Auch wenn man in der Regel für berufliche Alltagssituationen wie die hier unterstellte nicht jedes Mal eine solche Analyse vornehmen wird, ist es doch sinnvoll die dadurch sichtbar werdende Struktur präsent zu haben. Es werden wichtige Konfliktpunkte sichtbar. Ein solcher Konfliktpunkt liegt sicher darin, dass in einer solchen Situation die Fachkraft gleichzeitig eine retrospektive und eine prospektive Verantwortung trägt – eigene Rechtfertigungsinteressen daher in die Gestaltung des Elterngesprächs hineinwirken können (die in vielen methodisch-fachlichen Gesprächen über kindliche Aggressionen sich schnell einstellende Vermutung von familiären Probleme ist nicht nur durch entwicklungspsychologisches Wissen nahe liegend, sondern auch ein Hinweis auf dieses Problem). Dass es auch auf Elternseite Rechtfertigungsinteressen geben kann (z. B. wenn Frau M. Schuldgefühle hat wegen der Belastung, die sie ihren Kindern durch die Trennung von ihrem Mann zugemutet hat), ist (wegen der asymmetrischen Konstellation im Elterngespräch) von geringerem Gewicht. Ein weiterer Konfliktpunkt liegt in den unterschiedlichen Zugängen von lebensweltlicher Erziehungsverantwortung (Frau M.) und professioneller Erziehungsverantwortung bei der Klärung des Grades von Verantwortung, die R. faktisch oder (aus pädagogischen Gründen) perspektivisch zugebilligt/abverlangt werden kann. Es bestehen häufig unterschiedliche Vorstellungen darüber, was für ein Kind gut und richtig ist – dies sind Differenzen hinsichtlich der pädagogischen Normen, die nicht auf Fragen der Fachlichkeit zurückgeführt werden können. Und schließlich wird bei einer klaren Benennung der Verantwortlichkeiten auch spürbar, wie nah die Übernahme von Verantwortung emotional mit einem Zwang zum Erfolg (bzw. retrospektiv mit Schuldgefühlen) verbunden ist: Wenn man sich für etwas verantwortlich fühlt, wünscht man Erfolg. Demgegenüber ist hervorzuheben: Verantwortungsübernahme verpflichtet zur kompetenten und respektvollen Interaktionen – damit wird Erfolg wahrscheinlich(er), nicht aber sicher. Retrospektiv über Verantwortung zu verhandeln, bedeutet daher nicht für das Ergebnis verantwortlich zu machen, sondern zu klären, ob das Notwendige fachlich kompetent, kommunikativ offen und den Personen gegenüber respektvoll getan wurde. Abschließend seien noch einmal die wichtigsten Punkte genannt, die sich aus den Überlegungen dieses Kapitels für die Frage der professionellen Verantwortung in sozialen Berufen ergeben: Verantwortung als Rechtfertigungspflicht für das, was in einer sozialen Interaktion geschieht, ist grundsätzlich mit allen in den sozialen Berufen ausgefüllten Rollen verbunden, da die Fachkräfte mit ihren Tätigkeiten in die persönlichen Verhältnisse anderer eingreifen und zwar in (auf Grund von Hilfebedürftigkeit auf Seiten der Klientel) asymmetrischen Konstellationen. Die Verantwortung bezieht sich sowohl auf die sach- und bedarfsgerechte Ausübung der fachlichen Kompetenz als auch auf die angemessene Gestaltung der Interaktion; sie ist an den fachlichen und berufsethischen Normen der Profession zu messen. Als Instanz, vor der man verantwortlich ist, fungiert neben den Rechtsinstanzen, die ideelle Versammlung der Fachkolleg_innen. Die professionelle Verantwortung wird (wie bei allen professionellen Rollen) prospektiv übertragen und kann retrospektiv eingefordert werden.

Will man in Ausübung des Berufes verantwortlich handeln, dann ist es erforderlich Aufmerksamkeit für diese Dimension zu kultivieren und die rollentypischen Handlungssituationen im eigenen Berufsalltag nicht nur fachlich-methodisch und in Bezug auf individuelle psychische Bedingungen hin zu reflektieren (= klassische Supervision), sondern auch hinsichtlich der übernommenen Verantwortung. Dazu müssen alle an der Fallkonstellation Beteiligten als Akteur_innen in einer Handlungssituation wahrgenommen werden, die Selbstbestimmungsrechte der Personen gilt es sichtbar zu machen, die Handlungsspielräume der Einzelnen zu berücksichtigen und die professionelle Beziehungsmacht in Rechnung zu stellen. Moralisch anspruchsvolle Konzeptionen von Verantwortung – wie die von Lévinas oder Jonas – leisten für die Analyse einzelner Handlungssituationen weniger als Konzeptionen, die auf die logische Struktur dieser Kategorie zurückgreifen. Sie sind jedoch hilfreich beim Nachdenken über die persönliche Motivation für Verantwortlichkeit im Beruf sowie über die Grenzen der beruflichen Wirksamkeit „am Anderen". Auch die Grenzen für individuelle Verantwortungsübernahme und – damit verbunden – der erforderliche Übergang zum kollektiven bzw. politischen Handeln können durch diese Theorien benannt und erklärt werden. Problematische Formen der Verantwortungszuschreibung lassen sich mit der von Ricœur analysierten Tendenz zur Prävention verstehen.

4.4.6 Rekapitulationsfragen

- Welche der beschriebenen philosophischen Konzepte hat Sie besonders angesprochen?
- Warum gibt es eine besondere Rollenverantwortung in den sozialen Berufen?
- Gibt es Verantwortlichkeiten, die Sie in Ihrem Berufsfeld nicht übernehmen würden?
- Welche moralischen Werte (persönliche und berufsethische) spielen Ihrer Meinung nach bei dem analysierten Fallbeispiel eine Rolle?

4.5 Care-Ethik: Sorge um die Anderen – Sorge um sich selbst

Über Care-Ethik zu sprechen, wirft als erstes die Frage auf, warum ein englischer Ausdruck gewählt wird, wenn man sich in der deutschen Diskussion mit der ethischen Dimension des Füreinander-Sorgens beschäftigt. Hat es modische Motive, wie manchmal unterstellt wird? Im Fall von „care" gibt es gute Gründe, den englischen Begriff zu verwenden. Da sind zum einen die Bedeutungen, die mitschwingen, wenn wir auf deutsche Bezeichnungen desselben Bedeutungsspektrums zurückgreifen. Gerade für die Angehörigen der sozialen Berufe haben Wörter wie „Fürsorge" oder „Pflege" zum Teil einen unangenehmen Beiklang, teilweise legen sie die Diskussion auch sehr schnell auf das institutionelle Helfen fest. So denken wir bei „Fürsorge" weniger an die Fürsorglichkeiten, die dem Alltag eine warme und angenehme Seite bescheren, sondern in erster Linie an die „Armenfürsorge" und die „Fürsorgerin"[56] – inzwischen überholte Bezeichnungen für soziale Hilfe und Helfer_innen. Bei „Pflege" denken wir weniger an ein „gepflegtes Äußeres" als an die Pflegeversicherung bzw. die Alten- und Krankenpflege. Es ist daher gar nicht so leicht ein geeignetes Wort zu finden, um die besondere Verbindlichkeit des sozialen Zusammenlebens zu bezeichnen, die dafür sorgt, dass Menschen aufeinander achten und sich in Situationen der Hilfsbedürftigkeit um einander kümmern. Nicht nur in der deutschen Sprache, sondern – um ein anderes Beispiel heranzuziehen – auch im Französischen werden mehrere Wörter benötigt, um alle Aspekte abzudecken: „soin" („de soi" bzw. „de l'autre") wird am häufigsten verwendet und steht für Sorge[57]/Sorgsamkeit, im Plural für (Körper-)Pflege; mit „souci" bezeichnet man die Sorgen, die man sich um etwas oder jemanden macht; „sollicitude" hat einen liebevollen Akzent und ist vielleicht am ehesten mit Umsorgen/Fürsorglich-Sein zu übersetzen. Anders im Englischen: „care" bezeichnet professionelle wie private Tätigkeiten und umfasst umgangssprachlich das ganze Bedeutungsspektrum von „Acht geben", „pflegen", „Sorge tragen" „sich kümmern", „umsichtig sein", das benötigt wird, wenn man über die moralische Verpflichtung des Füreinander-Sorge-Tragens nachdenken will.

Ein Ausflug in unterschiedliche Sprachen[58] und die dabei anzutreffenden Bedeutungsdifferenzen der Begriffe ist in mehreren Hinsichten erhellend. Im Falle von Fürsorge/soin/care zeigt sich, wie eng verknüpft das jeweilige Wort mit den kulturellen Praktiken des zugehörigen Sprachraumes ist. Auf einer pragmatischen Ebene wird zudem verständlich, warum sich „care" in den aktuellen Diskussionen der sozialen Berufe in Deutschland als Begriff weitgehend durchgesetzt hat. Und ein Drittes ist zu erkennen durch einen Blick auf die Bedeutungen, die die unterschiedlichen Wörter transportieren: Auch *in der Sache* hat man es mit vielfältigen Aspekten zu tun, wenn man Überlegungen zu einer Ethik des Sorgens anstellt. Sie alle verlangen Aufmerksamkeit und wir werden im Weiteren versuchen sie mit Hilfe moralphilosophischer Konzepte inhaltlich zu füllen.

---

[56]   Diese Bezeichnung hat zudem einen sehr negativen Beiklang, weil sie eng mit den nationalsozialistischen Institutionen sozialer Kontrolle verknüpft ist.

[57]   „Sorge" ist innerhalb der philosophischen Diskussion eng mit der Existenzphilosophie Heideggers (1889-1976) verknüpft. Diese, an eine Daseinsanalyse gebundene Bedeutung ist hier explizit nicht gemeint.

[58]   Die Auswahl der Sprachen ist exemplarisch zu verstehen.

Dass der englische Begriff „care" sozialpolitisch eher unbelastet ist und zudem viele der zu berücksichtigenden Gesichtspunkte auch sprachlich repräsentiert, ist aber nicht der einzige Grund dafür, dass er sich in der aktuellen Diskussion als Fach-Begriff durchgesetzt hat. Ein zweiter Grund ist theoriegeschichtlicher Art: Die neueren, praxisnahen – und deshalb auch für Fragen der Berufsmoral besonders interessanten – Überlegungen zu einer Ethik des Sorgens haben im angelsächsischen Diskurs begonnen und zwar zunächst als grundsätzliche Debatten über Differenzen zwischen weiblicher und männlicher Moral (vgl. Großmaß 2006). Anfang der 1980er Jahre hatte eine Kontroverse innerhalb der Psychologie – die zwischen Lawrence Kohlberg[59] und Carol Gilligan[60] – zu einer breiten Diskussion über männliche und weibliche Formen moralischen Verhaltens und zur Frage nach der Notwendigkeit einer geschlechterspezifischen Ethik geführt.[61] Moralische Urteile, so schien es, wurden von Probandinnen nach anderen Kriterien getroffen als von den männlichen Versuchsteilnehmern. Beziehungen, Verantwortung für andere, Fürsorge – *Care* – gehörten zur weiblichen Seite der Moral. Abstrakte, generalisierbare Prinzipien leiteten die moralischen Entscheidungen der Männer. Empirisch ist diese sehr grundsätzliche These inzwischen modifiziert worden (vgl. Nunner-Winkler/Nikele 2001). Zwar ist eine Geschlechterspezifik bei moralischen Urteilen auch heute noch zu beobachten, doch ob jemand nach pragmatischen Lösungen sucht, die moralisch vertretbar sind und den Bedürfnissen der Beteiligten gerecht werden, hängt auch sehr deutlich davon ab, ob die gestellte Frage dem Urteilenden persönlich nahe geht. Zudem haben sich Unterschiede zwischen liberalen und autoritätsgebundenen Alltagskulturen feststellen lassen. In autoritätsgebundenen Alltagskulturen neigen Personen beiderlei Geschlechts eher zu Urteilen, die sich auf abstrakte Normen berufen, in liberalen Alltagskulturen eher zu Urteilen, die die Bedingungen der Situation und die Bedürfnisse der Beteiligten einbeziehen (vgl. Nunner-Winkler 1994; Nunner-Winkler/Nikele 2001). Für die ethische Reflexion beruflicher Praxissituationen ist vor allem eine Auswirkung dieser Kontroverse interessant: Es entwickelte sich eine Diskussion darüber, ob nicht auch die Moralphilosophie durch einen Male-Bias[62] eingeschränkt ist, mit der Konsequenz von Geringschätzung der ethischen

---

[59] Lawrence Kohlberg (1927-1987), ein empirisch arbeitender Psychologe, hatte in Anlehnung an Piagets (1896-1980) Modell der Entwicklung kognitiver Fähigkeiten ein Modell der Entwicklung moralischer Urteilsfähigkeiten entwickelt (vgl. Kohlberg 1995).

[60] Caroll Gilligan, Schülerin von Kohlberg, kritisierte sowohl die empirische Basis seiner Ergebnisse als auch die von Kohlberg vorgenommene Hierarchisierung der moralischen Urteilsformen, durch die Urteile, die nach abstrakten Gerechtigkeitskriterien getroffen wurden, an oberster Stelle stehen, während Urteile, die unter Einbeziehung von Kontextbedingungen getroffen wurden, als eine niedrigere Form des moralischen Bewusstseins erschienen (vgl. Gilligan 1984).

[61] Zur genaueren Darstellung der Kohlberg-Gilligan-Kontroverse und der Hintergründe für die Diskussion einer feministischen Ethik sei auf Großmaß (2006) verwiesen.

[62] Unter „Male-Bias" versteht man Verzerrungen in der Wahrnehmung eines Problems/bzw. eines Untersuchungsgegenstandes durch die Position der (ausschließlich oder mehrheitlich) männlichen Forscher.

Fragen, die konventioneller Weise der von Frauen ausgeübten Praxis – Versorgung, Pflege, Fürsorgetätigkeit sprich Care – zugerechnet werden. Die aus dieser kritischen Fragestellung erwachsenden moraltheoretischen Überlegungen haben inzwischen von der Festlegung auf eine geschlechterspezifische Moral weg- und zur Ausarbeitung einer Care-Ethik hingeführt, die auch in der aktuellen Diskussion unter dieser Bezeichnung weiterläuft.[63] Wir werden im Abschnitt 4.5.4 noch einmal auf dieses Konzept zurückkommen, zuvor aber wollen wir klären, welche Fragen und Erwartungen sich aus der beruflichen Praxis heraus an eine solche Ethik formulieren lassen.

4.5.1 Die Bedeutung von Care für soziale Berufe

Alle sozialen Berufe haben bezogen auf ihre Klientel fürsorgliche Anteile. Die Schwerpunkte und die Gewichtung von Care-Anteilen sind dabei durchaus unterschiedlich: Erzieherische bzw. elementarpädagogische Aufgaben mit kleinen Kindern sollen die Entwicklung der Kinder fördern, aber auch Schutz gewähren und das Wohlbefinden sichern; in der Sozialen Arbeit machen Konzepte wie „Hilfe zur Selbsthilfe" und „Empowerment" deutlich, dass die Förderung und Stärkung der Personen (in ihrer Handlungsfähigkeit, bei der eigenständigen Versorgung und der Gestaltung ihrer Umgebung) selbst bei den eher technischen oder administrativen Tätigkeiten im Blick sein sollte. Im Bildungsbereich wie in Supervision und Coaching gilt es die Balance zwischen Anforderung und individuellen Verarbeitungsmöglichkeiten zu wahren. Fürsorgliche Aspekte schwingen daher bei allen Tätigkeiten in diesen Berufsfeldern mit. Wenn in den einzelnen Berufsfeldern über das Verhältnis von Bildung und Pädagogik (Schule), über Identitätsstärkung und Ausbildung (Berufsförderung) oder über Bedürfnis und Bedarfe (Soziale Arbeit) diskutiert wird, geht es immer auch darum, die erforderlichen Anteile von Care zu bestimmen, die in die Arbeit eingehen sollen. In den Anfängen der beruflich ausgeübten sozialen Arbeit wurde die Bindung an (die zur damaligen Zeit gesellschaftlich geteilten Vorstellungen von) Solidarität und „sittlich" gebotener Fürsorge sehr deutlich formuliert. Alice Salomon (1872-1948) etwa schreibt: „Jede Art der Wohlfahrtspflege entspringt diesem Gemeinschaftsgefühl, und aus ihren einfachsten und ursprünglichsten Formen familienhafter Hilfe und der Hilfe unter Nachbarn und Gliedern der gleichen Gemeinde entwickelt sich erst die Möglichkeit höherer Formen der Gemeinsamkeit." (Salomon 1928: 16). Die Fürsorgeaspekte galten nicht als etwas Kognitiv-Methodisches, das den übrigen Kenntnissen hinzugefügt werden konnte, sondern es ging um eine Grundhaltung, die die in diesem Beruf Tätigen mitbringen und weiterentwickeln

---

[63] Dass diese Richtung der philosophischen Ethik es im Mainstream der Philosophie nach wie vor schwer hat und häufig unter der Überschrift „feministische Ethik" in eine Spezialrichtung einsortiert wird, soll hier nicht verschwiegen werden.

sollten (Salomon 1917: 86) – eine Frage der Berufsmoral also. In ähnlicher Weise äußert sich heute – nach den Missbrauchsskandalen in Bildungseinrichtungen – Oskar Negt bezogen auf Achtsamkeit und Sensibilität für die individuellen Entwicklungsbedingungen von Kindern im pädagogischen Handlungsfeld (vgl. Negt 2010). Der Fürsorgeaspekt, der in allen sozialen Berufen eine Rolle spielt, ist – folgt man solchen Beschreibungen – nichts Methodisch-Technisches, sondern eine Verknüpfung von Wissen mit einer beruflichen Haltung (Habitus), in die moralische Aspekte eingehen. Erfordernis wie Möglichkeit fürsorglichen Verhaltens werden in der Regel mit der anthropologischen Tatsache begründet, dass Menschen beides sind: handelnde und kooperierende soziale Wesen *und* verletzbare Lebewesen, die in vielen Lebensphasen (mindestens aber in der Kindheit und im Alter) von der Unterstützung und Fürsorge anderer abhängig sind. Martha Nussbaum folgert: „Jede reale Gesellschaft ist eine Fürsorge-spendende und eine Fürsorge-empfangende Gesellschaft und muss daher Wege finden, um mit diesen Fakten menschlicher Abhängigkeit klarzukommen, Wege die vereinbar sind mit der Selbstachtung der Fürsorgeempfänger und die den Fürsorgespender nicht ausbeuten." (Nussbaum 2003: 183) In den ausdifferenzierten Gesellschaften der westlichen Moderne sind viele Aspekte des Sich-umeinander-Kümmerns aus den lebensweltlichen Beziehungen (Familie, Stand, Religionsgemeinschaft, Dorf bzw. Stadt) ausgelagert worden und in spezialisierte Berufe eingegangen. Neben den Gesundheitsberufen betrifft dies vor allem die pädagogischen und sozialen Berufe. Hinsichtlich der fürsorglichen Aufgaben entsteht damit ein komplexes und manchmal auch kompliziertes Gefüge privat-lebensweltlicher und öffentlich-professioneller Fürsorgeleistungen, wobei in den konkreten Handlungssituationen des beruflichen Alltags Zuordnungen und Entscheidungen vorgenommen werden müssen. Da Bedürftigkeiten und Unterstützungsbedarf zudem in besonderem Maße individuell und situativ unterschiedlich sind, ist dies eine große Herausforderung.

Zur Verdeutlichung eine Fallsituation aus der Supervision, in der auf sehr unterschiedlichen Ebenen Fürsorgeleistungen angesprochen sind ohne als solche benannt zu werden:
In einer Supervisionsgruppe, in der sich einmal monatlich zehn in sozialen und medizinischen Berufen tätige Frauen unter Anleitung einer Supervisorin treffen, um Konflikte und schwierige Fälle aus ihren Arbeitsfeldern zu besprechen, berichtet eine Teilnehmerin, Frau S., dass sie seit einiger Zeit zunehmend unzufrieden mit ihrer Arbeit sei – sie leiste viel, könne aber fast nichts eigenständig entscheiden. Frau S. ist Psychologin und arbeitet in einer Erziehungsberatungsstelle, die – in kirchlicher Trägerschaft – von einem Theologen geleitet wird. Der Kollege sei sehr offen für Anregungen, ermögliche ihr viel Selbständigkeit in der Arbeit (die Leitung der Teamsitzungen und die Anleitung von Praktikant_innen ist ihr vollständig übertragen). Die Außenvertretung allerdings mache er völlig

allein – meist vorbereitet durch Konzepte und Erklärungen, die im Team unter ihrer Federführung erarbeitet worden sind. Frau S. – das ergibt sich im weiteren Gespräch – hat diese Situation lange gut finden können. Sie ist Mutter von zwei Kindern im schulpflichtigen Alter und, da ihr Mann beruflich stark eingespannt ist, hat sie sich meist eher entlastet gefühlt, wenn sie keine Außentermine wahrnehmen musste, sondern sich innerhalb der Öffnungszeiten der Beratungsstelle auf die Arbeit vor Ort konzentrieren konnte. So hatte sie auch die anderen Mitarbeiter_innen (ein Sozialpädagoge, eine Sozialarbeiterin und eine Erzieherin mit spielpädagogischer Ausbildung) besser im Blick und konnte für ein produktives Klima im Team sorgen sowie darauf Acht geben, dass die Praktikantinnen sich nicht übernahmen. Auf eine Innovation ihrer Einrichtung ist Frau S. besonders stolz: Da in vielen Beratungsgesprächen deutlich geworden war, dass ein Problem der Familien darin besteht, dass Kinder mit Aufmerksamkeitsdefiziten keinen kompetenten Umgang mit ihren Schwierigkeiten bei den Hausaufgaben erhielten, hat die Beratungsstelle ein Angebot für diese Kinder entwickelt: eine von der Sozialarbeiterin geleitete offene Gruppe, in der in ruhiger Atmosphäre und mit inhaltlicher Unterstützung Hausaufgaben erledigt werden. Dies hat in den betreuten Familien zu einer deutlichen Entlastung geführt und produktive Beziehungsarbeit ermöglicht.

All dies beschreibt Frau S. auf Nachfragen aus der Gruppe. Unzufrieden ist sie – das wird durch die Interventionen der Supervisorin deutlich, weil sie wenig Anerkennung für ihre Arbeit erhält – sie fühlt sich nicht gesehen – und weil sie das Gefühl hat, der Leiter der Einrichtung vertrete diese mit ihren inhaltlichen Schwerpunkten nicht ausreichend. Frau S. erhält von den anderen Teilnehmerinnen der Supervisionsgruppe viel positive Rückmeldung über die Qualität ihrer Arbeit. Eine Teilnehmerin merkt an, dass Frau S. auch sehr humorvoll und liebevoll über ihre eigenen Kinder spricht; eine andere weist darauf hin, wie viel Befriedigung doch auch die Arbeit selbst biete, eine andere schlägt vor, nach einer Weiterbildung Ausschau zu halten, die die Möglichkeit bietet als Professionelle mal raus zu kommen.

In dieser Fallskizze kreuzen sich lebensweltliche Situationen (Familie, Paarbeziehung) mit solchen der beruflichen Praxis (Klientelarbeit, Team, Leitung, Supervisionsgruppe); in den jeweiligen Handlungssituationen sind unterschiedliche Rollen auszufüllen und unterschiedliche Aufgaben[64] zu erledigen, fast alle dieser Aufgaben haben Anteile von Care. Deutlich ist auch, dass die angesprochenen Probleme nicht durch fachlich-methodische Defizite entstehen (nach allem, was wir aus der Fallskizze wissen, macht die Beratungsstelle gute Arbeit), sondern

---

[64] Man könnte deshalb die Fallsituation auch mit Gesichtspunkten aus der Organisationssoziologie oder unter Gender-Aspekten reflektieren bzw. in der ethischen Reflexion die Kategorien „Verantwortung" (vgl. 4.4) und „Gerechtigkeit" (vgl. 4.2) heranziehen. Da unser Interesse in der Veranschaulichung von Care-Aspekten liegt, gehen wir hier auch nur auf diese ein.

dass es um Fragen der Verteilung und Wertschätzung von Care-Aufgaben geht. Wie kann man diese Aufgaben angemessen formulieren, wie ihnen nachkommen, wie sie in eine Balance miteinander bringen? Welche Kriterien gibt es, um Prioritäten zu setzen?

Um diese Fragen zu beantworten zu können, sind ein paar Umwege erforderlich, denn wendet man sich mit dem Wunsch, Antworten zu bekommen, direkt an die Moralphilosophie, dann ist das Ergebnis zunächst etwas enttäuschend: Zwar steht es für die meisten Ethiker_innen[65] seit der Antike außer Frage, dass es moralisch gut ist, anderen in Notsituationen beizustehen und ihr Wohlergehen bei den eigenen Handlungen zu berücksichtigen,[66] doch Fragen, die sich auf die konkrete Praxis des fürsorglichen Handelns beziehen, werden bis ins 20. Jahrhundert hinein wenig zum Thema gemacht. Fürsorgeethische Fragen gelten zudem über lange Zeit nicht als gesellschaftliche Probleme, die Gegenstand von Politik bzw. als Pflichten dem Gemeinwesen gegenüber zu diskutieren wären, sie werden vielmehr unter Begriffen wie „Großzügigkeit" und „Wohltätigkeit" als *Tugenden bzw. Charakterzüge* der einzelnen Person verhandelt.[67] Nun wirken Begriffe wie „Tugend" und „Charakter" auf uns heute nicht nur etwas altmodisch, sie können auch wegen der damit transportierten Vorstellung der Festigkeit von Charakter und der Autonomie von Persönlichkeit nicht ohne weiteres beibehalten werden. Angesichts der inzwischen zur Verfügung stehenden einzelwissenschaftlichen Erkenntnisse über Sozialisation und psychogenetische Prägung ist es kaum möglich, die Vorstellung von Charakter als „geprägte Form, die lebend sich entwickelt" (so ein häufig verwendetes Goethe-Zitat[68]) noch zu teilen. Wir wissen viel über die Wirkung von Einflüssen auf das Individuum, die nicht von ihm selbst gewählt sind, sowie über die ganz grundsätzliche kulturelle Bedingtheit des Re-

---

[65] Auch hier sei noch einmal daran erinnert: die abendländische Tradition auch der praktischen Philosophie ist männlich dominiert. Erst ab der zweiten Hälfte des 20. Jahrhunderts ändert sich das wahrnehmbar und die Debatte um die Care-Ethik wird dann vor allem von Ethikerinnen geführt.

[66] Die Begründungen dafür, warum man dies tun soll, sind unterschiedlich: Sie werden aus Vorstellungen des guten Lebens abgeleitet – bei Aristoteles (384-322) oder in der jüdischen Tradition mit der Auffassung der Nächstenliebe und Gerechtigkeit (Zedaka) und in der christlich geprägten Tradition des Mittelalters und der frühen Neuzeit aus dem Gebot der Nächstenliebe und Brüderlichkeit (vgl. u. a. Rapp 2003). Spinoza (1632-1677) geht davon aus, dass wer sich von der Vernunft leiten lässt, für sich selbst nur verlangt, was er auch für andere begehrt. Bei Rousseau (1712-1778) ist dann das im „Naturzustand" gegebene Gattungsgefühl des Mitleids grundlegend; bei Kant (1724-1804) lassen sich die positiven Pflichten gegen andere letztendlich aus dem kategorischen Imperativ ableiten.

[67] Das ist für vormoderne Gesellschaften bis zu einem gewissen Grad nachvollziehbar, in denen wesentliche Anteile des fürsorglichen Handelns dem Privatbereich zugeordnet wurden bzw. als selbstverständliche Äußerungen des Naturwesens Mensch (und das hieß meist der Frau) gesehen und deshalb nicht für einen Theoriegegenstand gehalten wurden. Rüdiger Volz (2004) hat allerdings darauf hingewiesen, dass auch heute noch in vielen Ethiken eine Fixierung auf den öffentlichen Bereich und eine Vernachlässigung des häuslichen Bereichs anzutreffen ist.

[68] Das Zitat stammt aus dem Gedicht „Urworte. Orphisch" (Conrady 2008: 300).

dens von Charakter und Persönlichkeit, in das ja auch hierarchisierende Vorstellungen von Geschlecht, sozialer und ethnischer Herkunft eingehen. Andererseits enthält der Begriff der (Charakter-)Tugend zugleich eine Facette, die auch heute noch für wichtige Seiten menschlichen Verhaltens und eben auch für Fürsorglichkeit kennzeichnend ist. Eine gewisse *Kontinuität* der Bereitschaft für andere (mit-) zu sorgen kommt darin zum Ausdruck sowie die Tatsache, dass in diese Bereitschaft *Wissen, moralische Intuitionen und emotionales Angesprochensein* eingehen. Fürsorgliches Verhalten und fürsorgliche Handlungen kommen in der Regel nicht durch in der einzelnen Situation jeweils getroffene und begründete Einzelentscheidungen zustande, sondern aus einer Haltung heraus, in die all diese Momente eingehen. Aristoteles (384-322) nennt diese Form, in der Menschen über Tugend verfügen „hexis" (vgl. Aristoteles 1969); Pierre Bourdieu (1930-2002) hat dann im 20. Jahrhundert mit dem Habitus-Konzept (vgl. Bourdieu/Wacquant 1996) eine weiter gefasste soziologische Theorie zur Verfügung gestellt, mit der sich auch Tugendhaltungen beschreiben lassen. Wenn wir diese Modifikationen mitdenken, lassen sich tugendethische Überlegungen für unsere Fragestellung nutzen.

4.5.2 Aufmerksamkeit für Andere in der Tugendethik

Auch wenn in der abendländischen moralphilosophischen Tradition bis ins 20. Jahrhundert hinein keine Care-Ethik ausgearbeitet worden ist, so wird in der Tugendethik – immer in den Begrifflichkeiten der jeweiligen Zeit – sehr wohl thematisiert, dass es gut und richtig ist, Aufmerksamkeit für Andere auszubilden. Die tugendethische Diskussion – auch über solche Fragen – reicht von der antiken Ethik bis in aktuelle moralphilosophische Debatten.[69] Wir wollen sie nicht im

---

[69] Zu nennen sind aus der Antike neben Aristoteles, auf den wir eingehen, einige Positionen der Stoa (= eine philosophische Richtung aus dem dritten vorchristlichen Jahrhundert) sowie Seneca (1. nachchristliches Jahrhundert). Zentrales Thema in der Antike ist der Umgang mit den menschlichen Affekten. In der christlich geprägten europäischen Philosophie – beginnend mit Augustinus (354-430) – finden Tugenden ihre Begründung in göttlichen Geboten. In Anlehnung an Aristoteles wird ein System von Kardinaltugenden entwickelt, bestehend aus den so genannten natürlichen Tugenden (Weisheit, Besonnenheit, Tapferkeit und Gerechtigkeit) und den theologischen Tugenden (Liebe, Glaube, Hoffnung – häufig ergänzt durch Demut). Mit der Ablösung von der christlichen Autoritätsbindung beginnt im 15. Jahrhundert eine neue Begründungstradition, die sich auf Affekte und Gefühle stützt – ein wichtiger Autor dieser Tradition ist neben David Hume (1711-1776) und Adam Smith (1723-1790), auf die wir etwas genauer eingehen werden, Baruch de Spinoza (1632-1677). Mit der Aufklärung verschiebt sich das Interesse auf Fragen der Subjektkonstitution und den Ausgleich zwischen eigenen und fremden Interessen. Deontologie (=Pflichtenethik) und Utilitarismus (= Ausrichtung am größtmöglichen Glück aller) werden moraltheoretisch dominant. Diese Richtungen verwenden zwar den Tugend-Begriff weiterhin, tragen aber nicht zu einer weiteren Ausdifferenzierung der einzelnen Tugenden bei. In der zweiten Hälfte des 20. Jahrhunderts entsteht dann, angestoßen durch einen Aufsatz von Elisabeth Anscombe (Anscombe 1958), eine neue tugendethische Diskussion. Hier sind vor allem die Arbeiten von Alasdair MacIntyre

Einzelnen nachzeichnen, greifen aber einige Positionen auf, aus denen sich für *berufsbezogene* fürsorgeethische Fragen Klarheiten gewinnen lassen:

Die Tugendethik des Aristoteles

An Aristoteles (384-322) führt in Bezug auf tugendethische Diskussionen kein Weg vorbei: Auf seine „Nikomachische Ethik" (Aristoteles 2006) greifen nahezu alle Tugendethiker_innen zurück und seine Überlegungen klingen, wenn man sie aus den gesellschaftlichen Rahmenbedingungen einer männerdominierten Sklavenhalter-Gesellschaft herauslöst[70] und auf egalitäre gesellschaftliche Verhältnisse und Lebenswelten überträgt, ziemlich „modern". Aristoteles verhandelt die Tugenden, zu denen auch Freigebigkeit, Großzügigkeit und Freundlichkeit gehören, unter dem Gesichtspunkt, welche Haltungen (aus denen entsprechende Handlungen resultieren) dazu führen, dass man ein Leben als gelungen und gut bezeichnen kann. Tugenden in dieser Bedeutung zeichnen sich durch das angemessene Verhältnis zu den (zur menschlichen Natur gehörenden) Affekten bzw. Leidenschaften aus. Care-Tugenden im engeren Sinne kommen nicht vor. Die Tugenden der Freigebigkeit und Großzügigkeit – sie beziehen sich auf materielle Unterstützung, das Geben von Geld und Werten, die sich in Geld ausdrücken lassen – enthalten allerdings Anteile von Care und in den Beschreibungen, die Aristoteles liefert, werden dann auch Einzelaspekte angesprochen, die sich auf Care-Praktiken beziehen lassen: So wird Großzügigkeit, die den Göttern und der Allgemeinheit zu gute kommt, höher bewertet, als die Freigebigkeit, die im Privaten bleibt; anderen helfen zu können, ist für den Tugendhaften bereits ein wichtiger Gesichtspunkt, wenn er Eigenes erwirbt, und das Geben muss in doppelter Weise angemessen sein, um als tugendhaft zu gelten: es muss den eigenen Ressourcen entsprechen und passend auf die konkreten Bedingungen der Situation reagieren (vgl. Aristoteles 2006).

Damit sind zwei wichtige Gedanken formuliert, die die Diskussion über Sorge/Fürsorge bis heute begleiten. Der eine betrifft die Frage, wie sich die Aufmerksamkeit für die Bedürfnisse der Anderen im Nahbereich der eigenen Lebenswelt zum Umgang mit Unterstützung und Hilfe für entfernte Andere verhält. In nahen Beziehungen Unterstützung zu leisten, ist für viele Menschen selbstverständlicher als die Hilfe für „Fremde" – Aristoteles bewertet das Verhältnis (vielleicht gerade deshalb) anders herum: Das, was der Allgemeinheit zugute kommt, ist vom Standpunkt der Tugend aus betrachtet, das Bessere. Der zweite Gedanke betrifft die Frage nach der Angemessenheit der Unterstützung, die gegeben wird. Großzügigkeit soll nicht kleinlich ausfallen, sonst ist man nicht tugendhaft, sondern geizig. Sie soll aber auch die eigenen Ressourcen im Blick behalten, denn sonst wird man verschwenderisch und auch das ist nicht tugendhaft. Es geht also

---

(MacIntyre 1985), Martha Nussbaum (Nussbaum 1999) und Ernst Tugendhat (Tugendhat 1993) zu nennen.

[70] Vgl. dazu die Ausführungen zur griechischen Polis im Kapitel 4.2. Hier findet sich auch eine Besprechung von Aristoteles in Bezug auf seine Konzeption von Gerechtigkeit.

um das Finden der richtigen Balance (die Aristotelische Mitte); die heutigen Diskussionen über das Burn-out-Risiko helfender Berufe und damit verbunden über das Verhältnis von Fürsorge und Selbstsorge können von solchen Überlegungen profitieren. Die Unterstützung soll zugleich der Situation angemessen sein, das *in der Situation Richtige im richtigen Maß* ist zu tun. Um dies einschätzen und beurteilen zu können bedarf es der Klugheit. Auch damit sind Anforderungen formuliert, die heute noch für lebensweltliche wie berufliche Handlungssituationen gleichermaßen gelten. Über diese, direkt auf eine Care-Ethik beziehbaren Überlegungen hinaus, ist das Verständnis interessant, das Aristoteles von Tugend überhaupt entwickelt (vgl. Aristoteles 1969). Drei Aspekte, die auch von Bedeutung sind, wenn wir heute darüber nachdenken, wie die individuelle Bereitschaft für moralisch gutes Handeln entstehen, finden sich hier bereits: Tugenden sind *Dispositionen* (= grundlegende Haltungen) für moralisch gutes Verhalten, die sich in (guten) Vorhaben und Maximen äußern. Solche Dispositionen werden in der Erziehung durch Betätigung und Gewöhnung angelegt, sie müssen *ausgebildet und vernünftig geleitet* werden – für Aristoteles geht es darum, mit Bezug auf die eigenen Affekte und in der Mitte zwischen Extremen das richtige Maß zu finden. Und ein dritter Gesichtspunkt ist heute noch wichtig: Auch eine gut entwickelte Tugend zeigt nicht an, was in einer konkreten Situation genau zu tun ist. Dies dem eigenen Vermögen und den Umständen entsprechend zu entscheiden, hält Aristoteles für eine Frage der *Klugheit* (vgl. Aristoteles 1969). Diese drei Aspekte lassen sich direkt auf Fragen der Berufsmoral beziehen: Aus der Sozialisation und Erziehung bringen Professionelle eine persönliche Moral mit, beziehen diese auf den beruflichen Alltag und die besonderen Anforderungen der Profession. Das bedarf der Ausbildung, der Überlegung und der Gewöhnung durch Betätigung. Situationswahrnehmung und die Einschätzung, was zu tun ist, sind eine Frage der (wissenschaftlich und methodisch geschulten) Klugheit. Wenn wir von hier aus auf die Fallskizze oben zurückblicken, dann fällt auf, dass die Fragen des *Wie* der Fürsorge, also die Frage danach, was genau zu tun ist, wenn man fürsorglich sein will, nicht besonders problematisch zu sein scheint. Sowohl bezogen auf die beratenen Familien und die Kinder mit Aufmerksamkeitsdefizit (Klientel), als auch bezogen auf Praktikant_innen und Teamatmosphäre (Team), als auch bezogen auf die Schwierigkeiten von Frau S. (Supervision) gibt es Ideen, *was zu tun ist.* Die Klugheitsentscheidungen fallen fast leicht, fachliche Ausbildung und die berufliche Erfahrung liefern die Ideen. Unklarer scheinen die im engeren Sinne ethischen Fragen zu sein, wer nämlich und in welchem Maß aus einer fürsorglichen Disposition heraus handeln soll und ob diese „Tugend" in dieser Einrichtung als berufliche gilt oder nicht vielmehr in der Privatheit von Frau S. verbleibt.

Aristoteles wird wie andere Autoren der griechischen und römischen Antike auch in heutigen tugendethischen Diskussionen zum einen wegen solcher grundlegenden Einsichten immer wieder herangezogen, ein zweiter Grund liegt darin, dass die antiken Autoren in ihren Überlegungen ein Verhältnis zu religiösen Forderungen praktizieren, das dem moderner Gesellschaften ähnlicher ist, als das der christlichen Tradition. Für Aristoteles ist die Einbeziehung der Götter (denen man opfert) in das politische und private Leben, ein *Faktum*, das als solches auch in der Ethik vorkommt – bei der *Begründung* des guten Lebens und der Tugenden dagegen gibt es keinen Rückgriff auf Religiöses. Darin liegt für moderne Gesellschaften, die es bei der Diskussion von Moral und Tugend immer mit Pluralität zu tun haben, eine wichtige Möglichkeit. Denn genau dadurch, dass man innerweltliche Begründungen formuliert, werden moralphilosophische Überlegungen diskutabel – auch von abweichenden Positionen aus, während eine religiöse Moral, die Gebote aus der Autorität Gottes ableitet, nicht mit anderen Moralkonzepten diskutieren kann: „sie kann nur glaubensmäßig und also dogmatisch ihre eigene Überlegenheit behaupten oder sich von den anderen abschließen." (Tugendhat 1993: 66). Das Verhältnis von religiös begründeten Moralvorstellungen zu Themen beruflicher Care-Ethik bekommt aus diesem Grund etwas Paradoxes: Einerseits sind es meist die aus religiösen Vorstellungen entwickelten traditionalistischen Moralvorstellungen, die starke Normen von Wohltätigkeit, Barmherzigkeit und Almosenpflicht ausbilden und (wie in jüdischen, christlichen oder muslimischen Gemeinden) Wohltätigkeitsinstitutionen schaffen und entsprechende Traditionen begründen. Andererseits tragen sie im säkularen Sinne wenig zu einer *begründungsfähigen* Ausdifferenzierung tugendethischer Vorstellungen[71] bei.

Beiträge des 18. Jahrhunderts zur Tugendethik

Wir machen nun historisch einen großen Sprung (von der Antike ins ausgehende 18. Jahrhundert) zu Vertretern einer naturphilosophisch begründeten Tugendethik. Interessant sind die im 18. Jahrhundert systematisch ausgearbeiteten Überlegungen zum Verhältnis von menschlicher „Natur" und Tugend, weil sie die *intuitive Seite der Moral* ausleuchten – nicht die Vernunft, sondern der moralische Sinn wird nun als die wichtigste Quelle von Moral angesehen. Die Auseinandersetzung mit den menschlichen Gefühlen und Empfindungen bekommt dadurch einen neuen Stellenwert. Bei Autoren wie David Hume (1711-1776) und Adam Smith (1723-1790) sind die Affekte und Leidenschaften nicht mehr vorrangig Äußerungen menschlicher Triebe, die es zu zügeln und zu mäßigen gilt, sie stellen in ihrer Sicht vielmehr auch die Kräfte und Energien bereit, die moralisches Handeln ermöglichen. Erfahrung und Empfindungen werden zu Erkenntnisquellen. So sind für Hume „die in der Erfahrung gegebenen Gefühle und Affekte die primären Gegebenheiten, von denen jede Moralphilosophie auszugehen hat." (Prechtl 1995: 410). Diese Grundannahme führt zu einer intensiven Beschäftigung damit, welche Affekte und Empfindungen es gibt, wie sie sich einordnen lassen und aus welchen Gründen wir die Handlungen billigen oder verurteilen, die daraus hervorgehen. Im moralischen Sinne gute Handlungen lösen bei demjenigen, der sie erlebt, wie bei demjenigen, der sie beobachtet,

---

[71]   Das heißt nicht, dass in religiösen Kontexten nicht intern über Tugenden diskutiert z. T. auch gestritten werden könnte.

Gefühle des Wohlgefallens, der Freude oder der Liebe aus, im ersten Fall intensive-re, im zweiten Fall ebenso deutliche, wenn auch weniger starke. Dass das so ist, basiert für Hume auf der menschlichen Fähigkeit, sich in die Lage von Anderen hineinzuversetzen; diese Fähigkeit nennt er Mitgefühl bzw. Sympathie. Zwei Typen von Tugenden werden von ihm unterschieden: Natürliche Tugenden (und Laster) sie gehen im Umgang der Menschen miteinander unmittelbar aus den Gefühlen und Impulsen hervor, sie sind „durchaus natürlich und in keiner Weise von den Kunstgriffen und Veranstaltungen der Menschen abhängig" (Hume 2007: 157). Demgegenüber sind künstliche Tugenden in gewisser Weise abgeleitete Tugenden, da sie nicht direkt aus der menschlichen Natur entstehen, sondern (wie die an die Rechtsordnung und das Eigentum gebundenen) von kulturellen Erfindungen ab-hängig sind (Hume 2007: 59 ff.). Zu den natürlichen Tugenden gehören Güte, Wohlwollen, Menschlichkeit, Treue, Besorgtheit, Sanftmut, Barmherzigkeit, Groß-mut, Milde, Liebe zu Kindern, Mäßigung, Beherrschtheit und Redlichkeit – ein breites Spektrum wohlwollender Regungen, die sich auf andere Menschen richten und Handlungen des Helfens und der Fürsorge auslösen können. Dass Handlun-gen, die positive Gefühle auslösen, wenn sie uns selbst gelten, dieses auch tun, wenn sie Anderen gelten, führt Hume auf die Kraft der Sympathie zurück: „Das Bewusst-sein aller Menschen ist sich hinsichtlich ihrer Gefühle und deren innerer Betäti-gungsweisen gleichartig. Niemand kann durch eine Gemütsbewegung getrieben werden ohne dass zugleich alle anderen bis zu einem gewissen Grade dafür emp-fänglich wären." (Hume 2007: 159) Grundlegende menschliche Fähigkeiten, die Care-Impulse auslösen und entsprechende Handlungen ermöglichen, werden damit an systematischer Stelle in die Ethik eingeführt – sie gelten sogar als ursprünglicher als die auf gesellschaftliche Institutionen bezogenen Tugenden. Noch einen Schritt weiter geht Adam Smith[72] in seiner 1759 erschienenen „Theorie der ethischen Ge-fühle" (Smith 2004). Smith kennt die Arbeiten Humes und baut in vielen Punkten darauf auf, nimmt aber eine neue Begründung für Moral und tugendhaftes Handeln vor, indem er die Empathie („sympathy") zur Grundlage von Moral überhaupt er-klärt. „Mag man den Menschen für noch so egoistisch halten, es liegen doch offen-bar gewisse Prinzipien in seiner Natur, die ihn dazu bestimmen, an dem Schicksal anderer Anteil zu nehmen, und die ihm selbst die Glückseligkeit dieser anderen zum Bedürfnis machen, obgleich er keinen anderen Vorteil daraus zieht, als das Vergnü-gen, Zeuge davon zu sein. Ein Prinzip dieser Art ist das Erbarmen oder das Mitleid, das Gefühl, das wir für das Elend anderer empfinden, sobald wir dieses entweder selbst sehen, oder sobald es uns so lebhaft geschildert wird, dass wir es nachfühlen können." (Smith 2004: 1) Diese Fähigkeit der Einfühlung ist keine reine Gefühls-angelegenheit, sie basiert darauf, dass wir uns mit Hilfe unserer Einbildungskraft

---

[72] Adam Smith ist heute für eine andere Arbeit bekannter geworden. Er ist auch der Autor des 1776 erschienen Buches „The Wealth of Nation" (deutsch: „Wohlstand der Nationen"), einer systema-tischen Fassung der Nationalökonomie, auf die auch Karl Marx in seinen kritischen Arbeiten zur Politischen Ökonomie zurückgegriffen hat.

– wir würden heute eher sagen mit Hilfe unseres Vorstellungsvermögens – in die Lage anderer Menschen versetzen und eigene Empfindungen und Gefühle hervorrufen können.[73] Das so entstehende (Mit-)Fühlen bezieht sich nicht nur auf Situationen, in denen Menschen leiden und die Mitleid hervorrufen, sondern kann hinsichtlich aller menschlicher Affekte und Gefühle stattfinden. Mitgefühl auszudrücken und Trost und Hilfe zu spenden, ist allerdings für die Betroffenen von größerer Bedeutung als Mitgefühl in Fällen von Glück und Freude.

Für unsere Fragestellung sind zwei Aspekte der „Theorie der ethischen Gefühle" besonders interessant, weil sie der Arbeitssituation in den sozialen Berufen zu entsprechen scheinen: Zum einen erkennt Smith an, dass Mitgefühl mit nahe stehenden Menschen leichter entsteht und dass es sich in Situationen, denen man unmittelbar beiwohnt, lebhafter entwickelt. Dabei hebt er aber gleichzeitig hervor, dass *Empathie eine aktive Leistung* des Vorstellungsvermögens ist, die es auch ermöglicht, auf Entferntere und Fremde mit Mitgefühl zu reagieren. Zum anderen baut er eine Möglichkeit der Reflexion gegenüber intuitiven Reaktionen ein, indem er dazu auffordert, eine Position des *unparteiischen Beobachters* einzunehmen – nicht in konkreten Handlungssituationen, sondern wenn man *beurteilen* will, ob eine bestimmte Lage/Situation/Affektäußerung wirklich unser Mitgefühl *verdient*, ob die Auslöser für die Affektäußerung Billigung bzw. Missbilligung verdienen und ob das Maß der Affektäußerung angemessen[74] ist. Maßstab für die Beurteilung ist zunächst die genaue Wahrnehmung der Situation, die bei einem „unparteiischen Beobachter" präziser sein kann als bei der betroffenen Person. Hinzutritt der Vergleich der Affektäußerung dieser Person mit der durch Empathie entstandenen Gefühlsreaktion bzw. mit Erfahrungswerten bei vergleichbaren Auslösern (vgl. Smith 2004: 4). Es gibt also eine Möglichkeit, die (in beruflichen Situationen grundsätzlich gegebene) lebensweltliche Distanz (zur Klientel) sowohl zu überwinden als auch zu nutzen – dazu bedarf es der *aktiven Empathie* und der *Unterscheidung von Erleben/Handeln und (Be-)Urteilen.*

Adam Smith erscheint in den von uns herausgearbeiteten Aspekten als ein ziemlich „moderner" Autor – heißt das, dass es keinen Grund für eine kritische Haltung seiner Theorie gegenüber gibt? Doch. Wenn man sich die Ausführungen zu den einzelnen Tugenden genauer anschaut, wenn man einen Blick auf die Kapitel wirft, in denen er seine Ethik mit gesellschaftlichen Fragen verknüpft,

---

[73]   In diesem Punkt unterscheidet sich Smith deutlich von Hume. Humes Vorstellung, das Mitgefühl könne auch unmittelbar durch den Gefühlsausdruck des Anderen hervorgerufen werden, weist Smith zurück – nicht dass er der Meinung wäre, dies käme nicht vor, aber er hält es unter ethischen Aspekten für zu irrtumsanfällig und unvollständig. Eine spezifische Konzeption des Vorstellungsvermögens und Perspektivenwechsels findet sich bei Hannah Arendt, was wir im Kapitel 4.3 beschreiben.

[74]   Hier taucht auf anderer Ebene, aber doch deutlich erkennbar, die aristotelische Frage nach dem richtigen Maß wieder auf. Smith geht davon aus, dass Erfahrung und unparteiische Beobachtung helfen, das richtige Maß zu finden und dass der Ausdruck von Mitgefühl auch eine mildernde Wirkung auf die Affekte der Anderen hat (vgl. Smith 2004: 25).

dann zeigt er sich durchaus als „Kind seiner Zeit": Sowohl die Beispiele, an denen er einzelne Tugenden diskutiert, sind solche, die die bürgerliche männliche Lebenssituation des 18. Jahrhunderts widerspiegeln, als auch seine Sicht auf Gesellschaft erweist sich als vom klassischen Liberalismus[75] bestimmt. So geht er etwa davon aus, dass Gesellschaften auf rein geschäftlicher Basis funktionieren können, solange Gerechtigkeit (als Gerechtigkeit des Rechtssystems) gesichert ist, während die „Wohltätigkeit" zwar ein harmonischeres und freundlicheres gesellschaftliches Klima verbreitet, aber nicht gesellschaftlich erzwungen oder hergestellt werden kann. Der familiale bzw. häusliche Bereich ist auch bei Smith als quasi-natürlich vorausgesetzt. Solche problematischen Punkte finden sich allerdings nicht nur bei Adam Smith. Vielmehr zeigt sich hier ein Problem, das es nicht nur im 18. Jahrhundert, sondern auch in späteren Tugendethiken gibt. Über Tugend im Sinne von Haltungen und Handlungen von Personen nachzudenken, bedeutet ja, sich einzelne Akteur_innen in einer gegebenen Lebenswelt vorzustellen. Diese Lebenswelt wird dann oft unkritisch mit den eigenen gesellschaftlichen Gegebenheiten gleichgesetzt und so gehen zeitgebundene Vorstellungen über die gesellschaftliche Ordnung in die Überlegungen ein. Über beides – Gesellschaft und individuelles Handeln – unvoreingenommen bzw. kritisch nachzudenken ist auch für das philosophische Denken eine Herausforderung.[76]

4.5.3 Fürsorgliches Verhalten und sozialer Zusammenhalt

In der zweiten Hälfte des 20. Jahrhunderts entstehen Ethik-Konzepte, die mehrere Ebenen zu berücksichtigen versuchen: die Ausarbeitung fürsorgeethischer Konzeptionen, die Einbeziehung der Bedingungen von modernen, egalisierten Gesellschaften *und* die Frage nach der Bedeutung fürsorglichen Handelns für das Gemeinwesen. Wir werden diese Diskussion[77] nicht nachzeichnen, sondern eini-

---

[75] Der Liberalismus des 18. Jahrhunderts bezieht sich auf die Forderung der politischen und wirtschaftlichen Freiheit der Individuen. „Die vier wichtigsten Prinzipien des L. sind: a) das Recht auf Selbstbestimmung auf der Basis von Vernunft und Einsicht, b) die Beschränkung politischer Macht und c) die Freiheit gegenüber dem Staat, d) die Selbstregulierung der Wirtschaft auf der Basis persönlichen Eigentums." (www.bpb.de/wissen/H75VXG,html; abgerufen am 14.4.2011)

[76] So erscheint beispielsweise die Autonomie/Handlungsfähigkeit der Akteur_innen aus beiden Perspektiven unterschiedlich. Die ethische Perspektive setzt wie die juristische immer ausreichend große Handlungsspielräume bei den individuellen Akteur_innen voraus – wer nicht zwischen Handlungsmöglichkeiten wählen kann, kann weder tugendhaft noch lasterhaft handeln, sondern ist Zwängen ausgeliefert. Die gesellschaftliche Perspektive (= die sozialwissenschaftlich geprägte Sicht auf die Lebens- und Interaktionsbedingungen des Gemeinwesens) dagegen zeigt die Akteur_in als in vielfacher Hinsicht in ihren Entscheidungen und Handlungsmöglichkeiten sozial festgelegt und beschränkt. Dafür den richtigen Überschneidungspunkt zu bestimmen, bereitet nicht nur Richtern bei der Urteilsfindung, sondern auch Philosophen bei der Herausarbeitung treffender Beschreibungskategorien Schwierigkeiten.

[77] Eine gute Darstellung und Einordnung der Tugendethik neueren Datums liefert Nafsika Athanassoulis in ihrem Artikel „virtue" (vgl. Athanassoulis 2004). Dabei wird auch auf kommunitaris-

ge Argumente herausarbeiten, die für die Reflexion beruflichen Care-Handelns von Bedeutung sind. Zwei Autor_innen, die hierzu Beiträge geleistet haben, sind in den bisherigen Überlegungen dieses Kapitels bereits genannt worden: Ernst Tugendhat und Martha Nussbaum.[78] Beide haben sowohl die Frage nach dem „guten Leben" als Ausgangsfrage der Tugendethik gestellt als auch die Bedeutung „tugendhaften" Verhaltens für das Gemeinwesen insgesamt diskutiert – Tugendhat eher in nationalstaatlichen, Nussbaum eher in globalen Zusammenhängen denkend. Obwohl sich die jeweils entwickelten Theorien sehr unterscheiden – Nussbaum nimmt die aristotelische Philosophie zum Ausgangspunkt, Tugendhat die kantische[79] – ist doch ein für Fragen der Care-Ethik interessantes Ergebnis gemeinsam: Auf moderne Gesellschaften und globale Zusammenhänge bezogen, wird eine Theorie entworfen, die den Tugenden der Nothilfe und Fürsorge (das, was bei Adam Smith „Wohltätigkeit" heißt) auf Seiten der Bedürftigen *berechtigte Ansprüche* gegenüberstellt.

In den Überlegungen Tugendhats (vgl. Tugendhat 1993) lassen sich Rechte auf Unterstützung aus der Wechselseitigkeit ableiten, die aus genereller und gleicher Achtung folgt. Diese Rechte sind zwar nicht alle (juristisch) einklagbar, können aber moralisch eingefordert werden. So entsteht nicht nur eine (moralische) Pflicht zum Schaffen von staatlichen Institutionen, die (als Grundrechte gefasste) Schutzpflichten garantieren, sondern es können auch Forderungen nach Sozialrechten daraus abgeleitet werden. So müsse es z. B. öffentliche Einrichtungen geben, die Hilfe in Notlagen leisten, sowie solche, die Kindern und anderen hilfsbedürftigen Personengruppen Ernährung, Schutz und eine angemessene Umgebung sichern – dies allerdings immer „aushilfsweise", wenn die Ansprüche auf Unterstützung im lebensweltlichen Kontext nicht erfüllt werden (können). (vgl.

---

tische Entwürfe Bezug genommen. Diese, als Reaktion auf die Dominanz liberalistischer Gesellschaftstheorien im 20. Jahrhundert entstanden Theorien, stellen nicht die einzelnen Handelnden ins Zentrum, sondern das Gemeinwesen (daher die Bezeichnung „kommunitaristisch"). Sie fragen danach, welche Haltungen, Normen und soziale Beziehungen ein „gutes" Gemeinwesen benötigt (eine Zusammenstellung der wichtigsten Positionen findet sich bei Honneth 1993). Kommunitaristische Ethiken haben allerdings das Problem eines tendenziellen Konservativismus, da sie auf bekannte Institutionen sozialer Unterstützung zurückgreifen. So wie viele Tugendethiken eine Affinität zur Vorstellung eines autonomen (männlichen) Subjekts haben, haben viele kommunitaristische Theorien eine Affinität zu hierarchischen Formen der Arbeitsteilung zwischen den Geschlechtern und zu traditionellen Lebensformen generell.

[78]   Ernst Tugendhat gilt als zentraler Vertreter der deutschen Diskussion um Tugend-Ethik; Martha Nussbaum – häufig als aristotelische Sozialdemokratin bezeichnet – hat die angelsächsische Diskussion über soziale Menschenrechte und den „capability approach" geprägt. Insbesondere ihre zusammen mit Armartya Sen an einem Forschungsinstitut der UNO geleistete Arbeit (Nussbaum/Sen 1995) gilt als sehr einflussreich.

[79]   Auf die – für viele Fragen zentrale Moralphilosophie Immanuel Kants (1724-1804) gehen wir in diesem Kapitel nicht ein, da der von Kant wesentlich geprägte pflichtenethische Ansatz zur Konturierung einer Care-Ethik nicht viel beiträgt. Wie er dennoch genutzt werden kann, um die erforderlichen Aspekte einzubinden, wird in den Vorlesungen Tugendhats über Ethik (Tugendhat 1993) gut nachvollziehbar entwickelt. Zu Kant siehe auch das Kapitel 4.2.

Tugendhat 1993) Ein aus der Tugendethik geläufiges Argument wird hier von Tugendhat in neuer Weise mit Gemeinwesenaufgaben verknüpft: Fürsorgliches Verhalten beruht im Sinne der Tugendethik (neben Empathie, Mitgefühl und Hilfsbereitschaft) darauf, dass die konkrete Situation der anderen Person wahr-genommen, beurteilt und hinsichtlich der erforderlichen Ressourcen eingeschätzt werden kann. Tugend kann deshalb auch nur in entsprechenden Konstellationen *praktiziert* werden, was zur Konsequenz hat, dass praktizierte Tugend gegenüber entfernten Fremden nicht möglich ist. Das heißt aber nicht, dass damit alle mo-ralischen Anforderungen an ihre Grenze gestoßen wären – vielmehr geht an diesem Punkt Tugendethik in Politik über. Es gilt wie in anderen Fällen auch, in denen Gemeinschaftsaufgaben nicht in direkter Kooperation bewältigt werden können, dass es dazu eigener Einrichtungen/Institutionen des Gemeinwesens bedarf. Die Moral bekommt eine *politische Dimension.* Nicht nur die von religiösen oder kommunalen Gemeinschaften getragenen Wohlfahrtseinrichtungen des eu-ropäischen Mittelalters, auch die heute in Pädagogik, Sozialer Arbeit und Gesund-heitspflege ausgeübten sozialen Berufe sowie die sich auf internationaler Ebene um soziale Belange kümmernden Organisationen lassen sich ethisch in der von Tugendhat vorgeschlagenen Weise begründen.

Nussbaums theoretischer Ausgangspunkt ist ein völlig anderer. Sie fragt nach Bedingungen und Voraussetzungen eines guten Gemeinwesens und vermeidet den Rückgriff auf traditionelle Lebensformen und Geschlechterverhältnisse,[80] indem sie das Grundprinzip der Tugendethik[81] beibehält, nämlich über die Vor-aussetzungen für ein *„gutes Leben"* jedes Einzelnen nachzudenken (vgl. Nussbaum 1999). Ausgehend von einer anthropologischen Frage – was macht ein spezifisch menschliches Leben aus? – formuliert sie einen Katalog von Bedürfnissen der Betätigung, auf deren Befriedigung Menschen einen *Anspruch* haben. Auch Mar-tha Nussbaum ist der Meinung, dass es Aufgabe des Gemeinwesens bzw. der staatlichen Gesetzgebung ist, Voraussetzungen zu schaffen, die allen Individuen eine Lebensgestaltung und d.h. die Betätigung der grundlegenden menschlichen Fähigkeiten[82] ermöglichen. Die Fähigkeiten, um die es dabei geht, beschreibt sie wie folgt:

„1. Die Fähigkeit, ein volles Menschenleben bis zum Ende zu führen; nicht vorzeitig zu sterben oder zu sterben, bevor das Leben so reduziert ist, dass es nicht mehr lebenswert ist.

---

80 Dieses Problem – häufig als kommunitaristische Falle bezeichnet – tritt in den meisten Konzepten auf, die versuchen die Merkmale einer guten Gesellschaft aus guten (im Sinne von Sicherheit und Fürsorge bietenden) sozialen Beziehungen abzuleiten.
81 In diesem Punkt teilt Martha Nussbaum die Grundüberzeugungen des Liberalismus, dass Freiheit und persönliche Lebensgestaltung unveräußerliche individuelle Rechte sind (also auch nicht an Gruppen oder Gemeinschaften abgetreten werden können).
82 Der Fähigkeitenansatz schließt – dies hat Nussbaum in ihrer jüngsten Publikation (Nussbaum 2010) herausgearbeitet – Menschen mit Einschränkungen nicht aus; auch Überlegungen zur Würde „nichtmenschlicher Tiere" lassen sich an das Konzept anschließen.

2. Die Fähigkeit, sich guter Gesundheit zu erfreuen; sich angemessen zu ernähren, eine angemessene Unterkunft zu haben; Möglichkeiten der sexuellen Befriedigung zu haben; sich von einem Ort zum anderen zu bewegen.

3. Die Fähigkeit, unnötige Schmerzen zu vermeiden und freudvolle Erlebnisse zu haben.

4. Die Fähigkeit, die fünf Sinne zu benutzen, sich etwas vorzustellen, zu denken und zu urteilen.

5. Die Fähigkeit, Bindungen zu Dingen und Personen außerhalb unserer selbst zu haben; diejenigen zu lieben, die uns lieben und für uns sorgen, und über ihre Abwesenheit traurig zu sein; allgemein gesagt: zu lieben, zu trauern, Sehnsucht und Dankbarkeit zu empfinden.

6. Die Fähigkeit, sich eine Vorstellung vom Guten zu machen und kritisch über die eigene Lebensplanung nachzudenken.

7. Die Fähigkeit, für andere und bezogen auf andere zu leben, Verbundenheit mit anderen Menschen zu erkennen und zu zeigen.

8. Die Fähigkeit, in Verbundenheit mit Tieren, Pflanzen und der ganzen Natur zu leben und pfleglich mit ihnen umzugehen.

9. Die Fähigkeit, zu lachen, zu spielen und Freude an erholsamen Tätigkeiten zu haben.

10. Die Fähigkeit, sein eigenes Leben und nicht das von jemand anderem zu leben.

10a. Die Fähigkeit, sein eigenes Leben in seiner eigenen Umgebung und seinem eigenen Kontext zu leben." (Nussbaum 1999, 57 f.)

Schaut man sich diesen Katalog im Detail an, dann fällt auf, dass Tätigkeiten und Bedürfnisse, die im engeren Sinne zur Care-Praxis gehören, einen vergleichsweise großen Raum einnehmen. Sowohl die körperbezogene Pflege wird angesprochen als auch die lebensweltlich erfahrbare Fürsorge. Deutlich benannt werden emotionale Fähigkeiten – Gefühle, die in Beziehungen (wie im Selbstbezug) entstehen, Verbundenheit, die aus erfahrener Fürsorge hervorgeht. Interessant ist, dass sowohl nehmende als auch gebende Positionen, aktivitätsbezogene wie reflektierende Haltungen angesprochen sind. Man hat den Eindruck, dass hier ein etwas vollständigeres Menschenbild präsentiert wird, als in den bisher betrachteten Konzepten. Für unsere Überlegungen sind vor allem zwei Aspekte interessant: Zum einen wird eine Verknüpfung hergestellt zwischen den Fähigkeiten/ Tätigkeiten des Individuums und den dafür erforderlichen sozialen und kulturellen Voraussetzungen, welche herzustellen weder in der Macht der Einzelnen, noch in der von kleinen Gemeinschaften steht. Es ist Sache der einzelnen Menschen, ihre Fähigkeiten zu betätigen und durchaus im Sinne der Tugendethik ihr Leben als „gutes" zu gestalten und es ist die Sache der Gesetzgebung, die Lebensverhältnisse so zu gestalten, dass die Individuen ihre Fähigkeiten betätigen können. Dieser Gedanke ist dem von Tugendhat sehr nah. Zum anderen wird hier ein Katalog menschlicher Bedürfnisse in einer Weise in ethische Überlegungen eingebunden, der als Kriterien-Katalog herangezogen werden kann – gerade die Einfachheit/Offenheit der Formulierung ermöglicht es, die einzelnen Punkte auf unterschiedliche Handlungssituationen zu beziehen. Da es sich dabei um die Beschreibung von Fähigkeiten (capabilities) handelt, wird ein Nachdenken angeregt, das quer zu den das berufliche Handeln strukturierenden sozialwissenschaftlichen und diagnostischen Kategorien liegt. Unterstützungsbedarf kann formuliert werden, ohne den Eigensinn und den Subjektstatus derer zu leugnen, die dieser Unterstützung bedürfen.[83]

4.5.4 Care-Praxis und Care-Ethik

In den bisher zusammengetragenen Anregungen für eine Care-Ethik sind grundlegende Fragen so weit beantwortet worden, dass ein care-ethischer Rahmen für die berufliche Praxis formuliert und philosophisch begründet werden kann:

Fürsorgliches Verhalten lässt sich nach Art der Tugendethik als Haltung/Habitus beschreiben, es setzt moralische Intuition, (aktive) Empathie, Situationsbeurteilung und eine „kluge/reflektierende" Abschätzung von nötigen Ressourcen und vorhandenen Mitteln voraus. Um die „richtige" Praxis entwickeln und beurteilen zu können, ist es nötig die Ebenen Handeln, Reflexion und Urteilen klar zu unterscheiden. Deutlich geworden ist auch, dass die gesellschaftlichen Rahmenbedingungen in die Überlegungen einbezogen werden müssen, will man Fürsorglichkeit nicht auf Nahbeziehungen beschränken oder in sozialromantischer Weise traditionelle Lebensformen und Sozialbeziehungen heraufbeschwören. Dazu lassen sich ethisch begründete Forderungen nach Sozialrechten formulieren und die Dimensionen angeben, auf die diese sich beziehen sollen.

Aus der Sicht der beruflichen Praxis stellt sich nun die weiterführende Frage, ob die Umsetzung solcher Einsichten in die konkrete Care-Praxis ausschließlich auf Klugheitsentscheidungen – und das heißt im beruflichen Handeln in erster Linie auf Fachlichkeit und Berufserfahrung – verwiesen bleibt. Oder gibt es für Unklarheiten, wie sie in der zu Beginn beschriebenen Fallskizze deutlich geworden sind, ethische Reflexionshilfe – für die Frage danach, wer im beruflichen Alltag aus

---

[83]   In der Sozialen Arbeit wird sich häufiger auf die Maslowsche Bedürfnispyramide bezogen. Das von Abraham Maslow (1908-1970) in einem 1943 erschienen Aufsatz entwickelte Modell menschlicher Bedürfnisse enthält fünf pyramidisch auf einander aufbauende Bedürfnisgruppen (existenzielle Grundbedürfnisse → Sicherheitsbedürfnisse → soziale Bedürfnisse → Bedürfnisse der Anerkennung und Wertschätzung → Bedürfnis der Selbstverwirklichung). Dieser, mit einer klaren Prioritätensetzung verbundene Aufbau schreibt die körpernahen Bedürfnisse fest, verwendet ansonsten aber ähnlich offene Kategorien wie Nussbaum. Für die ethische Reflexion ist das Modell jedoch weniger geeignet, da es zu verobjektivierenden Beschreibungen verführt, die der Diversität individueller Subjektivität und kultureller Ausdrucksformen nicht ausreichend Rechnung tragen.

einer fürsorglichen Disposition heraus handeln soll, in welchem Maß dies erfolgen soll und ob diese „Tugend" in einer Einrichtung Anerkennung findet? Die zu Beginn bereits erwähnte, im Feminismus entwickelte Care-Ethik bietet hierfür Klärungsmöglichkeiten.

Auch bei der Care-Ethik handelt es sich nicht um ein in sich geschlossenes Konzept, das man bei Bedarf abrufen könnte. Es finden sich vielmehr in der Diskussion um Fürsorge und Care als ethisch relevanter Dimension unterschiedliche Zugänge und Positionen, die allerdings wesentliche Gemeinsamkeiten aufweisen: Wechselseitige Hilfe und Aufmerksamkeit für Andere, Verantwortung und Wertschätzung des In-Beziehung-Seins stehen im Zentrum aller care-ethischen Positionen. Obwohl es dabei zunächst nur um die Personenebenen zu gehen scheint, gehen in diese Konzepte anthropologische Vorstellungen von Mensch-Sein und normative Vorstellungen über das Gemeinwesen ein: ein gutes Gemeinwesen zeichnet sich durch eine etablierte Kultur der Aufmerksamkeit für einander aus und durch die Bereitschaft zu Unterstützung und Hilfeleistung – Elisabeth Conradi nennt dieses Ideal eine „Kultur der Achtsamkeit" (vgl. Conradi 2001). Verletzlichkeit und Bedürftigkeit sind genauso Bestandteil von Personsein wie die Fähigkeit, sich auf Andere zu beziehen, zu helfen und Hilfe anzunehmen. Es wird jedoch weder ein Menschenbild ausgearbeitet noch ein idealer Gesellschaftszustand konstruiert; alle Versuche, Werte und Haltungen einer Care-Ethik positiv auszuformulieren, nehmen vielmehr *Praxisformen* als Modell, die im alltäglichen Leben faktisch vorkommen: Die Versorgung von alten Menschen und die Pflege von Kranken werden in allen fürsorgethischen Konzeptionen (mit-)thematisiert. Für Nel Noddings (1984) ist die Pflege und Erziehung von Kindern (als die Art und Weise, in der Eltern für ihre Kinder sorgen) das Modell, an dem sie ihre Vorstellungen von „caring" entwickelt. Lorraine Code geht vom Modell der Freundinnenschaft aus (vgl. Code 1991) und Herta Nagl-Docekal (1994) orientiert sich an den (als wechselseitig codierten) Hilfeleistungen, auf die man sich bei alltäglichen Missgeschicken in der Regel verlassen kann.[84] Gemeinsam sind diesen Praxisformen und den daraus abgeleiteten ethischen Positionen zwei Grundannahmen: Die wichtigste ist das Wissen um die körperliche und psychische Verletzlichkeit der Menschen, um Geburtlichkeit und Sterblichkeit. Eine weitere Grundannahme betrifft die Asymmetrie der Beziehungen. Die *Praxis des caring* findet zumindest situativ in asymmetrischen Kontakten/Beziehungen statt. Dennoch ist bezogen auf die Gemeinschaft/Gesellschaft, innerhalb derer caring praktiziert wird, Wechselseitigkeit unterstellt. Wechselseitigkeit allerdings nicht in der Form unmittelbarer Reziprozität der Beziehung, auch nicht im Sinne eines Nutzenkalküls, sondern durch ein generelles Bezogensein auf Andere, das dafür sorgt, dass jede_r Einzelne nötigenfalls Hilfe bekommt und dass jede_r Einzelne

---

[84]   Einige dieser Konzepte sind in ihrer Festlegung auf tradierte Beziehungskonstellationen kritisiert worden – die bereits angemerkte kommunitaristische Falle. Die Modelle von Herta Nagl-Docekal und Joan Tronto trifft diese Kritik jedoch nicht.

auf den Unterstützungsbedarf Anderer eingeht. Die soziale Gemeinschaft/Gesellschaft wird als ein Gewebe von Beziehungen und Verbindungen verstanden, in die jede Person als Gebende und Nehmende eingebunden ist. Ethische Überlegungen an Praxisformen anzulehnen, wie es die Care-Ethik tut, hat den Vorteil, dass man die in der Praxis ablaufenden Prozesse analysieren und über eine phänomenologische Beschreibung zu Ansatzpunkten für die Entwicklung von Kriterien und Kategorien kommen kann. Am nützlichsten für die Reflexion beruflicher Care-Praxis ist aus unserer Sicht die Konzeption von Joan Tronto, einer Autorin, die ein sehr breites Spektrum von Praxisformen – Pflege und Dienstleistungen eingeschlossen – in den Blick nimmt. Tronto hat bei den Fürsorgehandlungen, die sie beschreibt und analysiert, vier Phasen identifiziert (vgl. Tronto 1993):

- In der ersten Phase geht es darum, die Bedürfnisse eines Anderen überhaupt wahrzunehmen, die andere Person in ihren Äußerungen zu hören bzw. sich so weit in deren Lage zu versetzen, dass ihre Bedürfnisse in der eigenen Aufmerksamkeit bedeutsam werden. Joan Tronto nennt diese Art des Aufmerksam-Werdens *caring about*.
- Die nächste Phase – *taking care of* – stellt den Übergang zur Handlung dar: Verantwortungsübernahme für die Hilfebedürftigkeit des/der Anderen, das Abschätzen der zur Verfügung stehenden Ressourcen (eigener und anderer), Schritte zur Organisation der erforderlichen Maßnahmen gehören zum Einleiten von Hilfe.
- In der dritten Phase – *care-giving* – erfolgen Hilfehandlungen, ein unmittelbar versorgender Kontakt mit der hilfebedürftigen Person findet statt, in manchen Fällen (z.B. Pflege) schließt dieser auch körperlichen Kontakt ein.
- Für eine ethische Reflexion (ver-)sorgender Praxis nicht zu vernachlässigen ist die vierte Phase – *care-receiving* – in der die Person, die Unterstützung/Pflege bekommen hat, reagiert. Denn erst in der Art und Weise, in der Hilfe und Versorgung angenommen werden, zeigt sich, ob die Bedürfnisse richtig wahrgenommen worden sind und ob die Art und Weise des care-givings und der Kontakt angemessen waren.

Welche ethischen Überlegungen lassen sich nun an dieses Phasenmodell anschließen? Durch die Prozess*haftigkeit* der Handlungsabläufe können einige, der bereits bei Adam Smith und Martha Nussbaum formulierten Einsichten präzisiert werden, der aktive Charakter von Empathie etwa oder das Verhältnis von nehmender und gebender Positionen sowie von Handeln und Reflexion. Die erste Präzisierung ergibt sich aus der Phasenabfolge selbst. Nimmt man sie ernst, dann ist deutlich, dass in jeder der vier Phasen unterschiedliche Subjekt-Subjekt-Konstellationen den Ablauf bestimmen: In der ersten Phase liegt die Aktivität bei der Person, die Hilfe gibt, wobei es unbedeutend ist, ob sie sich in direkter Interaktion mit der anderen Person befindet oder eher von dieser gehört oder durch Dritte auf den Hilfebedarf hingewiesen worden ist. Das aktive Moment besteht darin, die Wahrnehmung, die man von einer Person/Situation hat und die ja immer eine Vielfalt von Aspekten enthält und ermöglicht, so zu fokussieren, dass hervortritt, wo Unterstützung *von außen* gefragt ist. Es geht also nicht um unspezifisches Mitleiden, das eine Asymmetrie der Subjekte impliziert, es geht auch nicht um Identifikation, die das Risiko des Selbstverlustes einschließt. Vielmehr geht es um eine spezifische „Aufmerksamkeit für Andere und ihre Belange"[85], in der beide Seiten trotz der Asymmetrie ihrer Bedürftigkeit als Getrennte/Verschiedene gesehen sind. In der zweiten Phase bleibt die Aktivität auf derselben Subjektseite, wendet sich aber einem anderen Gegenstand, der möglichen Hilfeleistung nämlich, zu. Die Wahrnehmung wird verarbeitet, eine Entscheidung zu aktiver Unterstützung findet statt, Ressourcen und Kompetenzen werden geprüft, aus wahrgenommenen Bedürfnissen wird festgestellter Bedarf, Schritte zur Organisierung tätiger Hilfeleistung werden eingeleitet. In der dritten Phase findet die Unterstützung in Form einer helfenden/pflegenden Interaktion statt, care-giver und care-receiver treten in Kontakt. Dabei geht es nicht um Aktivismus: Es soll nicht irgendetwas geschehen, sondern etwas, das hilft, im Sinne der aristotelischen Ethik das Richtige im richtigen Maß – die Versorgung soll angemessen sein, Kompetenz ist gefragt. In der vierten Phase schließlich dreht sich die Aktivitätsverteilung um. Die Beziehung bleibt in der Asymmetrie, doch nun liegt der aktive Part wesentlich auf Seiten des care-receivers: Annehmen der Unterstützung, Sich-Einlassen auf den helfenden Kontakt – explizite oder implizite Reaktionen zeigen, ob die Hilfe geglückt ist und ermöglichen es beiden, helfender Person wie Unterstützungsempfänger_in Grenzen zu signalisieren. Es ist die in dieser Phase stattfindende Resonanz auf die Hilfe, die eine Chance zum Ausbalancieren der Interaktion zwischen Ungleichen darstellt. Unabhängig davon, ob dieser Phasenablauf (wie in vielen lebensweltlichen Situationen und in den alltäglichen Handlungen vieler sozialer Berufe) blitzschnell und in den Gesten/ Worten einer einzigen Interaktionssequenz stattfindet oder ob die Phasen (wie in aufwändigeren professionellen Prozessen) einen geplanten theoriebegleiteten Handlungsablauf über längere Zeit hinweg beschreiben – für die Analyse und ethische Reflexion der Care-Praxis ist es von Bedeutung, die einzelnen Phasen sowie die jeweils unterschiedlichen Subjekt-Subjekt-Konstellationen auseinander zu halten und den Übergang von der einen zur anderen genau anzuschauen. Erst dann werden die Konfliktlinien und der Ethikbedarf deutlich. Der wichtigste moralische Aspekt aller Care-Interaktionen besteht im Ausbalancieren der zu Grunde liegenden Asymmetrie, das in jeder Phase unterschiedlich zu gestalten ist: Der Subjektstatus, der jeder einzelnen Person qua Person zukommt und die strukturelle Einseitigkeit von Abhängigkeit und Bedürftigkeit sind in der Care-Praxis gleichzeitig vorhanden, das eine darf das andere nicht außer Kraft setzen oder beschädigen. Die Verantwortung für das Gelingen dieser Balance liegt bei den an den Hilfehandlungen Beteiligten, jeweils nach Handlungskompetenz und

---

[85]   So übersetzt Elisabeth Conradi, deren Darstellung wir hier folgen, den von Tronto eingeführten Begriff „attentiveness" (Conradi 2001: 225).

Aktivität unterschiedlich. Im praktischen Vollzug von Hilfeleistungen stellen die beteiligten Personen diese Balance intuitiv her. Wahrnehmung, Entscheidung und Handlung werden in der Regel nicht nach langen Überlegungen und Diskussionen einzeln nacheinander ausgeführt, sondern erfolgen durch intuitive Verknüpfung von Wahrnehmung, Erfahrungswissen, Bewertung und Handlungsimpuls. Eine solche, dem Habitus entspringende Praxis, die sich auf die Betätigung verinnerlichter Bewertungs- und Beurteilungsschemata stützt, reagiert schnell und flexibel auf unterschiedliche situativ gegebene Anforderungen – darin liegt ihre Stärke. Zugleich ist jeder Habitus an eine soziale Position gebunden: Geschlecht, soziale und kulturelle Familienherkunft, Beruf, professionelle Position, persönliche finanzielle Situation und kultureller Hintergrund formen die Dispositionen, sie führen zu spezifischen Kompetenzen, können aber auch zu Stereotypenbildungen und einseitigen Bewertungen führen – darin liegt ihr Risiko, auch das Risiko, andere zu bevormunden oder auszugrenzen. Aus dieser in jeder helfenden Praxis (auch bei gut ausgebildeten Professionellen) gegebenen Dopplung ergibt sich ein kontinuierlicher, unabschließbarer Reflexionsbedarf. Diese Reflexion fokussiert im beruflichen Kontext in erster Linie das Handeln der Professionellen (Auslassungen und Stereotypenbildung eingeschlossen). Es gilt jedoch auch (im Sinne der Phase zwei) alle übrigen Akteur_innen in die Überlegungen einzubeziehen. Denn das Konzept der Care-Ethik unterscheidet nicht nach Ansprüchen und staatlichen Leistungen einerseits und privater Moral wechselseitiger Hilfe andererseits, sondern verlangt Aufmerksamkeit für die Belange der Anderen von allen, die am jeweiligen sozialen Kontext beteiligt sind, nicht von allen gleichermaßen, sondern nach Möglichkeit und Kompetenz. In diesem letzten Punkt ist ein Aspekt angesprochen, der im beruflichen Alltag gelegentlich aus dem Blick gerät: öffentlich bereitgestellte und finanzierte Care-Tätigkeiten – und das sind die meisten Fürsorge-Anteile der sozialen Berufe – übernehmen nicht bzw. nur im Ausnahmefall die Gesamtversorgung anderer Menschen. Die staatlichen Einrichtungen werden, wie Ernst Tugendhat es formuliert, „aushilfsweise" tätig (Tugendhat 1993: 351), wenn Selbstversorgung und lebensweltliche Unterstützung eingeschränkt oder unmöglich sind. Dies ist nicht nur deshalb eine notwendige Einschränkung, weil Tugend (seit Aristoteles) auch die zur Verfügung stehenden Ressourcen im Blick hat. Es geht auch darum, die Freiheitsrechte der Anderen nicht zu verletzen – die Aufgabe des Gemeinwesens ist es, Martha Nussbaums Überlegungen zufolge, die Betätigung der menschlichen Fähigkeiten zu ermöglichen, nicht aber die Tätigkeiten zu bestimmen.

4.5.5 Selbstsorge als Thema der Ethik

Eine Reihe von Implikationen des englischen Begriffes „care" konnten in den vorangegangen Abschnitten thematisiert und in ihrer ethischen Dimension inhaltlich geklärt werden. Ein Aspekt jedoch ist noch nicht ausreichend zur Sprache gekommen, die Frage nämlich, wie die Professionellen die Aufforderung „take care!" im Sinne von „pass auf dich auf!" bezogen auf sich selbst umsetzen können. In den moralphilosophischen Theorien, auf die wir uns bezogen haben, hat diese Aufforderung zwar immer mitgeschwungen, wenn vom „richtigen Maß" oder dem „Abschätzen der zur Verfügung stehenden Ressourcen" die Rede war, bezogen auf die tugendhafte Person wird sie allerdings eher selten ausführlich thematisiert.[86] Joan Tronto weist darauf hin, dass die Care-Tätigkeiten in modernen Gesellschaften ungerecht verteilt sind, sowohl zwischen den Geschlechtern als auch zwischen Begüterten und Armen (vgl. Tronto 1993). Damit ist ein gesellschaftliches Grundproblem angesprochen. Sie hebt auch hervor, dass die Befriedigung eigener Bedürfnisse Voraussetzung für angemessenes Caring ist (vgl. Tronto 1993). Jedoch allein die Tatsache, dass es innerhalb der helfenden und pflegenden Berufe inzwischen eine breite Diskussion über das Burn-out-Risiko von Professionellen gibt, weist darauf hin, dass der Hinweis auf eine ausreichende eigene Bedürfnisbefriedigung möglicherweise nicht ausreicht und es der *aktiven Selbstsorge* bedarf. Seit den 1990er Jahren wird, wenn theoretische Begründungen der Selbstsorge thematisiert werden, immer auf einen Autor zurückgegriffen: Michel Foucault (1926-1984). Foucault – einer der Theoretiker, die sich mit der Genese der europäischen Moderne beschäftigt haben – ist zunächst bekannt geworden durch seine Analysen der (im 15. Jahrhundert beginnenden) Institutionsgeschichte von Klinik, Psychiatrie und Strafanstalten. Große Wirksamkeit hat dann sein Theorieentwurf zur Verknüpfung von Macht, Wissen, Sexualität und Subjektwerdung erlangt. Bei diesen Arbeiten hat ihn durchgängig die Frage begleitet, welche Organisationsformen und welche Theorien bzw. Redeweisen die Subjektivität der Individuen formen, gestalten, ja hervorbringen. Die Frage nach den Möglichkeiten und Bedingungen von Eigengestaltung innerhalb eines Netzes von Machtbeziehungen führt Foucault schließlich dazu, sich mit den in der antiken Lebenskunst entwickelten Konzepten der „Sorge um sich" zu beschäftigen. Wie wir bereits bei der Tugendethik gesehen haben, ist die Beschäftigung mit antiken Vorstellungen der Lebensgestaltung nicht nur unter historischen Gesichtspunkten von Interesse.[87] Es gibt auch so etwas wie eine Affinität

---

[86]   Damit soll nicht behauptet werden, es gäbe keine philosophischen Konzepte, die dem handelnden Subjekt bzw. der „Sorge" im umfassenden Sinne einen zentralen Stellenwert einräumen. Zu nennen wäre z. B. die Ethik Baruch Spinozas (1632-1677), die die Selbstliebe zum Ausgangspunkt der Moral überhaupt macht (vgl. Spinoza 2007), oder der Fundamentalontologie Martin Heideggers (1889-1976), innerhalb derer die Sorge das Sein des Daseins ausmacht (vgl. Heidegger 1977). Paul Ricœur (1913-2005) begründet in seinem Aufsatz „Ethik und Moral" sogar die Zusammengehörigkeit von Fürsorge und Selbstsorge (vgl. Ricœur 2005). Diese Ansätze bleiben jedoch (wenn auch unterschiedlich, so doch insgesamt) auf einem Abstraktionsniveau, das sich kaum auf die Praxis beziehen lässt.

[87]   Foucaults Interesse als Theoretiker allerdings ist durchaus historischer Art. Er untersucht die Genese von Subjektivität im historisch-gesellschaftlichen Kontext, verwendet Begriffe wie „Genealogie" und „Archiv". Zur genaueren Darstellung des Gesamtkonzeptes der Foucaultschen Analysen sei auf die Arbeit von Petra Gehring (vgl. Gehring 2007) verwiesen.

der Vorstellungen zwischen Antike und Moderne die Moral betreffend. Foucault konstatiert, dass die vom Christentum geprägte „Idee einer Moral als Gehorsam gegenüber einem Kodex von Regeln jetzt dabei ist zu schwinden" (Foucault, 2005b: 282), was die antike „Moral, die im Wesentlichen Suche nach einer persönlichen Ethik war" (Foucault 2005b: 282), auch für die Lebenspraxis heute anregend machen kann. In Abgrenzung zu den Zwangspraktiken der Institutionen beschreibt Foucault die Sorge um sich als „Praxis der Freiheit"; sie ist zwischen Fremdbestimmtsein und Willkür platziert und hat in der Antike die Lenkung/Beherrschung der eigenen Triebe und Interessen zum Gegenstand: „Frei zu sein bedeutet, nicht Sklave seiner selbst und seiner Begierden zu sein, was impliziert, dass man zu sich selbst eine bestimmte Beziehung der Beherrschung, der Bemeisterung herstellt, die man als *archê*, als Macht oder Führung bezeichnete." (Foucault 2005a: 260) Der Ausschluss von Willkür gegen andere bzw. die Begrenzung der eigenen Macht ist daher Teil einer Praxis, die im Wesentlichen aus Selbstreflexion und bewusster Übung des Umgangs mit sich selbst besteht. Die Praktiken, die dazu erdacht, gelehrt und ausgetauscht werden, sind keine Erfindungen der einzelnen, sondern finden sich als Schemata in der antiken Kultur vor. Selbsterkenntnis wird durch Anleitung, Selbstbeobachtung und Selbstlenkung im Schreiben eingeübt; Verhaltensregeln beziehen sich auf Gesundheitspflege, körperliche Ertüchtigung und Maßhalten bei allen Lüsten und die Begrenzung und Auswahl des geselligen Umgangs.

Wenn Foucault an die antike „Sorge um sich" anschließt, dann ist nicht intendiert, die kulturellen Bedingungen und die Herrschaftsformen der entsprechenden Gesellschaften fortzuschreiben; moderne Formen des Fremdbestimmtseins[88] werden als Bedingungen heute möglicher Praktiken mitgedacht – fasziniert ist Foucault von Möglichkeit sich um einen „*Spielraum der Freiheit*" (Foucault 2005a: 268) *aktiv bemühen* zu können. Gerade für Angehörige der sozialen Berufe kann dieses Konzept ein attraktives Angebot darstellen, wird doch *Fremdbestimmtsein* oft ganz direkt und schmerzhaft erfahren – durch gesetzliche Regelungen, die einengen, durch die Zwänge, die sich aus der „Sachlogik" von Organisationen ergeben, und durch berufliche Routinen, die Abläufe an die Stelle von Handlungsprozessen setzen. Die Erweiterung eigener Handlungsspielräume, die Stärkung professioneller Eigenständigkeit gehört deshalb in das Wunschrepertoire vieler Berufsgruppen. Das Foucaultsche Konzept einer Praxis der Freiheit bietet allerdings keine Rezepte oder Programme dafür, *wie* aktive Selbstsorge gelingen kann,

---

[88] Damit ist das ganze Spektrum der von Foucault analysierten Machtformen angesprochen: die Formierung durch Organisationen (wie Militär, Schule, Produktionsstätten ...), die Normalisierung, die durch (auf statistischen Daten beruhenden) systematisch eingesetzte Maßnahmen hergestellt wird (Vorsorgeuntersuchungen, Impfungen, sozialpädagogische Sonderbetreuung, Versicherungspflicht, Prüfungen ...), die Normierung durch Identitätsangebote und kulturelle Formen der Selbstpflege (Medien, Ratgeber-Literatur, Wellness-Angebote ...), die Angebote produktiv genutzter Expertenmacht (Trainingskurse im Sport, Coaching, Seelsorge, Einbindung ehrenamtlich tätiger Laien, Beratung ...).

die gegebene Spielräume zu erkennen und neue zu erschließen hilft. Man ist vielmehr auf die aktive Auseinandersetzung mit den umgebenden Machtnetzen und der Rolle des eigenen Berufes darin verwiesen werden. Zwar ist es richtig, dass Selbstsorge auch Caring im Sinne von Selbstpflege einschließt, doch weder die kulturell etablierten Freizeitmöglichkeiten noch die häufig zur Burn-out-Prophylaxe empfohlenen Wellness-Angebote, noch die auf dem Büchermarkt zahlreich vertretenen Lebenskunst-Ratgeber sind per se Zugänge zu einem Spielraum der Freiheit: Sie sind – zumindest immer auch – Strategien der Normierungsmacht, die im Sinne von Fitness (für den Markt oder die Anforderungen des Berufes ...) zunehmend auf die Selbstnormierung der Individuen setzt.[89] Wie in den antiken Anleitungen zur Lebenskunst sind auch heute Selbsterkenntnis, Reflexion und Muße erforderlich, um Formen der Selbstsorge zu entwickeln, die – um beim beruflichen Bereich zu bleiben – Handlungsspielräume eröffnen zwischen der Fremdbestimmung durch die Organisation/Institution auf der einen Seite und der eigenen professionellen Willkür im Umgang mit den Klient_innen auf der anderen Seite. Dabei können kulturelle Techniken hilfreich sein: Meditation mag eine Distanz zu den Zwängen des Berufsalltags herstellen, die Muße und Selbstbesinnung ermöglicht; sportliche Betätigung kann die individuelle Gesundheit stärken und zu größerer Freiheit gegenüber den Alltagsroutinen führen; Beratung und Supervision können den Blick erweitern und neue Optionen öffnen ... Ob das jedoch so ist oder nicht vielmehr ganz andere Reflexionsformen und Entscheidungen anstehen, bleibt letztlich der Sorge um sich überlassen.

4.5.6 Transfer auf Praxissituationen

Im Verlauf der vorangegangenen Abschnitte haben wir immer wieder darauf hingewiesen, wie die berufliche Praxis des Caring von einzelnen moralphilosophischen Überlegungen profitieren kann. Neben dem besseren Verstehen der fürsorgeethischen Dimension beruflichen Handelns und der Möglichkeiten moralische Anforderungen an das Handeln zu formulieren und zu begründen, bieten die herausgearbeiteten Aspekte vor allem Anhaltspunkte für die ethische Reflexion von Handlungssituationen. Dabei ist die Trennung von Handeln und Urteilen vorausgesetzt – es geht nicht darum Intuitionen und persönliche moralische Dispositionen zu entwerten, sondern darum durch eine Abfolge von → Praxis → Reflexion → Praxis den professionellen Habitus (weiter) zu entwickeln. An Hand der zu Beginn beschriebenen Fallsituation wollen wir ethische Reflexionsmöglichkeiten veranschaulichen: In der Fallskizze ging es um eine Supervisionssequenz einer Gruppe. Das berufliche Handeln einer Teilnehmerin – die Tätigkeit von Frau

---

[89] Der in soziologisch fundierten politischen Diskussion häufig verwendete Begriff der „Gouvernementalität" hat hier seinen Ort: Die „Verbindung zwischen den Technologien der Beherrschung anderer und den Technologien des Selbst nenne ich ‚Gouvernementalität'." (Foucault 2005b: 289)

S. in der Erziehungsberatung – wird im Rückblick Gegenstand des Nachdenkens. Frau S. hat Unzufriedenheit mit ihrer Arbeitssituation zum Thema gemacht und die Gruppe um Unterstützung gebeten. Die fachlichen Fragen sind besprochen worden, Ideen zur Verbesserung der Situation sind ausgetauscht. Obwohl aus der Fallskizze deutlich wird, dass irgendetwas in der Einrichtung nicht stimmt, was den Umgang mit Fürsorglichkeit und Unterstützung angeht, kann die ethische Reflexion nicht zu gesicherten Urteilen über das Handeln aller Beteiligten kommen, da in der hier vorgestellten Form der Supervision nur Perspektive und Erfahrung einer Person präsent sind. Es können jedoch Fragen formuliert werden, die die ethische Dimension sichtbar machen und Frau S. Anregungen liefern für ein besseres Verständnis der Situation und eventuell mögliche Veränderungen. Welche Care-Aspekte sind in der beschriebenen Situation enthalten? Auf der Ebene der Klientel-Arbeit in der Beratungsstelle wird der fürsorgliche Blick auf die Familien (mit Kindern mit Aufmerksamkeitsdefiziten) formuliert. Frau S. und ihre Kolleg_innen haben bei den Familien fehlende Ressourcen für die Hausaufgaben-Betreuung wahrgenommen und mit den Ressourcen der Einrichtung ein helfendes Angebot gemacht. Man könnte fragen, ob nicht jemand anderes (die Schule, ein Jugendzentrum, ältere Geschwister, eine Elterninitiative) im Sinne von Trontos „taking care of" mehr zur Unterstützung verpflichtet gewesen wäre als die Beratungsstelle – eine gesellschaftspolitisch nicht unwichtige Frage – der Tonfall der Beschreibung allerdings klingt so, als sei die Erziehungsberatung der dafür richtige Ort. Auf der Ebene des Teams lässt sich die Frage stellen, wie es mit der Verteilung der Care-Aufgaben bestellt ist. Zumindest in der Beschreibung von Frau S. sieht es nach einem ziemlich einseitigen Arrangement aus: Frau S.s „caring about" bezieht sich auf die anderen Mitarbeiter_innen, auf die Atmosphäre im Team und auf die Belastbarkeit der Praktikantinnen. Umgekehrt gibt es diese Aufmerksamkeit nicht, zumindest nicht in für Frau S. wahrnehmbarer Form. Das ist z. T. wahrscheinlich dadurch zu erklären, dass Frau S. die nach innen gerichteten Leitungsaufgaben übernommen hat – ausgesprochen und damit explizit verhandelbar scheint diese Arbeitsteilung jedoch nicht zu sein. Dies fällt deshalb auf, weil der Stellenleiter keine Aufmerksamkeit für die (Anerkennung und berufliche Weiterentwicklung betreffenden) Bedürfnisse von Frau S. zu haben scheint, obwohl solche Fürsorgeaspekte durchaus zur Leitungsfunktion gehören. Es lässt sich vermuten, dass dieses ungleiche und unausgesprochene Arrangement etwas mit den, bezogen auf Fürsorgetätigkeiten geschlechterspezifisch unterschiedlichen moralischen Dispositionen der Akteur_innen zu tun hat – eine Vermutung, die Frau S. betreffend dadurch bestärkt wird, dass ihre private Lebenssituation hinsichtlich der Fürsorgeaufgaben auch ein solches Arrangement enthält (über die Lebenssituation des Leiters der Einrichtung wissen wir nichts). Eine geschlechterspezifische Arbeitsteilung kann man ethisch falsch finden – Feministinnen tun dies und Joan Tronto hat darauf hingewiesen, dass sich darin ungerechte gesellschaftliche Verhältnisse spiegeln (vgl. Tronto 1993). Für die berufliche Situation allerdings hilft das nicht unmittelbar weiter – in den persönlichen moralischen Dispositionen lassen sich unter Mitarbeiter_innen sozialer Einrichtungen fast immer Differenzen finden, nicht nur geschlechtsspezifisch, auch kulturell, religiös oder durch das individuelle Lebenskonzept begründet. Im ethischen Sinne problematisch sind diese nur, wenn sie den impliziten Normen des Berufes widersprechen oder sich, wie möglicherweise in der beschriebenen Fallsituation so miteinander verschränken, dass unausgesprochene Arrangements entstehen, die die Arbeit behindern oder einzelne Mitarbeiter_innen unangemessen belasten. Auf die Situation der Erziehungsberatungsstelle bezogen ist daher eher zu fragen, warum über die Care-Aspekte der Arbeit und der Team-Situation nicht offen verhandelt wird, warum man die Aufmerksamkeit für (berufsbezogene) Bedürfnisse dem Spiel der persönlichen Dispositionen und damit der Privatheit überlässt. Einen Hinweis, der für die Beantwortung dieser Frage, hilfreich sein kann, finden wir in der oben skizzierten Moraltheorie David Humes (vgl. Hume 2007). Bei Hume gehörten die wohlwollend auf andere gerichteten Regungen, die fürsorgliches Verhalten motivieren, zu den natürlichen (lebensweltlich auf die anderen bezogenen), nicht zu den künstlichen (durch gesellschaftliche Institutionen erforderten) Tugenden. Es scheint so, als ob auch die sozialen Einrichtungen heutiger Gesellschaften noch dazu neigen, Care-Tugenden im Bereich des Persönlichen/Privaten zu belassen, obwohl sie längst auch zu „künstlichen" geworden sind. Wenn das zutrifft, wäre es Aufgabe der Supervision, das Explizitwerden der Care-Aufgaben im Team der Beratungsstelle anzuregen. Abschließend sei noch ein Blick auf das Caring der Supervisionsgruppe geworfen. Der Prozess ist sicher durch die beschriebene Sequenz noch nicht beendet; bezogen auf das, was bisher in der Gruppe besprochen worden ist, lässt sich unter dem Gesichtspunkt der Selbstsorge anmerken, dass es sich ausschließlich um kompensatorische Selbstpflegemaßnahmen handelt (Lob, Befriedigung aus der Arbeit mit den Klient_innen ziehen, Ausgleich außerhalb suchen). Zu fragen bleibt nach Möglichkeiten der aktiven Selbstsorge in der Einrichtung, nach der Erweiterung von Handlungsspielräumen für Frau S., nach Umverteilung von Care-Aufgaben.

4.5.7 Rekapitulationsfragen

- Warum lässt sich bei der Care-Ethik auf die Tugendethik zurückgreifen?
- Gibt es einen Zusammenhang zwischen Care-Ethik und Politik? Und wenn ja, wie kann dieser Zusammenhang begründet werden?
- Wie sehen die Phasen des Fürsorge-Prozesses nach Tronto aus?

4.6 Fazit und Ausblick

Die besprochenen Kategorien Gerechtigkeit, Anerkennung, Verantwortung und Care gelten als ethische Prämissen und als Reflexionskategorien zugleich. Sie sind, wie eingangs beschrieben je eigenständige Kategorien und können in ihrer Anwendung dennoch ineinander übergreifen. Im abschließenden Fazit werden Bereiche bzw. Aspekte nochmals pointiert, die jeder moralischen Handlung zugrundeliegen – ungeachtet welchen Prämissen und Reflexionskategorien sie folgen. So befinden sich Professionelle im Kontext moralischen Entscheidens und Handelns immer in einen spezifischen gesellschaftlichen Kontext, der in den einzelnen Beiträgen angeschnitten und hier als asymmetrisches Machtverhältnis (zwischen Institution – Professionellen – Klientel) und die daraus entstehenden ethischen Konfliktsituationen pointiert wird (4.6.1). Ferner geht jede moralische Handlung von einem Subjekt aus, das über ein ausreichendes Maß an Handlungsfreiheit verfügen muss, was hier auch in Bezug darauf diskutiert wird, wie Handlungsräumen ausgelotet und erschlossen werden können (4.6.2). Die dargestellten moralphilosophischen Konzeptionen enthalten Argumentationen und Positionen, auf die sich Professionelle (mehr oder weniger) in der Praxis beziehen können, gleichzeitig wurden praktische Anwendungsverfahren aufgezeigt, die sich aus der Theorie ableiten lassen. Dieses Theorie-Praxis-Verhältnis ist für berufliche Kontexte zentral und wird daher hier pointiert aufgegriffen und zusammengefasst (vgl. Kapitel 2.3). Gerechtigkeit, Anerkennung, Verantwortung und Care sind zwar gerade für soziale Berufe *die* zentralen ethischen Prämissen und Reflexionskategorien. Doch kommen in den einzelnen Beiträgen weitere Begriffe vor – wie Achtung, Würde, Solidarität, Verbündet-Sein, Liebe etc. – die aus ethischen Diskursen nicht wegzudenken sind. Auf die philosophische Bedeutung dieser Termini einzugehen, würde hier den Rahmen sprechen. Doch soll als Ausblick gleichsam das akzentuiert werden, was das Konzept des Verbündet-Seins mit seinen Bezügen zu Liebe und Solidarität bedeutet.

4.6.1 Asymmetrisches Machtverhältnis und mögliche ethische Konfliktsituationen

Während in philosophischen Ethiken immer wieder von reziproken Verhältnissen zwischen Menschen ausgegangen wird (z. B. im Zusammenhang der Verantwortung für den Anderen oder in der Sorge um den Anderen), zeigt sich im Kontext moralischen Entscheidens und Handelns in Praxisfeldern sozialer Berufe ein asymmetrisches Verhältnis zwischen Professionellen und Adressat_innen, das eingebettet ist in ein gesellschaftliches Macht- und Herrschaftsverhältnis.[90]

---

[90] Werden die Begriffe Macht und Herrschaft verwendet, so wird heute sehr oft auf Foucaults Definition zurückgegriffen (vgl. Foucault 1983; 2005), der in seinen späteren Werken diese Termini voneinander abgrenzt und seine Analyse exemplarisch an zwei Gegenständen durchgeführte: an der Entwicklung des modernen Systems der Bestrafung und in Bezug auf Sexualität. Er formuliert: „Unter Macht verstehe ich hier nicht die Regierungsmacht, als Gesamtheit der Institutionen und Apparate, die die bürgerliche Ordnung in einem gegebenen Staat garantieren. Ebensowenig verstehe ich darunter eine Unterwerfungsart, die im Gegensatz zur Gewalt in Form der Regel auftritt.

Die Interaktion zwischen zwei Subjekten spiegelt immer auch deren jeweilige Rolle und Situiertheit: Sowohl Professionelle als auch Adressat_innen sind als Subjekte immer eingebunden in gesellschaftliche Verhältnisse. Während aber die Adressat_innen der sozialen Berufe auf Unterstützung angewiesen sind, ist die Position von Professionellen eine mehrfach verwobene:

- *Repräsentationsfunktion:* Die Professionellen haben Repräsentationsfunktion, der Gesellschaft und der zu dieser gehörenden sozialen Institutionen – eine Aufgabe, die sie gegenüber den Adressat_innen zu erfüllen haben. Die Repräsentationsfunktion ist auch dann noch gegeben, wenn wir einem gesellschaftlich-institutionellen Auftrag kritisch gegenüber stehen oder uns dagegen verwehren. Sie positioniert Professionelle gegenüber den Adressat_innen als machthabende Instanz.

- *Dual-asymmetrisches Verhältnis:* Es sind die Professionellen, die in erster Linie reflektieren, beurteilen, Entscheidungen treffen und schließlich handeln. Sie geben Unterstützung – auch wenn es im Dialog mit Adressat_innen etc. etwa mit der Haltung der „Hilfe zur Selbsthilfe" geschieht, haben sie Ressourcen zu verteilen. Diese Funktion situiert Professionelle ebenfalls als machthabende Instanz gegenüber jenen, die Unterstützung erfahren.

- *Vermittlungsfunktion:* Professionelle vermitteln zwischen Gesellschaft (gesellschaftlicher Auftrag), Institution und den Adressat_innen in ihren jeweiligen Bedürfnissen und Anliegen und mit ihrem jeweiligen Wollen (vgl. auch Kleve 2000). Auch diese Funktion positioniert Professionelle als machthabende Instanz den Adressat_innen sozialer Berufe gegenüber und enthält zugleich einen konflikthaften Status, insbesondere dann, wenn Professionelle andere als institutionell vorgegebene Handlungen forcieren.

Expertenfunktion: In den meisten sozialen Berufen sind zudem Methoden der Kommunikation und der Interaktionsgestaltung Teil der fachlichen Kompetenz, woraus sich eine größere Einflussmöglichkeit auf die Arbeitsbeziehung ergibt

---

Und schließlich meine ich nicht ein allgemeines Herrschaftssystem, das von einem Element, von einer Gruppe gegen die andere aufrechterhalten wird und das in sukzessiven Zweiteilungen den gesamten Gesellschaftskörper durchdringt. Die Analyse, die sich auf der Ebene der Macht halten will, darf weder die Souveränität des Staates, noch die Form des Gesetzes, noch die globale Einheit einer Herrschaft als ursprüngliche Gegebenheiten voraussetzen; dabei handelt es sich eher um Endformen. Unter Macht, scheint mir, ist zunächst zu verstehen: die Vielfältigkeit von Kraftverhältnissen, die ein Gebiet bevölkern und organisieren; das Spiel, das in unaufhörlichen Kämpfen und Auseinandersetzungen diese Kraftverhältnisse verwandelt, verstärkt, verkehrt; die Stützen, die diese Kräfteverhältnisse aneinander finden, indem sie sich zu Systemen verketten – oder die Verschiebungen und Widersprüche, die sie gegeneinander isolieren; und schließlich die Strategien, in denen sie zur Wirkung gelangen und deren große Linien und institutionelle Kristallisierungen sich in den Staatsapparaten, in der Gesetzgebung und in den gesellschaftlichen Hegemonien verkörpern. [...] Allgegenwart der Macht: nicht weil sie das Privileg hat, unter ihrer unerschütterlichen Einheit alles zu versammeln, sondern weil sie sich in jedem Augenblick und an jedem Punkt – oder vielmehr in jeder Beziehung zwischen Punkt und Punkt – erzeugt. Nicht weil sie alles umfaßt, sondern weil sie von überall kommt, ist die Macht überall." (Foucault 1983: 113f.).

– das, was im Fachdiskurs als Beziehungsmacht diskutiert wird. Hinzu kommt in der Regel ein privilegierter Zugang zu Informationen und Dienstleistern.

- *Professionelle* haben auf Grund dieser Verknüpfung von Fachlichkeit, Institution und gesellschaftlichem Auftrag – ob sie es wollen oder nicht – gegenüber den Adressat_innen eine machtvollere Position. Das asymmetrische Machtverhältnis fordert von den Professionellen einen (selbst)reflexiven Umgang mit den eigenen Werten, Normen, Vorstellungen und denen der Anderen. Dies schließt auch ein, sich gegebenenfalls mit „ethischem Ungehorsamkeit" gegen gesellschaftliche und institutionelle Gegebenheiten und Anforderungen zu stellen. Durch die Vermittlungsposition zwischen dem gesellschaftlichen/institutionellen Auftrag und den einzelnen Adressat_innen sozialer Berufe geraten Professionelle immer wieder in ein Spannungsfeld, das in ethische Konfliktsituationen führen kann:

- *Ethische Konfliktsituationen zwischen Professionelle und Gesellschaft/Institution:* Widerspricht die subjektive moralische Intention bzw. eine ethisch begründete Entscheidung einem gesellschaftlich-institutionellen Auftrag, dann befindet sich die Fachkraft in einem Konflikt. Dies nicht in erster Linie, weil sich zwei divergierende Ethiken gegenüberstehen, sondern dann, wenn die moralische Entscheidung den in einer Gesellschaft institutionalisierten rechtlichen oder ökonomischen Vorstellungen nicht entspricht.

- *Ethische Konfliktsituationen im Team:* Widersprechen sich moralische Haltungen und Handlungen in einem Team von Professionellen, dann liegen auch hier Konfliktpotentiale.

- *Ethische Konfliktsituationen zwischen Professionellen und Adressat_innen:* Widersprechen die moralischen Entscheidungen und das darin begründete Handeln von Professionellen den Werten, Normen, Vorstellungen etc. von Adressat_innen, dann kann es zu interkulturellen ethischen Konfliktsituationen kommen. Dabei können Professionelle als Repräsentant_innen einer Gesellschaft – wie gut sie es immer auch mit den Anderen meinen – zum Feindbild werden. (vgl. auch Pantucek 2001) In gewisser Weise ähneln sich mögliche Konfliktmöglichkeiten, wenn es sich um intrakulturelle Unterschiede im Hinblick auf moralische Wertvorstellungen etc. handelt: ein Beispiel dafür wären unterschiedliche Wertvorstellungen, Normen etc. in Bezug auf Gender.

Das asymmetrische Machtverhältnis im Kontext ethischer Entscheidungsfindung situiert Professionelle in einer Funktion, in der sie mehr Entscheidungsbefugnis als die Adressat_innen haben. Dies kann Professionelle in ethische Konfliktsituationen bringen. Professionelle sind daher auf spezifische Kompetenzen angewiesen, die ethisches Entscheidens und Handeln begleiten wie Dialogische Kompetenzen (Fragen, Zuhören, Vorstellen), Konfliktkompetenzen, Diversity- und Interkulturelle Kompetenzen, Gender- und Queerkompetenzen und Methodenkompetenzen.

4.6.2 Freiheit – Subjekt – Handlungsräume

In den einzelnen Beiträgen wurden immer wieder die Begriffe Freiheit und Subjekt verwendet. In Bezug auf die Aufforderung nach moralischem Entscheiden und Handeln sowie (gegebenenfalls) nach „ethischen Ungehorsamkeit" führen diese Begriffe zu Fragen: Was ist mit „Freiheit des Subjekts" gemeint? Sind Handlungssubjekte frei? In den sozialen Berufen sind diese Fragen verbunden mit Überlegungen dazu, wie frei Handlungsspielräume bestimmt werden können? Erste Antworten ergeben sich aufgrund der Skizzierung des asymmetrischen Machtverhältnisses und der damit verbundenen ethischen Konfliktsituationen (4.6.1): Subjekte sind immer eingebunden in gesellschaftliche Verhältnisse und darum nie nur „frei". Recht und Gesetz, Ökonomie und die Begrenztheit von Ressourcen, aber auch Moral und Moralkodex können subjektiven Auffassungen nicht nur entgegenstehen, sie sind auch von den Subjekten selbst in ihrer kulturellen Eingebundenheit internalisiert. Kritisches Hinterfragen und (Selbst-)Reflexion sind mögliche Umgangsweisen damit, die zu affirmativen oder ablehnenden Haltungen führen (können). Sie bedeuten aber nicht die Herauslösung des Subjektes aus gesellschaftlichen Bedingtheiten und bieten keine Garantie dafür, die über Sozialisationsprozesse (internalisierten) Bedeutungen zu verändern. Ein Patt für Professionelle sozialer Berufe in ihren moralischen und politischen Entscheidungen und Handlungen? Doch sehen wir uns zunächst etwas genauer an, was Freiheit, was Subjekt bedeutet.

In den einzelnen Beiträgen zu Gerechtigkeit, Anerkennung, Verantwortung und Care kamen einzelne Philosoph_innen zu Wort, die die Freiheit in folgende Kontexte stellten, z.B.:

- Aristoteles, der Freiheit als freie Wahl zur Bedingung für die Entscheidung zum gerechten Handeln festhält (vgl. 4.1).
- Kant, der Freiheit (neben Gleichheit und Selbständigkeit) als das Kriterium der Gerechtigkeit, als das Menschenrecht setzt (vgl. 4.1).
- Foucault, der die Sorge um sich als „Praxis der Freiheit" zwischen Fremdbestimmtsein und Willkür platziert und fasziniert von der Möglichkeit ist, sich um einen „Spielraum der Freiheit" aktiv bemühen zu können (vgl. 4.5)

Der Begriff Freiheit erhält eine Konkretisierung als Meinungsfreiheit, Bewegungsfreiheit etc. im menschlichen Zusammenleben und philosophische Bedeutung als Willens-, Wahl- und Handlungsfreiheit. Damit kommen wir zu weiteren Antworten auf die oben gestellten Fragen:

- Wird Willensfreiheit als Fähigkeit von Menschen, willentlich zu handeln aufgefasst, so handeln Professionelle frei, ihrem Wollen gemäß, einen verantwortungsvollen, sorgenden, anerkennenden und gerechten Umgang mit Menschen anzustreben.
- Wird Wahlfreiheit aufgefasst als Möglichkeit der freien Entscheidung zwischen mehreren Handlungsoptionen, so handeln Professionelle in dem Sinne frei,

als es immer mehrere Handlungsmöglichkeiten gibt, gegen oder für die sie sich entscheiden können.

Wird demgegenüber Handlungsfreiheit aufgefasst als Abwesenheit von äußeren Zwängen und Umständen, so handeln Professionelle *nicht* frei, da in ihren beruflichen Kontexten immer auch äußere Zwänge (z. B. gesellschaftliche/institutionelle Vorschriften, Wertvorstellungen, ökonomische Bedingtheiten etc.) existieren. Gänzlich freies Handeln wäre erst dann gegeben, wenn Menschen das tun können, wozu sie sich willentlich entschlossen haben und was nichts als einen entsprechenden Willen voraussetzt. Wenn Handlungsfreiheit definiert wird als die „Freiheit der Willensrealisierung", die auf die Willensfreiheit *als* „Freiheit der Willensentstehung" basiert (Morgenstern/Zimmer 1998: 38), so stehen dem immer die gesellschaftliche Wirklichkeit und die menschliche Pluralität entgegen. Freiheit kann nie nur eine subjektive Freiheit sein. Im besten Falle setzt sie das voraus, was Cornelius Castoriadis (1922-1997) in seinem Gesellschaftsentwurf mit Autonomie beschreibt: Autonomie[91] als Übereinkunft, Selbstgesetzgebung und -bestimmung stellt weder die individualistische Freiheit der einzelnen von den anderen dar noch ist sie als bloße Abgrenzung von bestehenden Verhältnissen zu verstehen.[92] Autonomie bedeutet vielmehr eine gemeinsame und anhaltende Infragestellung, Selbstreflexion und Reflexion darüber, ob die geltenden Setzungen, Bedeutungen, Moralvorstellungen, Gesetze etc., die immer auch gesellschaftlich-geschichtlich bzw. kulturell geprägt sind, unseren Ansprüchen, Wünschen und Bedürfnissen noch entsprechen. (vgl. Castoriadis 1984) In diesem Fall ist Freiheit immer auch abhängig von Anderen. Handlungsfreiheit schränkt sich in dem Maße ein als wir nicht je einzeln leben, entscheiden und handeln. Die menschliche Pluralität als Tatsache, dass nicht ein Mensch, sondern viele Menschen in der Vielheit existieren (vgl. Arendt 1967), bedeutet immer auch, die Freiheitsrechte der Anderen nicht zu verletzen. Das aufgrund gesellschaftlicher Gegebenheiten und menschlicher Pluralität begrenzt freie Handeln ist auf der *politischen Ebene Praxis als ein bewusstes Tun*, mit dem Bestehendes verändert werden kann, begleitet von einer Vorstellung dieser Veränderung, die bestrebt ist, Aktivität zu setzen, die auf Autonomie abzielt (vgl. Castoriadis). *Auf ethischer Ebene ist dieses begrenzt freie Handeln eine reflektierte Praxis der Freiheit*, die in der – wie Foucault in Anlehnung an die griechische Antike („Erkenne Dich selbst"[93]) formuliert – Sorge um sich keine bloß egoistische Dimension betrifft, sondern die Sorge um die Anderen einschließt (vgl. Foucault 2007). Beiden Ebenen des

---

[91]   Auto = selbst; Nomos = Gesetz, Setzung, Übereinkunft, Institution und Instituiertheit kommt von nemo = ver/teilen, zuteilen. Eine Ausführung zur Bedeutung von Autonomie findet sich in Pechriggl/Perko, 1991: 14f.

[92]   Das wäre Autarkie, Selbstgenügsamkeit.

[93]   Am Tempel des Apoll in Delphi war in der Antike ein für alle sichtbarer Spruch zu lesen: „Erkenne dich selbst". Diese Selbsterkenntnis galt als Ausgangspunkt für das Denken und Handeln in der Welt.

Handelns gemeinsam ist, dass es keine Gewissheit darüber gibt, wohin das (moralische, politische) Handeln führt. Beiden Ebenen des Handelns gemeinsam ist das Subjekt als Subjekt des Handelns. Hier erhält in philosophischen Diskursen der Begriff des Subjekts seine spezifische Bedeutung: Das Subjekt gilt als Subjekt des Handelns, als Träger des freien Willens und der Entscheidungen, die zu Handlungen führen (vgl. Castoriadis 1991).[94] .

In Anlehnung an Castoriadis bedeutet das für Professionelle in sozialen Berufen: Professionelle sind als Subjekte immer mehr als Marionetten gesellschaftlich-institutioneller Gegebenheiten: Sie haben die Möglichkeit, diese zu gestalten, tragen dazu bei sie – bei Bedarf – zu verändern, können in den jeweiligen beruflichen Kontexten – so sie den Ethos eines verantwortungsvollen, (für)sorgenden, anerkennenden und gerechten Umgangs mit Menschen vertreten – etwas in Gang setzen. Handlungsfreiheit schafft Handlungsräume. Die Möglichkeiten des handelnden Subjektes betreffen eigene Veränderungen und Entwürfe, aber auch ein Verändern-Können der Umgebung sowie ein verantwortungsvolles, sorgendes, anerkennendes und gerechtes Handeln für Andere.[95] Das Ausloten von Handlungsräumen setzt Willensfreiheit, Wahlfreiheit und Handlungsfreiheit voraus. Dabei ist im beruflichen Kontext immer auch die Auseinandersetzung mit den Möglichkeiten und der eigenen beruflichen Rolle im Kontext asymmetrischer Machtverhältnisse und möglicher ethischer Konfliktsituationen notwendig.

4.6.3 Resümee der Gründe moralischen Handelns: Pflicht – Solidarität – Verbündet-Sein

Ist die Rede von einem moralischen Entscheiden und Handeln im Namen von Gerechtigkeit, Anerkennung, Verantwortung und Care, so bleibt noch die Frage zu klären, *warum* wir demgemäß entscheiden und handeln sollen. In zirkulärer Weise lässt sich das nicht klären, indem etwa Argumente herangezogenen werden wie, wir sollen gerecht/anerkennend/verantwortlich/fürsorglich handeln aufgrund der Prämissen Gerechtigkeit/Anerkennung/Verantwortung/Care. Diese Denkweise hat zwar eine gewisse Berechtigung, wenn Analysen herangezogen werden, die negative Auswirkungen auf Menschen durch Ungerechtigkeit oder Nicht-Anerkennung beschreiben und wenn die jeweiligen Inhalte und Bedeutun-

---

[94]   Das Subjekt – hier nicht als das neuzeitliche Subjekt des erkennenden Ich aufgefasst (vgl. Descartes 1971) –, sondern als Subjekt des Handelns. Dies ist kein abgeschlossenes, authentisches Ich, kein statisches, identitäres Subjekt, sondern ein Imaginierendes, Reflektierendes, Sich-Entwerfendes, ein Projekt, das nicht zum Stillstand kommt (vgl. Castoriadis 1991).

[95]   Diese Betonung findet sich bei Simone de Beauvoir (1991), die pointiert, dass die Umstände uns niemals so stark prägen, dass wir innerlich keine freien Entscheidungen treffen könnten, vielmehr sind wir zu Entwürfen fähig, wie sie formuliert: das menschliche Sein existiert in der Gestalt von Entwürfen. Doch auch Hannah Arendts (1967) Philosophie setzt hierbei wie erwähnt an, die in der Geburt/Natalität die Möglichkeit der Veränderung ortet.

gen der Prämissen bedacht werden. Doch dies bliebe eine unzureichende Argumentation. Auch der Hinweis darauf, dass die Adressat_innen in den sozialen Berufen ein Recht auf Gerechtigkeit, Anerkennung, Verantwortung und Care haben, ist zweifelsohne eine wichtige Teil-Antwort. Es kann jedoch auch die Frage gestellt werden, ob wir die *Pflicht* haben, moralisch zu handeln oder ob anderes uns dazu antreibt.

Wird Pflicht als Forderung durch eine Autorität, eine Institution oder ein Gesetz definiert, so widerspräche das der oben beschrieben Freiheit als Bedingung moralischen Handelns, das – bereits bei Aristoteles – ohne Zwang erfolgen soll. Die Verknüpfung von Pflicht und Zwang ist allerdings nur eine mögliche Beschreibung eines „pflichtbewussten" Handelns. Das etymologische Wörterbuch der deutschen Sprache führt auf eine andere Spur: Pflicht kommt von Pflegen, Obhut, Fürsorge, Sorgfalt (Kluge 2002) und drückt ein moralisches Sollen aus, d.h. es betrifft das, was Menschen aus moralischen Gründen tun müssen. Insofern widersprechen sich Pflicht und Freiheit nicht (bezogen auf das, was weiter oben mit begrenzter Freiheit beschrieben wurde, vgl. 4.6.2). Moralische Pflicht in diesem Sinne korrespondiert mit dem moralischen Recht zu handeln, respektive ermöglicht moralisches Handeln (auch wenn es zuweilen in beruflichen Situationen im Widerspruch mit gesellschaftlichen oder institutionellen Vorgaben steht, vgl. 4.6.1).

Das aus dieser Pflicht erwachsene moralische Gewissen ist verbunden mit einer Haltung der Solidarität mit anderen Menschen (vgl. u.a. Hondrich/Koch-Arzberger 1994; Brunkhorst 1997). Als (mitmenschliche) Haltung der Verbundenheit auch mit jenen, die ganz anders sind als „Ich", deren Leben ganz anders ist als „meines", basiert solidarisches Handeln darauf, Adressat_innen sozialer Berufe in ihren Bedürfnissen, ihrem Wollen zu unterstützen. Es geht dabei nicht darum, naiv oder unkritisch parteilich zu sein und die professionelle Neutralität aufzugeben, sondern es geht darum die Adressat_innen in ihren Bedürfnissen, ihrem Wollen ernst zu nehmen und sie mit kritischem Blick auf gesellschaftliche und institutionelle Bedingungen und Gegebenheiten dialogisch (vgl. 4.3.1) in Entscheidungen und Handlungen einzubeziehen. In modernerer Form kann das, was mit Solidarität bezeichnet wird als *Verbündet-Sein* ausgedrückt werden.

Das Konzept des Verbündet-Seins, das im Kontext des Social Justice (vgl. 4.2.1) eingeführt wurde, in dem Menschen sich für Anliegen und Rechte anderer Menschen einsetzen, ihre eigenen Privilegien reflektieren, setzt ein Denken voraus, das sich nicht nur für eigene Belange und Anliegen einsetzt (vgl. Czollek/Perko/ Weinbach 2009). Um für die Interessen anderer einzustehen und zu handeln, müssen die Anliegen der Anderen nicht „meine" Anliegen sein, müssen die Anderen nicht dieselben (nicht)identitären Merkmale haben, wie ich sie für mich benenne. Hakan Gürses schlägt bei dieser Debatte eine Unterscheidung zwischen „Subjekt der Handlung" und „Subjekt der Repräsentation" vor: „Ich handle, und in diesem Moment bin ich ein Subjekt: Subjekt der Handlung. Ich stehe als Individuum hinter meiner Tat, ich *bin* der/die Täter_in hinter der Tat – ohne dafür einen kollektiven Namen annehmen zu müssen. Und ohne nur *eine* Anzeige (ein kollektives Subjekt) als Handlungsgrundlage wählen zu müssen. Ich *muss* mich nicht als schwul, Migrant oder Schwarzer bezeichnen, um als Individuum gemeinsam (oder manchmal auch nicht) mit anderen Individuen gegen die Macht (die im Subjekt der Repräsentation angezeigt wird) zu kämpfen: unabhängig davon, ob die anderen Individuen, die Mitkämpfer_innen, sich als schwul, Migrant_in oder Schwarze bezeichnen (bezeichnet werden)." (Gürses 2004: 151) Das *Subjekt der Repräsentation* hingegen „zeigt eine Gruppe an, deren Mitglieder aufgrund einer Differenz (oder mehrerer Differenzen) Ausschluss, Diskriminierung, Benachteiligung oder Unterdrückung und Gewalt erfahren. Sie stehen ‚im Auge der Macht', werden von ihr geformt, oft auch vereinnahmt, jedenfalls als ‚Andere' definiert. Die eigentliche ‚Urerfahrung' aller dieser Personen liegt darin, dass sie einer Gruppe der ‚Anderen' zugeschlagen *wurden*. Sie tragen in ihrem kollektiven Namen stets die Spur der sozialen Konstruktion." (Gürses, ebd.: 149) Was Gürses hier für das politische Handeln benennt, erhält im Kontext sozialer Berufe seine alltägliche Bedeutung im Reflektieren unseres Sprechens und Handelns: Was sage ich, wie handle ich, wenn z. B.

- sich ein Jugendlicher in einem Jugendzentrum als schwul outet und von andern verspottet wird?
- ein Mädchen in einer Kita nur mit Jungenspielzeug spielt /ein Junge mit geschminkten Fingernägeln kommt?
- ein Patient in einem Krankenhaus Schabbes feiern will?
- eine Mutter in einer Beratung von fehlender Mutterliebe spricht?
- ein Klient Internetzugang und Urlaubsgeld haben will, obwohl es ihm laut Arbeitslosengeld 2 nicht zusteht?
- …

Die Idee des Verbündet-Seins, durch das die Anliegen der Anderen die je eigenen Anliegen sind, zeigten sich bei diesen Beispielen etwa darin, dass sich Professionelle nicht auf die Seite der vermeintlich Normalen stellen, sondern solidarisch mit der Pluralität von Menschen zeigen.

5. Ausblick

Wir haben in den vorangegangenen vier Kapiteln das an Überlegungen und Material zur Verfügung gestellt, was den Einstieg in die Ethik der sozialen Berufe ermöglicht und die Einübung des Ethical Reasoning unterstützt: Im ersten Kapitel wird das Konzept des Lehrbuches beschrieben, im zweiten Kapitel liefern wir sowohl die Begründung dafür, dass es in den sozialen Berufen einer ethischen Grundhaltung und der ethischen Reflexion bedarf, als auch eine erste Einführung in die Begriffe der philosophischen Ethik. Das dritte Kapitel führt in das Ethical Reasoning als wichtiges Verfahren zur Etablierung von Ethik im beruflichen Handeln ein; im umfangreichsten vierten Kapitel schließlich stellen wir eine Auswahl von philosophischen Konzepten vor, die ethische Urteile erleichtern und mit deren Hilfe eine ethische Haltung reflektiert und begründet werden kann. Die damit vertretene Auffassung von Ethik stellt an die Professionellen im sozialen Bereich die hohe Anforderung, ihr Handeln ethisch eigenständig zu reflektieren und zu begründen. Diese Anforderung fügt sich nicht dem Bedürfnis vieler Praktiker_innen, die sich eher Modelle und Regeln für ein lösungsorientiertes Vorgehen wünschen. Allerdings spricht vieles dafür professionelle Ethik als eigenständige Kompetenz des ethischen Urteilens und der ethischen Reflexion zu verstehen.

Zum einen entspricht dies einem Grundmerkmal von Ethik – Ethik lässt sich nicht an Expert_innen delegieren. Zum anderen passt dieses Konzept von Ethik auch zu dem Grundmerkmal des fachlichen Handelns – Wissen und Können müssen sich auf die je spezifischen Gegebenheiten unterschiedlicher Situationen/Fälle beziehen lassen. So gehen beide, das Ethical Reasoning wie das Fallverstehen nicht von modellhaften Einzellösungen aus, sondern lassen sich auf unterschiedliche Fallkonstellationen und Praxisanforderungen ein – gefordert ist die eigenständige Verknüpfung von fachlichem Know-how mit der Wahrnehmung und der Einbeziehung der ethischen Dimension von Interventionen und Hilfeleistung. Wird Ethical Reasoning in die Ausbildung, in Fallkonferenzen und Supervision integriert, dann kann ethisch begründetes Handeln zu einem selbstverständlichen Merkmal der beruflichen Praxis werden.

Wenn wir auf die zukünftige Entwicklung der sozialen Berufe blicken, ergibt sich ein weiterer Grund dafür ein anspruchsvolles Konzept professioneller Ethik zu verfolgen, den wir bisher noch nicht angesprochen haben. Dieser liegt im *Prozess der Professionalisierung* selbst. Wir haben an mehreren Stellen hervorgehoben, dass dieser Prozess nicht abgeschlossen ist. Veränderte Problemlagen, neue Aufgaben, möglicherweise gänzlich neue Anforderungen werden sich im Prozess der weiteren Professionalisierung einstellen, auf die nicht mit eingespielten Lösungen, sondern nur mit fachlicher und ethischer Kompetenz geantwortet werden kann. Einige Tendenzen für solche Veränderungen lassen sich bereits heute erkennen.

5.1 Zu erwartenden Veränderungen im Berufsfeld

Bereits mit Blick auf die Veränderungen, die in den vergangenen zehn Jahren in den sozialen Berufen stattgefunden haben, sind zwei Tendenzen deutlich, die sich vermutlich auch in Zukunft fortsetzen werden. Der Professionalierungsprozess geht weiter, was je nach aktuellem Ausbaustand der einzelnen Berufe Auswirkung auf unterschiedlichen Ebenen hat. In den Berufe, für die bisher – wir beziehen uns auf die deutsche Situation[1] – an Fachschulen ausgebildet wurde, werden zunehmend (Bachelor-)Studiengänge eingerichtet: Für Bildung und Erziehung im Kindesalter/Nursing kann man nun *an einer Hochschule ausgebildet* werden, dasselbe gilt für Pflegeberufe sowie für Physio- und Ergo-Therapie[2]. Bei den sozialen Berufen, die schon seit längerem eine akademische Erstausbildung voraussetzten, werden Schwerpunktsetzungen, für die man sich bislang durch Zusatzausbildungen oder „training on the job" qualifizierte, zu (Master-)Studiengängen[3] ausgebaut: Erlebnispädagogik, Beratung in Bildung und Beruf, Coaching, Pflegemanagement, Supervision und Sozialmanagement z. B. können nun in einem Master-Programm studiert werden. Und für all die sozialen Berufsfelder, in denen Absolvent_innen unterschiedlicher Studienrichtungen interdisziplinär zusammenarbeiten – dies gilt z. B. für die Arbeit in Beratungseinrichtungen, für Supervision und (Sozial-)Pädagogik – lassen sich in den Fachzeitschriften, auf Kongressen und in den (z. T. erst seit kurzem bestehenden) Fachverbänden Diskussionen und Bemühungen beobachten, die eine genauere Begründung und sorgfältigere Unterscheidung der einzelnen professionellen Tätigkeiten anstreben. Eine *weitere Ausdifferenzierung* der entsprechenden Professionen ist zu erwarten.

Was bedeuten diese Entwicklungen für die professionelle Ethik? Zunächst einmal bedeutet jede weitergehende Professionalisierung, die mit dem Anspruch fachlich selbständigen Handelns verbunden ist, eine Verstärkung der Verpflichtung zur Wahrnehmung der ethischen Dimension des fachlichen Handelns (vgl. 2.1). Ein weiterer Aspekt kommt hinzu: Wenn sich berufliche Tätigkeiten zu eigenständigen Berufen/Professionen ausdifferenzieren, entfernen sie sich auch von den – häufig unausgesprochenen, aber irgendwie geteilten – Grundüberzeugungen des Berufes, zu dem sie gehörten. Beratung, die sich aus dem psychologisch/psychotherapeutisch geprägten Berufsfeld löst und zu einer eigenständigen

---

[1] In vielen europäischen und außereuropäischen Ländern ist die Akademisierung der Erziehungs- und Gesundheitsberufe bereits weiter fortgeschritten.

[2] Eine gute Übersicht zu den (neuen) Bachelor-Studiengängen findet sich im online-Dienst der Hochschulrektorenkonferenz (hrk). Die Bachelor-Studiengänge sind hier unter „grundständig" zu finden: www.hochschulkompass.de/studium/suche [30.4.2011]

[3] Zu unterscheiden sind die hier in erster Linie gemeinten „weiterbildenden Master-Programme", die Spezialqualifikationen für die Praxis vermitteln, von den „konsekutiven Master-Studiengängen", die eine aufbauende wissenschaftliche Vertiefung anstreben. Auch hierfür findet sich die entsprechende Übersicht auf der Website der Hochschulrektorenkonferenz. Die Masterstudiengänge werden als „weiterführend" bezeichnet: www.hochschulkompass.de/studium/suche [30.4.2011]

– neuen – Profession wird, verliert in manchen Spezialrichtungen die Verbindung zu den im psychotherapeutischen Konzept angelegten moralischen Grundüberzeugungen; Sozialmanagement als eigenständige professionelle Ausrichtung steht nicht mehr – quasi selbstverständlich – in der Verpflichtung dem Sozialen gegenüber, die eine Grundlage der meisten fachlichen Konzepte der Sozialen Arbeit bildet. Und – um ein drittes Beispiel anzuführen – wenn Coaching zu einem eigenständigen Beruf ausgebaut wird, wird die in vielen Konzepten der Supervision zu findende Bindung an emanzipative Ziele nicht unbedingt Teil des Selbstverständnisses. Bei den neuen Professionen besteht daher ein besonderes Erfordernis die moralisch-ethische Seite des beruflichen Handelns zu reflektieren, die Wertorientierung ihrer Arbeitskonzepte zu prüfen und gegebenenfalls explizit ethische Leitlinien auszuformulieren.

Eine dritte Veränderung neben der weiteren Akademisierung und der zunehmenden Ausdifferenzierung der sozialen Berufe lässt sich bereits heute feststellen: Da die wissenschaftliche Ausbildung für die sozialen Berufe sich nicht nur auf Erkenntnisse der als Bezugswissenschaften einbezogenen Disziplinen (Soziologie, Philosophie, Psychologie, Rechtswissenschaften, Erziehungswissenschaften, Medizin etc.) stützen kann, sondern auch wissenschaftliche Erkenntnisse über die Praxis der Berufe benötigt, wird nicht nur mehr geforscht, sondern z. T. auch in neuer Weise geforscht, indem Klientele/Nutzer_innen/Adressat_innen der sozialen Berufe und das berufliche Handeln selbst zum Gegenstand von *Praxisforschung* werden. Auch damit sind ethische Fragen verbunden, die für die sozialen Berufe eine neue Ebene darstellen.

Alle drei Veränderungen haben zur Folge, dass sich auch die professionelle Ethik in den einzelnen sozialen Berufen wird weiter entwickeln müssen. Neue Fragen sind aufzugreifen und mit veränderten Formen von moralischen Konflikten und ethischen Dilemmata gilt es sich auseinanderzusetzen. Das Verfahren des Ethical Reasoning und die Einbeziehung von Theorien und Argumentationsformen aus der philosophischen Ethik sind geeignet, solchen neuen Anforderungen zu begegnen. Die skizzierten Veränderungen machen es zudem wahrscheinlich, dass für die sozialen Berufe in Zukunft zwei Themen Bedeutung gewinnen, die sie bisher eher am Rande berührt haben: die Etablierung von Ethikkommissionen und die Berücksichtigung von Forschungsethik.

5.2 Ethikkommissionen in sozialen Berufen

Ethikkommissionen gibt es bisher im Bereich der sozialen Berufe kaum; die Etablierung von Gremien, deren Aufgabe die Beratung von ethisch-moralischen Fragen und Entscheidungen ist, hat vielmehr in der Medizin und den Lebenswissenschaften begonnen. In der Bundesrepublik geht diese Tradition der Ethikkommission auf die Deklaration von Helsinki von 1975 zurück, die vom Weltärztebund als Formulierung von „ethischen Grundsätzen" für die medizinische

Forschung am Menschen" beschlossen und bis heute mehrfach verändert wurde.[4] Intention ist die Überprüfung von Forschungsvorhaben aus ethischer (wie auch rechtlicher und sozialer) Perspektive, die an Lebewesen durchgeführt werden sollen, sowie die Gewährleistung des Schutzes von Menschen vor den Folgen klinischer Forschung. Als übergeordnete Instanz von Ethikkommissionen wurde in der Bundesrepublik der „Arbeitskreis medizinischer Ethikkommission" gegründet, der ein freiwilliger Zusammenschluss der öffentlich-rechtlichen Ethikkommissionen ist, die Forschungsvorhaben am Menschen ethisch, aber auch rechtlich bewerten und die ihre Tätigkeiten als frei und unabhängig bezeichnen.[5] Als Ziel des Arbeitskreises wird genannt, dazu „beizutragen, daß die Ethikkommissionen ihre Tätigkeit sachgerecht ausüben können, die dem Patienten- und Probandenschutz, dem Schutz des Forschers und der Allgemeinheit verpflichtet ist, sowie den Meinungs- und Erfahrungsaustausch national und international zu fördern".[6] Nicht nur in der medizinischen Praxis und der lebenswissenschaftlichen Forschung ist seither ein Beratungsbedarf ethische Fragen betreffend entstanden, sondern auch bezogen auf Gesetzgebungsverfahren, die die rechtlichen Rahmenbedingungen dafür schaffen sollen. So existiert seit April 2008 der „Deutschen Ethikrat" (früher Nationaler Ethikrat) als ein die Bundesregierung und den Bundestag beratendes Gremium. Er ist als unabhängiges Gremium konzipiert, und soll folgende Aufgaben übernehmen (§2 (1)): „Der Deutsche Ethikrat verfolgt die ethischen, gesellschaftlichen, naturwissenschaftlichen, medizinischen und rechtlichen Fragen sowie die voraussichtlichen Folgen für Individuum und Gesellschaft, die sich im Zusammenhang mit der Forschung und den Entwicklungen insbesondere auf dem Gebiet der Lebenswissenschaften und ihrer Anwendung auf den Menschen ergeben."[7] Die Unabhängigkeit der Mitglieder – sie sollen unterschiedliche ethische Ansätze vertreten, damit bei Betrachtung einer konfliktreichen Situation mehrere Sichtweisen eingenommen werden – wird durch den Wahlmodus (Vorschläge von Bundesregierung und Bundestag; Berufung durch den Bundespräsidenten) und das Verbot einer Mitgliedschaft in Regierung und Parlament abgesichert.

Ethikkommissionen, die sich mit *Forschungsprojekten* beschäftigen, wurden in der Bundesrepublik in erster Linie für den Bereich der medizinischen Forschung eingerichtet, um mögliche Schäden für Menschen auszuschließen. Geht es um Forschungen außerhalb der medizinischen Disziplin, sind Ethikkommissionen bisher nicht gesetzlich gefordert. Sie zu gründen und bei konfliktreichen Fragen beratend hinzuzufügen, obliegt den einzelnen Unternehmen und Institutionen; Ethikkommissionen zur Selbstkontrolle der Forschung gibt es inzwischen zuneh-

---

4   Die aktuelle Version findet sich unter:
     http://www.wma.net/en/30publications/10policies/b3/index.html[23.4.2011]

5   Vgl. http://www.ak-med-ethik-komm.de/[23.4.2011]

6   Satzung des Arbeitskreises: vgl.:
     http://www.ak-med-ethik-komm.de/documents/SatzungArbeitskreis27.11.2010.pdf[23.4.2011].

7   Vgl. http://bundesrecht.juris.de/ethrg/__2.html [23.4.2011]

mend auch im nicht-medizinischen Bereich – u. a. weil sie häufig von öffentlichen Geldgebern gefordert werden.

Gremien mit der Aufgabe *ethischer Beratung* werden – dem Beispiel aus den angelsächsischen Ländern folgend – heute auch in der *medizinischen Praxis* und hier in erster Linie in größeren Kliniken eingesetzt. Solche Ethikkomitees (vgl. Frewer/Rascher 2008) können bei schwierigen Entscheidungen in der Patientenversorgung[8] oder bei nicht kurativen, aber von Patient_innen gewünschten Eingriffen einberufen[9] werden. Anders als in medizinischen Berufsfeldern ist die Bildung von Ethikkommissionen, die in Konfliktfällen oder bei schwierigen Entscheidungen in der Praxis beratend tätig werden, in sozialen Berufsfeldern in der Bundesrepublik noch nicht üblich geworden. Ob sie zukünftig etabliert werden, wird sich zeigen. Wenn sie eingerichtet werden, werden sie vermutlich etwas anders organisiert sein als in der medizinischen Praxis. Überlegt werden muss, welche Aufgaben sie wahrnehmen und wie sie zusammengesetzt sein sollten. Damit verbunden ist auch die Frage, ob es ein ethisches Expert_innentum geben kann/soll.

5.2.1 Mögliche Aufgaben von Ethikkommissionen

Ethikkommissionen in sozialen Berufen können ihre Aufgabe nicht darin sehen, ein für alle Mal gültige ethische Entscheidungen zu treffen und jene moralische Instanz zu sein, die recht oder unrecht spricht. Vielmehr hätten sie die Aufgabe die Professionellen in besonders schwierigen ethischen Konfliktsituationen (vgl. 3.1.3 und 4.6.1) beratend zu unterstützen, und zwar:

- Einzelne Professionelle: wenn sie hinsichtlich ihres Ethos in ethische Konfliktsituationen geraten – in Bezug auf Gesetze oder die ethischen Vorstellungen der Institution.
- Teams: wenn die ethischen Vorstellungen der einzelnen Professionellen im Team so divergieren, dass professionelles Handeln unmöglich bzw. von anhaltenden Spannungen belastet wird.
- Soziale Institutionen: wenn ihre ethischen Vorstellungen z. B. mit ökonomischen Interessen in Konflikt geraten.
- Adressat_innen: wenn sie sich in ethischer Hinsicht von einzelnen Professionellen oder von sozialen Institutionen unangemessen behandelt fühlen.

In den Berufsverbänden der einzelnen sozialen Berufe können Ethikkommissionen eine doppelte Aufgabe übernehmen. Sie könnten – wie in einigen internationalen Vereinigungen und in psychotherapeutischen Fachverbänden bereits

---

[8] Solche Entscheidungen betreffen z.B. die Auslegung von Patientenverfügungen oder den Umgang mit dem Wunsch nach einer anonymen Geburt.

[9] Ethisch problematisch können beispielsweise Patientenwünsche in der plastischen Chirurgie sein.

praktiziert – die berufsbezogenen Moralkodizes zum Thema machen, die Diskussion ethischer Fragen und Standards vorbereiten und die Wichtigkeit moralischer Reflexionen und moralischen Handelns vertreten. Und sie könnten die einzelnen Professionellen (durch die Anregung von Weiterbildung sowie durch Beratung in Konfliktfällen) unterstützen, ethische Kompetenz und ein eigenes berufliches Ethos auszubilden (vgl. 2.2.3). Auch in den Wohlfahrtsverbänden (und anderen Trägerorganisationen) kann die Einrichtung von Ethikkommissionen sinnvoll sein – zur Unterstützung von Zielentscheidungen und zugunsten institutionell-moralischen Handelns generell. Überall dort, wo auch die unterstützende Beratung von Adressat_innen oder einzelnen Professionellen zu den Aufgaben eines Beratungsgremiums gehört, wäre die Unabhängigkeit der an der Kommission Teilnehmenden sowie die Vertraulichkeit der Beratung in besonderer Weise von Bedeutung.

5.2.2 Teilnehmende an Ethikkommissionen

Blickt man auf die Zusammensetzung von bereits existierenden Ethikkommissionen, des Deutschen Ethikrates z. B., dann sind vor allem die Bereiche Medizin, Naturwissenschaft, Philosophie, Rechtswissenschaft und Theologie vertreten. Ein wichtiges Merkmal von Ethikkommissionen wird daran deutlich: Die Teilnehmenden decken ein breites Spektrum von Disziplinen ab, die Fragen der Ethik und Moral können so aus verschiedenen, manchmal divergierenden wissenschaftlichen bzw. beruflichen Perspektiven betrachtet werden. Nicht unproblematisch ist die Einbeziehung der Theologie als eine der z. B. im Deutschen Ethikrat vertretenen Disziplinen, zeigt sich darin doch nicht Religionsvielfalt, sondern – eindimensional – eine Dominanz christlicher Konfessionen. Ein über diesen Einwand hinausgehendes, grundsätzliches Bedenken wird in Forderungen von humanistischen Verbänden deutlich, die eine stärkere Trennung von Staat und Kirche befürworten: Ethische Entscheidungen sollen in einem eigentlich säkularen Staat nicht aus christlich-religiösen Werten getroffen werden, sondern von Wissenschaftler_innen, die der Säkularisierung mit ihren demokratischen Werten verpflichtet sind.

Aber auch abgesehen von diesem Problem könnte die durch die Zusammensetzung des Deutschen Ethikrates vorgenommene Auswahl von Wissenschaftsdisziplinen für den sozialen Bereich nicht einfach übernommen werden. Damit die für diesen Bereich relevanten Perspektiven einbezogen sind, wäre für Ethikkommissionen im Kontext sozialer Berufe eine Erweiterung durch Professionelle aus Sozialarbeit, Pflege, Elementarpädagogik etc. vonnöten. Nur so lässt sich die interdisziplinäre Orientierung der Berufsfelder sowie die Komplexität ethischer Fragen in Bezug auf moralisches Handeln zugunsten der Diversität der Adressat_innen und ihrer jeweiligen Bedürfnissen abdecken. Außerdem ist – analog zu Überlegungen, die in Bezug auf empirische Forschungen immer wieder angestellt werden, wer als Expert_in (z. B. für Expert_inneninterviews) für was gilt – zu überlegen, ob Ethikkommissionen ausschließlich aus Wissenschaftler_innen respektive Professionellen bestehen sollten. Insbesondere in Kommissionen, die ethische Beratung für die berufliche Praxis leisten sollen, wäre im Sinne der Perspektivenvielfalt (und der berechtigten Frage, wer Expert_in für welche Angelegenheiten ist) eine Beteiligung von Adressat_innen nicht von der Hand zu weisen. Diese Überlegung berührt eine gesellschaftspolitische Dimension, die mit dem folgenden, eher plakativen Beispiel beschrieben werden kann:

> Herr X, 55 Jahre alt, lebt seit Jahren von Arbeitslosengeld 2. Er wird als Langzeit-arbeitsloser bezeichnet. In seiner finanziellen Situation weiß Herr X genau, was und wo er einkaufen kann, hat jahrelange Erfahrung damit, was er sich leisten und was er sich nicht leisten kann. Zu Monatsanfang teilt er sein Geld mit dem Wissen ein, dass es nicht ausreichen wird. Herr X kennt seine Bedürfnisse und Wünsche. Jeden Monat bewirbt sich Herr X auf Arbeitsplätze, seine Bemühungen, Arbeit zu finden, schlagen fehl. Immer wieder sieht sich Herr X Sendungen im Fernsehen an, ärgert sich über Aussagen dazu, wie „faul" Arbeitslose sind, dass sie sich nicht bemühen, Arbeit zu finden etc. Vergleichsweise verdient, so hört er immer wieder, eine Friseurin bei einer Vollzeitbeschäftigung nichts gegen das, was er für ein „Nichts-Tun" bekommt.

Die politische Entscheidung, mit wie viel Geld Menschen in der Bundesrepublik leben können (sollen), wird von Herrn X eben so wenig mitbestimmt, wie von anderen Arbeitslosengeld 2 beziehenden Menschen oder von Professionellen der sozialen Berufe. Das hierüber entscheidende Expert_innentum hat nur in seltenen Fällen eigene Lebenserfahrungen mit diesen finanziellen Situationen. Zynisch klingen da Aussagen, die behaupten, man könne davon leben, man müsse nur klug sein und wissen wie. Wäre hier nicht Herr X – repräsentativ für andere – auch ein Experte für die politische wie ethische Frage der Verteilungsgerechtigkeit?

Auch wenn es um die Implementierung von Diversity in sozialen Einrichtungen geht, lassen sich vergleichbare Fragen stellen. Diversity ist bei der Personalpolitik und bei der Konzipierung der Angebote ein wichtiger Aspekt. Doch auch die Zugänglichkeit von Räumlichkeiten für Menschen unterschiedlicher Bedürfnisse ist ein nicht zu unterschätzender Bereich für Diversity-Angemessenheit. Ein gutes Beispiel ist die in jeder Einrichtung zu bedenkende „Toilettenfrage".

> Dem Diversity-Konzept zufolge müssten Toiletten für alle Menschen barriere- und diskriminierungsfrei zugänglich sein. Die bislang klassische Lösung des „Behinderten-WCs" entspricht dem nicht. Ein Behinderten-WC ist für Menschen im Rollstuhl konzipiert, nicht aber für Kleinwüchsige erreichbar und es ist ausgesprochen unbequem für Menschen mit Gehhilfen, Corsagen etc. Auch die für

Männer und Frauen getrennten WCs sind nicht Diversity gerecht, da sie keinen geschützten Ort für Intersexuelle, Transgender etc. bieten. Die an diesem Beispiel deutlich werdende Vielfalt von zu berücksichtigenden Aspekten lässt sich auf alle Arbeitsräume innerhalb einer Einrichtung wie auf externe Veranstaltungsräume übertragen. Fraglich ist, ob die Vorstellungen der Mitarbeiter_innen ausreichen, um die Verschiedenheiten aller Menschen mitdenken zu können. Die Implementierung von Diversity als politisches und ethisches Anliegen (im Sinne der partizipativen Anerkennungsgerechtigkeit) bedürfte der Berücksichtigung der Perspektiven verschiedenster Menschen – die in der Einrichtung Tätigen wie die potenziellen Nutzer_innen gilt es in professioneller Weise zu berücksichtigen. (Vgl. Perko/Czollek 2007)

Die an den Beispielen aufgezeigte Bedeutung unterschiedlicher Perspektiven lässt sich auf Ethikkommissionen als beratende Gremien bei spezifischen ethischen (und politischen) Überlegungen in sozialen Berufen übertragen. Die Frage der Zusammensetzung einer solchen Kommission berührt die Frage der Repräsentation. Im affirmativen Sinne stehen hierbei mehrere Modelle zur Diskussion, u.a.:

- das Modell der Anwaltschaft als indirekte Repräsentation, in dem bestimmte Personen über Interessen und Anliegen anderer Personen und Gruppen verhandeln,
- das Modell der direkten Repräsentation, in dem Personen bzw. Gruppen jeweils selbst ihre Interessen und Anliegen verhandeln. (Vgl. Perko/Czollek 2007)

Ersteres könnte etwa über den Begriff der Solidarität oder des Verbündet-Seins funktionieren (vgl. 4.6.3). Dieses Modell würde bedeuten, dass Professionelle die Perspektive von Adressat_innen vertreten. Zweiteres hieße, dass je nach ethischen Fragen, alle davon Betroffenen in ihren Diversitäten je individuell sicht- und hörbar werden. Dabei können in der Praxis auch Formen der indirekten Repräsentation einbezogen werden, wobei eine Person die „eigene" Community vertreten würde. (Vgl. Perko/Czollek 2007)

Bei Ethikkommissionen im sozialen Bereich scheint daher vieles für eine plurale Zusammensetzung zu sprechen – alle für die anstehende Entscheidung relevanten Perspektiven (die der Professionelle wie der Adressat_innen) sollten vertreten sein. Dies wäre der Überzeugung geschuldet, dass es kein ethisches Expert_innentum von Professionellen gibt. Die (in der folgenden Grafik zusammengestellten) Dimensionen, die in die Beratung einer Ethikkommission hineinwirken, sprechen dafür, vielfältige Repräsentation zu ermöglichen:

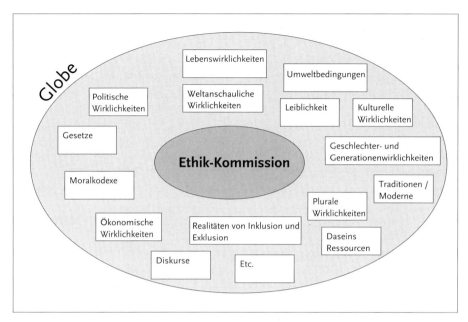

Abb. Trainingsmaterial Czollek/Perko 2011

Für die Zusammensetzung einer Ethikkommission ist daher vor allem die Frage von Bedeutung, welches ethische, fachliche und pragmatische Wissen erforderlich ist, um bezogen auf einen konkreten moralischen Konflikt oder ein ethisches Dilemma unterstützend und beratend tätig sein zu können. Die für das Ethical Reasoning, für die ethische Beurteilung erforderlichen ethischen Kompetenzen sind keine anderen als die für die berufliche Praxis beschriebenen. Ethiker_innen können den Beratungsprozess anleiten und die Urteilsfindung moderieren – eine besondere moralische Expertise bringen auch sie nicht mit. Insgesamt geht es darum, wie sich die in der Grafik dargestellten Dimensionen auswirken und wie sie zugunsten ethischer Überlegungen für ein gelungenes Leben Anderer einbezogen werden können.

5.3 Ethische Anforderungen an Praxisforschung

Wenn die Lebenswirklichkeit der Adressat_innen sozialer Berufe erforscht werden soll, wenn Wirkungen und Auswirkungen von sozialen Interventionen untersucht werden, dann gelten zunächst einmal alle forschungsethischen Anforderungen, die für wissenschaftliche Forschung überhaupt gelten:
- Jede Forschung hat den Anforderungen wissenschaftlicher Regeln und Kriterien zu genügen: keine Plagiate, keine Ehrenautor_innenschaft, die Sicherung

von Daten (unter Berücksichtigung der Persönlichkeitsrechte der untersuchten Personen), Unterstützung und angemessene Betreuung von Nachwuchswissenschaftler_innen.

- Verbot von Menschenversuchen, die ausschließlich freiwillige Teilnahme an Studien (informed consent), die Verantwortung der Forscher_innen dafür, dass die an den Studien Teilnehmenden keinen Schaden erleiden. [10]

Da Forschungen im sozialen Bereich neben quantitativen Verfahren sehr häufig auch qualitative Verfahren verwenden, in denen Personen beobachtet oder befragt werden, ergeben sich zusätzliche Aspekte, die zu berücksichtigen sind: So kann man beispielsweise bei einer Straßenbeobachtung nicht alle beteiligten Personen vorher um ihre Zustimmung bitten und so ist es auch nicht immer möglich die an einer Untersuchung Teilnehmenden vorweg über die Forschungsziele zu informieren, ohne diese zu gefährden. Abwägungen zwischen ethischen Gesichtspunkten und Erfordernissen der Forschungsarbeit sind bei solchen Untersuchungen immer wieder für konkrete Einzelschritte zu treffen.

Praxisforschung im engeren Sinne – wenn die Beziehung zwischen Professionellen und Nutzer_innen sozialer Angebote untersucht oder die Lebenssituation von Klient_innen zum Thema gemacht wird – stellt insofern eine besondere Situation dar, als ethischen Aspekte der Praxis und ethischen Aspekte von Forschung sich hier überschneiden. Ethische Konflikte können überall dort entstehen, wo Forschungsaktivitäten wie Interventionen wirken.

Vor allem die folgenden Konstellationen können in der Praxisforschung Anlässe für ethische Konflikte enthalten:

- Teilnehmende Beobachtung von Gruppen in lebensweltlichen Zusammenhängen kann das Beziehungsgefüge der beobachteten Gruppe stark beeinflussen oder verändern, ohne dass dies im einzelnen vorhergesehen werden könnte (vgl. Nadig 1986).
- Von Forscher_innen angeregte Erzählungen über persönliche Erfahrungen und persönliches Erleben (wie sie in der Biografieforschung üblich sind) beeinflussen und verändern das Selbstbild der interviewten Person. Bewusst dafür oder dagegen entscheiden kann man sich nicht (vgl. Mey 2001).
- In der Praxis der sozialen Berufe hat man es häufig mit Personengruppen von besonderer Verletzlichkeit zu tun. Interviews, die im Rahmen einer Studie mit besonders verletzlichen oder mit traumatisierten Personen geführt werden, können zu Beratungs- bzw. Behandlungsbedarf führen (vgl. Miethe/Gahleitner 2010.

---

[10]   Zusammengestellt wurden die allgemeinen forschungsethischen Grundsätze in den Richtlinien der Deutschen Forschungsgemeinschaft. Die aktuelle Fassung findet sich online unter: http://www.dfg.de/antragstellung/gwp/index.html [30.4.2011].

Wie in der beruflichen Praxis selbst ist daher auch in einigen Bereichen der Praxisforschung ethische Reflexion und Achtsamkeit gegenüber den Empfindlichkeiten und Selbstbestimmungsrechten der Anderen gefordert.

Welche Bedeutung haben diese Überlegungen für die Professionellen in den sozialen Berufen? In doppelter Hinsicht ist es wichtig auch als Praktiker_in um mögliche ethische Konflikte der Forschung und die generellen forschungsethischen Themen zu wissen. Zum einen entstehen gerade für Untersuchungen im sozialen Bereich zunehmend Kooperationen, in denen Wissenschaftler_innen und Praktiker_innen gemeinsam an einem Forschungsprojekt arbeiten. Hier haben dann auch die Professionellen der sozialen Berufe forschungsethische Verantwortung. Zum anderen behalten die Praktiker_innen in all den Fällen die professionsethische Verantwortung für ihre Klient_innen, in denen sie nicht aktiv Forschende sind, sondern zusammen mit ihren Klient_innen be-forscht werden.

5.4 Rekapitulationsfragen

- Welche Professionalisierungsschübe erwarten Sie für Ihr Berufsfeld?
- Sehen Sie ethische Konflikte in der beruflichen Praxis, die sich mit Hilfe einer Ethikkommission besser lösen ließen?
- Wer müsste an einer solchen Beratung beteiligt werden?
- Überlegen Sie für Ihr eigenes Berufsfeld, welche Praxisforschung erforderlich oder wünschenswert wäre, um die Arbeit zu optimieren?
- Welche Fragen müssten aus professionsethischer Sicht dann vorweg geklärt werden?
- Sehen Sie Ähnlichkeiten zwischen Forschungsethik und Ethical Reasoning in der Praxis?

6. Literatur

– A –

Adams, Maurianne/Bell, Lee Anne/Griffin, Pat (Hg.): Teaching for diversity and social justice. A sourcebook. New York und London 1997

Adorno, Theodor W.: Probleme der Moralphilosophie, Frankfurt/Main 1996

Adorno, Theodor W.: Minima Moralia. Reflexionen aus dem beschädigten Leben. Frankfurt/ Main 2004

Albert, Claudia: Ricœur, Paul, in: Metzler Philosophen Lexikon. Stuttgart 1995

Albert, Martin: Soziale Arbeit im Wandel – Professionelle Identität zwischen Ökonomisierung und ethischer Verantwortung. Hamburg 2006

Anscombe, Elisabeth: Modern Moral Philosophy, in: Philosophy 33. 1958

Arendt, Hannah: Vita Activa oder vom tätigen Leben. München 1967

Arendt, Hannah: Vom Leben des Geistes 3, Das Urteilen. Texte zu Kants politischer Philosophie. München 1985

Arendt, Hannah: Es gibt nur ein einziges Menschenrecht, in: Die Wandlung 4. Jg., Herbstheft 1949. Dezember 1949

Arendt, Hannah: Gedanken zu Lessing – Von der Menschlichkeit in finsteren Zeiten, in: Menschen in finsteren Zeiten. Hamburg 1959a

Arendt, Hannah: Rahel Varnhagen. Lebensgeschichte einer deutschen Jüdin aus der Romantik. 1959b

Arendt, Hannah: Eichmann in Jerusalem. Ein Bericht über die Banalität des Bösen. München 1986

Arendt, Hannah: Denktagebuch. 2 Bde. München 2003f.

Arendt, Hannah: Über das Böse. Eine Vorlesung zu Fragen der Ethik. München 2006

Aristoteles: Nikomachische Ethik. Stuttgart 1969

Aristoteles: Nikomachische Ethik. Reinbek b. Hamburg 2006

Aristoteles: Politik. Stuttgart 1989

Aristoteles: Die Verfassung der Athener. Stuttgart 1993

Athanassoulis, Nefsika (2004): Virtue Ethics (Artikel in „The Internet Encyclopedia of Philosophy") http://www.iep.utm.edu/virtue/[16.2.2011]

Auernheimer, Georg: Einführung in die interkulturelle Erziehung, Darmstadt 1995

Auernheimer, Georg (Hg.): Migration als Herausforderung für pädagogische Institutionen, Opladen 2001

– B –

Bartling, Heinz-Michael: Epikur: Theorie der Lebenskunst. Cuxhaven 1994

Baum, Hermann: Ethik sozialer Berufe, Paderborn: Schöningh. 1996

Bauman, Zygmunt: Dialektik der Ordnung – die Moderne und der Holocaust. Hamburg 2002

Bayertz, Kurt: Warum überhaupt moralisch sein? München 2004

Beauvoir, Simone de: Das Andere Geschlecht. Sitte und Sexus der Frau. Reinbek bei Hamburg, 1991

Beck, Ulrich: Risikogesllschaft – auf dem Weg in eine andere Moderne. Frankfurt: 1986

Belardi, Nando: Supervision: Grundlagen, Techniken, Perspektiven. München 2005

Benhabib, Seyla: Kulturelle Vielfalt und demokratische Gleichheit. Politische Partizipation im Zeitalter der Globalisierung. Frankfurt/Main 1999

Birkhan, Ingvild: Gefangene im System des Vaters und des Sohnes. Verschüttet auch die Psychoanalyse im Kontext der Kulturtheorie die mögliche Autonomie der Frau? In: Autonomie in Bewegung. (Hg.) Verein zur Förderung von Frauenbildungsprojekten. Wien 1991

Bond, Tim: Standards an Ethics for Counselling in Action. London 2010

Bourdieu, Pierre/Wacquant, Loïc J.D.: Reflexive Anthropologie. Frankfurt/Main 1996

Braun, Johann: Einführung in die Rechtswissenschaft. Tübingen 2007

Brumlik, Micha: Advokatorische Ethik – Zur Legitimation pädagogischer Eingriffe. Bielefeld 1992

Brune, Jens Peter: Dilemma, in: Düwell, Marcus, Hübenthal, Christoph & Werner, Micha H. (Hg.) Handbuch Ethik, Stuttgart 2002

Brunkhorst, Hauke: Solidarität unter Fremden, Frankfurt 1997

Buber, Martin: Das Dialogische Prinzip. Gerlingen 1997

Bundschuh, Stephan/Jagusch, Birgit (Hg.): Antirassismus und Social Justice. Materialien für Trainings mit Jugendlichen, Düsseldorf 2009

Butler, Judith: Psyche der Macht. Das Subjekt der Unterwerfung. Frankfurt/Main 2001

Butler, Judith: Kritik der ethischen Gewalt. Frankfurt/Main 2003

Butler, Judith: Gefährdetes Leben – Politische Essays. Frankfurt/Main 2005

– C –

Capeheart, Loretta/Milovanovic, Dargan: Social Justice. Theories, Issues and Movements. New Brunswick/New Jersey/London 2007

Castoriadis, Cornelius: Gesellschaft als imaginäre Institution. Frankfurt am Main 1984

Castoriadis, Cornelius: Die griechische polis und die Schaffung der Demokratie, in: Ulrich Rödel (Hg.): Autonome Gesellschaft und libertäre Demokratie. Frankfurt/Main 1990

Castoriadis, Cornelius: Vom Elend der Ethik. Die Flucht aus der Politik und die Suche nach Autonomie, in: Lettre International. Nr. 23. 1993

Cavarero, Adriana: Relating Narratives. London 1997

Code, Lorraine: What Can She Know? Feminist Theory and the Construction of Knowledge. Ithaca/ London 1991

Conradi, Elisabeth: Take Care – Grundlagen einer Ethik der Achtsamkeit. Frankfurt/Main 2001

Conrady, Karl Otto (Hg.): Der große Conrady. Das Buch deutscher Gedichte. Düsseldorf 2008

Crenshaw, Kimberle: Intersectionality: the double bind of race and gender, in: perspectives. Frühling 2004. Online unter: http://www.abanet.org/women/perspectives/Spring2004CrenshawPSP.pdf[10.9.2008]

Crewe. Sandra Edmonds/Brown, Annie Woodley/Gourdine, Ruby Morton: Inabel Burns Lindsay: A Social Worker, Educator, and Administrator. Uncompromising in the Pursuit of Social Justice for All, in: Affilia 2008; 23. Online unter: http://aff.sagepub.com/cgi/content/abstract/23/4/363

Collins, Patricia Hill: Its All in the Family: Intersections of gender, race and nation, in: Hypatia, 13, 3. 1998

Czollek, Leah Carola: Am Anfang war das Wort. Aspekte jüdischen Dialoges und die Vielstimmigkeit von Multikulturalismus, in: Verständigung in finsteren Zeiten. Interkulturelle Dialoge statt »Clash of Civilizations«. Hg. Gudrun Perko/ Leah Carola Czollek. Köln 2003

Czollek, Leah Carola/Perko, Gudrun: Mahloquet als integrative Methode des Dialoges: ein Mediationsverfahren in sieben Stationen, in: Perspektive Mediation. Beiträge zur KonfliktKultur 4/2006. Wien 2006

Czollek, Leah Carola/Perko, Gudrun: Diversity in außerökonomischen Kontexten: Bedingungen und Möglichkeiten seiner Umsetzung, in: Re-Präsentationen. Dynamiken der Migrationsgesellschaft. Hg. Anne Broden/Paul Mecheril. Oldenburg 2007. Online unter: http://bieson.ub.uni-bielefeld.de/volltexte/2007/1105/html/index.html

Czollek, Leah Carola/Perko, Gudrun: Mahloquet – integrative Methode des Dialogs, In: CNE (Certified Nursing Education), Fortbildung und Wissen für die Pflege, Nr. 5. 2008

Czollek, Leah Carola/Perko, Gudrun: Eine konkrete Utopie: Diversity, Intersektionalität und Social Justice in der Gesundheitsförderung, in: Gesundheitsförderung auf Zeitreise. Herausforderungen und Innovationspotentiale auf dem Weg in die Zukunft, Hg. Ingrid Spicker, Gert Lang, Wien 2009

Czollek, Leah Carola/Weinbach, Heike: Lernen in der Begegnung: Theorie und Praxis von Social Justice-Trainings. Hg. IDA e.V. Bonn 2008

Czollek, Leah Carola/ Perko, Gudrun/ Weinbach, Heike: Lehrbuch Gender und Queer. Studienmodule Soziale Arbeit. Weinheim/München 2009

– D –

Degen, Barbara: Justitia ist eine Frau: Geschichte und Symbolik der Gerechtigkeit, Opladen 2008

Demmerling, Christoph/ Landweer, Hilge: Philosophie der Gefühle, Von Achtung bis Zorn. München 2007

Descartes, René: Meditationen. Über die erste Philosophie, Stuttgart 1971

Derrida, Jacques: Gerechtigkeit, Kraft und Gewalt, in: Stäblein, Ruthard (Hg.). Glück und Gerechtigkeit. Moral am Ende des 20. Jahrhunderts. Frankfurt 1999

Derrida, Jacques/Habermas, Jürgen: Philosophie in Zeiten des Terrors. Berlin 2004

Dewe, Bernd: Professionsverständnisse – eine berufssoziologische Betrachtung. In J. Pundt (Hg.): Professionalisierung im Gesundheitswesen. Bern: 2006

Düwell, Marcus, Hübenthal, Christoph/ Werner, Micha H.: Einleitung, in: Dies. (Hg.) Handbuch Ethik. Stuttgart 2002

– E –

Eisenmann, Peter: Werte und Normen in der Sozialen Arbeit. Stuttgart 2006

Euringer, Martin: Epikur. Antike Lebensfreude in der Gegenwart. Stuttgart 2003

– F –

Fichte, Johann Gottlieb: Beiträge zur Berichtigung der Urtheile des Publicums über die französische Revolution, Bd. 6, Berlin 1971

Fichte, Johann Gottlieb: Grundlage des Naturrechts. Jean-Christophe Merle (Hg.) Berlin 2001

Fischer, Peter: Politische Ethik. München 2006

Flusser, Vilém: Von der Freiheit des Migranten. Einsprüche gegen den Nationalsozialismus. Berlin 1994

Foucault, Michel: Überwachen und Strafen. Die Geburt des Gefängnisses. Frankfurt: 1977

Foucault, Michel: Der Wille zum Wissen. Sexualität und Wahrheit 1, Frankfurt/ Main 1983

Foucault, Michel: Analytik der Macht, Frankfurt/Main 2005

Foucault, Michel: Die Ethik der Sorge um sich als Preis der Freiheit. In: Ders.: Analytik der Macht. Frankfurt/Main 2005a

Foucault, Michel: Technologien des Selbst, in: Ders.: Analytik der Macht. Frankfurt/Main 2005b

Foucault, Michel: Ästhetik der Existenz. Schriften zur Lebenskunst. Frankfurt/ Main 2007

Fraser, Nancy: Die halbierte Gerechtigkeit. Frankfurt/Main 2001

Fraser, Nancy/Honneth, Axel: Umverteilung oder Anerkennung? Eine politisch-philosophische Kontroverse. Frankfurt/Main 2003

Frewer, Andreas/Rascher, Wolfgang: Klinische Ethikkomitees. Chancen, Risiken und Nebenwirkungen. Würzburg 2008

Freud, Sigmund: Jenseits des Lustprinzips (1920), SA, Bd. III, Frankfurt am Main 1975

Friedman, Marilyn: Jenseits von Fürsorglichkeit. Die Ent-Moralisierung der Geschlechter, in: Nagl-Docekal, Herta/Pauer-Studer, Herlinde (Hg.): Jenseits der Geschlechtermoral. Beiträge zur feministischen Ethik, Frankfurt/Main 1993
Frisch, Max: Andorra. Frankfurt/Main 1961

– G –

Gaitanides, Stefan: Interkulturelle Öffnung der sozialen Dienste – Visionen und Stolpersteine in: Birgit Rommelspacher (Hg.): Die offene Stadt. Interkulturalität und Pluralität in Verwaltung und sozialen Diensten. Dokumentation der Fachtagung vom 23.09.2003 an der Alice-Salomon-Fachhochschule, Berlin 2004
Gehring, Petra: Sprengkraft von Archivarbeit – oder: Was ist so reizvoll an Foucault? In: Anhorn, Roland, Bettinger, Frank & Johannes Stehr (Hg.): Foucaults Machtanalytik und Soziale Arbeit. Wiesbaden 2007
Gerke, Michael: Formen der Gerechtigkeit nach Aristoteles 2008, Online unter: http://polit-bits.de/Lernzone/Formen%20der%20Gerechtigkeit%20onach%20Aristoteles.pdf
Giddens, Anthony: Konsequenzen der Moderne. Frankfurt: 2001
Gilligan, Carol: Die andere Stimme. Lebenskonflikte und Moral der Frau. München 1984
Gilligan, Carol: Moral Orientation and Moral Development, in: Kittay, Feder & Meyers, Diana T. (Hg.): Women an d Moral Theory. Totowa, New Jersey 1987
Gordon, Thomas: Managerkonferenz – effektives Führungstraining. München 2006
Gouges, Olympe de: Deklaration der Rechte der Frauen und Bürgerinnen, in: Hannelore Schröder (Hg.): Die Frau ist frei geboren, Band 1, München 1979
Gröning, Katharina: Entweihung und Scham – Grenzsituationen bei der Pflege alter Menschen. Frankfurt am Main 2000
Gronke, Horst/Meyer, Thomas/Neisser, Barbara (Hg.): Antisemitismus bei Kant und anderen Denkern der Aufklärung. Würzburg 2001
Großmaß, Ruth: Die Bedeutung der Care-Ethik für die Soziale Arbeit, in: Dungs, Susanne u. a. (Hg.): Soziale Arbeit und Ethik im 21. Jahrhundert. Ein Handbuch. Leipzig 2006
Großmaß, Ruth: Zur Geschichte des Geschlechterverhältnisses in der Sozialen Arbeit, in: Soziale Arbeit Oktober-November 2008 57. Jahrgang
Großmaß, Ruth: Achtung, Differenzsensibilität, Beziehungsverantwortung – Ansatzpunkte einer Ethik psychosozialer Arbeit, in: Silke Birgitta Gahleitner/ Connie Lee Gunderson (Hg.): Gender – Trauma – Sucht. Kröning 2009a
Großmaß, Ruth: Therapeutische Beziehungen: Distante Nähe, in: Karl Lenz/ Frank Nestmann (Hg.): Handbuch persönliche Beziehungen. 2009b
Großmaß, Ruth: Soziale Arbeit – eine Menschenrechtsprofession? Zur ethischen Dimension der beruflichen Praxis, in: Brigitte Geißler-Piltz/Jutta Räbiger (Hg.): Soziale Arbeit grenzenlos – Festschrift für Christine Labonté-Roset, Opladen 2010

Gürses, Hakan: Das „untote" Subjekt, die „ortlose" Kritik, in: Gudrun Perko/Leah Carola Czollek (Hg.): Lust am Denken: Queeres jenseits kultureller Verortungen. Das Befragen von Queer-Theorien und queerer Praxis hinsichtlich ihrer Übertragbarkeit auf andere Sphären als Sex und Gender, Köln 2004

– H –

Habermas, Jürgen: Arbeit und Interaktion. Bemerkungen zu Hegels „Jenenser Philosophie des Geistes", in: Jürgen Habermas: Technik und Wissenschaft als „Ideologie". Frankfurt/Main 1968
Habermas, Jürgen: Theorie des kommunikativen Handelns. Bd. 2: Zur Kritik der funktionalistischen Vernunft. Frankfurt: 1981
Habermas, Jürgen: Erläuterungen zur Diskursethik. Frankfurt 1991
Hauser/Becker: Verteilung der Einkommen, Gutachten für den Zweiten Armuts- und Reichtumsbericht der Bundesregierung. Frankfurt 2004
Hegel, Georg Wilhelm Friedrich: Phänomenologie des Geistes, in: Gesammelte Werke. Bd. 9. (Hg.) Rheinisch-Westfälische Akademie der Wissenschaften, Hamburg 1980
Hegel, Georg Wilhelm Friedrich: Vorlesungen über die Philosophie der Geschichte. Stuttgart 1997
Hegel, Georg Wilhelm Friedrich: Wissenschaft der Logik. Bd. 1. Werke 5. Frankfurt/Main 1996
Heidegger, Martin: Sein und Zeit. Tübingen 1977
Heitmeyer, Wilhelm (Hg.): Deutsche Zustände. Folge 6. Frankfurt/Main 2008
Heitmeyer, Wilhelm: Deutsche Zustände. Folge 8. Frankfurt/Main 2010
Hering, Sabine: Die Geschichte der sozialen Arbeit in Europa (1900 - 1960) – wichtige Pionierinnen und ihr Einfluss auf die Entwicklung internationaler Organisationen. Opladen: 2002
Hermann, Kitty Steffen: Performing the gap – Queere Gestalten und geschlechtliche Aneignung. Online unter: http://www.gender-killer.de/wissen%20neu/texte%20queer%20kitty.htm[2.3.2010]
Herrmann, Martina: Geschlechtsethik und Selbstkonzept. Moralphilosophische Folgerungen aus der Kohlberg/Gilligan-Kontroverse, in: Dausien, Bettina u.a. (Hg.) Erkenntnisprojekt Geschlecht. Opladen 1999
Higgs, Joy: Clinical reasoning in the health professions. Edinburgh 2000
Höffe, Otfried: Gerechtigkeit. Eine philosophische Einführung, München 2004
Höffe, Otfried: Lexikon der Ethik. München 2002
Hoagland, Sarah Lucia: Einige Gedanken über das Sorgen, in: Nagl-Docekal, Herta/Pauer-Studer, Herlinde (Hg.): Jenseits der Geschlechtermoral. Beiträge zur feministischen Ethik, Frankfurt/Main 1993
Hondrich, Karl Otto/Koch-Arzberger, Claudia: *Solidarität in der modernen Gesellschaft*, Frankfurt am Main 1994
Hooks, Bell: Where we stand. Class matters. New York 2000

Holzleithner, Elisabeth: Gerechtigkeit. Wien 2009

Honneth, Axel: Integrität und Mißachtung. Grundmotive einer Moral der Anerkennung, in: Merkur, 44. 1990

Honneth, Axel: Kampf um Anerkennung. Zur moralischen Grammatik sozialer Konflikte. Frankfurt/Main 1992

Honneth, Axel: Kommunitarismus. Eine Debatte über die moralischen Grundlagen moderner Gesellschaften, Frankfurt/Main 1993

Honneth, Axel: Das Andere der Gerechtigkeit. Aufsätze zur praktischen Philosophie. Frankfurt/Main 2000

Honneth, Axel: Kampf um Anerkennung. Zur moralischen Grammatik sozialer Konflikte. Frankfurt/Main 2003

Horn, Christoph/Scarano, Nico (Hg.): Philosophie der Gerechtigkeit. Texte von der Antike bis zur Gegenwart. Frankfurt/Main 2002

Horten, Max (Übers.): *Die Metaphysik des Averroes (1198 †) nach dem Arabischen übersetzt und erläutert.* Frankfurt a. M. 1960 (Nachdruck der Ausgabe von 1912)

Hosemann, Wilfried/ Trippmacher, Brigitte (Hg.): Soziale Arbeit und soziale Gerechtigkeit. Grundlagen der Sozialen Arbeit Band 8. Baltmannsweiler 2003

Hubmann, Gerald: Sittlichkeit und Recht. Die jüdische Emanzipationsfrage bei Jakob Friedrich Fries und anderen Staatsdenkern des Deutschen Idealismus, in: Horst Gronke/Thomas Meyer u.a. (Hg.): Antisemitismus bei Kant und anderen Denkern der Aufklärung. Würzburg 2001

Hume, David: Über Moral. Frankfurt/Main 2007

Husserl, Edmund: Einleitung in die Ethik. Vorlesungen Sommersemester 1920 und 1924. Gesammelte Werke. Bd. 37. Heidelberg 2004

– I –

Ilting, Karl-Heinz: Anerkennung. Zur Rechtfertigung praktischer Sätze, in: Gerd-Günther Grau (Hg.): Probleme der Ethik. Zur Diskussion gestellt auf der wissenschaftlichen Tagung 1971 des engeren Kreises der Allgemeinen Gesellschaft für Philosophie in Deutschland e.V. Alber, Freiburg im Breisgau/München 1972

International Federation of Social Workers/International Associations of Schools of Social Works: Ethics in Social Works. Statement of Principles 2004. Online unter: www.lienkamp-berlin.de/IFSW-IASSW_Ethics_in_Social_Work_2004_engl-dt.pdf

– J –

Jauch, Ursula Pia: Immanuel Kant zur Geschlechterdifferenz. Wien 1988

Jonas, Hans: Das Prinzip Verantwortung. Versuch einer Ethik für die technologische Zivilisation. Frankfurt/Main 1979

– K –

Kaiser, Wolfgang: Digesten/Überlieferungsgeschichte, in: Der Neue Pauly. Enzyklopädie der Antike. Bd. 13. Stuttgart 1999

Kant, Immanuel: Kritik der Urteilskraft. Wiesbaden 1957

Kant, Immanuel: Kritik der praktischen Vernunft. Grundlegung der Metaphysik der Sitten. Wiesbaden 1956

Kant, Immanuel: Beantwortung der Frage: Was ist Aufklärung. Berlinische Monatsschrift. Dezember-Heft. 1784

Kant, Immanuel: Bestimmung des Begriffs einer Menschenrace, Berliner Monatsschrift November 1785

Kant, Immanuel: Anthropologie in pragmatischer Hinsicht, Leipzig 1912

Kant, Immanuel: Kritik der reinen Vernunft. Werkausgabe Bd. III. Hg. von Wilhelm Weischedel. Frankfurt/Main 1968

Kant, Immanuel: Metaphysik der Sitten. Die Metaphysischen Anfangsgründe der Rechtslehre. Werkausgabe Bd. VIII. Hg. von Wilhelm Weischedel. Frankfurt 1968

Kaufmann, Jean-Claude: Die Erfindung des Ich. Eine Theorie der Identität. Konstanz: 2005

Kettner, Matthias: Moral, in: Düwell, Marcus, Hübenthal, Christoph & Werner, Micha H. (Hg.) Handbuch Ethik, Stuttgart 2002

Kleve, Heiko: „Aristoteles' praktische Philosophie als sozio-politische Begründung der Sozialarbeit" 2000. Online unter: http://www.fhniederrhein.de/fb06/ibs/aristoteles.htm

Kluge, Friedrich: Etymologisches Wörterbuch der deutschen Sprache, 24. Auflage, Berlin, New York 2002

Knapp, Gudrun Axeli/Wetterer, Angelika (Hg.): Achsen der Differenz. Gesellschaftstheorie und feministische Kritik II. Münster 1999

Kohlberg, Lawrence: Die Psychologie der Moralentwicklung. Frankfurt/Main 1995

Kojève, Alexandre: Hegel. Kommentar zur Phänomenologie des Geistes. Frankfurt/Main 1975

Kreisky, Eva: Wider verborgene Geschlechtlichkeit. Die maskuline Unterseite politischer Gerechtigkeitsdiskurse, in: Dornheim, Andreas, Franzen, Winfried, Thumfart, Alexander, Waschkuhn, Arno (Hg.): Gerechtigkeit. Interdisziplinäre Grundlagen. Opladen/Wiesbaden 1999. Online unter: http://evakreisky.at/onlinetexte/gerechtigkeit_kreisky.php

– L –

Langmaack, Barbara: Einführung in die Themenzentrierte Interaktion (TZI) – Leben rund ums Dreieck. Weinheim 2001

Landweer, Hilge: Artikel „Gefühl/ moral sense", in: Düwell, Marcus; Hübenthal, Christoph & Werner, Micha: Handbuch Ethik. Stuttgart 2002

Lévinas, Emmanuel: Außer sich. Meditationen über Religion und Philosophie. Wien 1991

Lévinas, Emmanuel: Die Spur des Anderen. Untersuchungen zur Phänomenologie und Sozialphilosophie. Freiburg/München 1999

Lévinas, Emmanuel: „Die Spur des Anderen. Untersuchungen zur Phänomenologie und Sozialphilosophie. Freiburg & München 1983

Lindsay, Isabel Burns: A Social Worker, Educator and Administrator. Uncompromising in the Pursuit of Social Justice for All, in: Affilia 28. 2008

Lob-Hüdepohl, Andreas: Ethik sozialer Arbeit: Ein Handbuch. Paderborn/München/Wien/Zürich 2007

Löwith, Karl: Das Individuum in der Rolle des Mitmenschen. München 1928

Loraux, Nicole: Die Trauer der Mütter. Weibliche Leidenschaft und die Gesetze der Politik, Frankfurt/Main 1992

Lühe, von der, Astrid: Artikel „Urteil, moralisches", in: Ritter, Joachim, Gründer, Karlfried & Gabriel, Gottfried (Hg.): Historisches Wörterbuch der Philosophie. Basel; Band 11, 200.

Luhmann, Niklas: Die Gesellschaft der Gesellschaft. Erster Teilband. Frankfurt: 1997

Lumer, Christoph: Enzyklopädie Philosophie, Hamburg 2005

Lyotard, Jean-Francois: Der Widerstreit. München 1983

– M –

Maaser, Wolfgang: Lehrbuch Ethik. Grundlagen, Problemfelder und Perspektiven. Weinheim/München 2010

MacIntyre, Alasdair: After Virtue. London 1985

Mall, Ram Ashar/Schneider, Notkar (Hg.): Ethik und Politik aus interkultureller Sicht, Studien zur interkulturellen Philosophie Bd. 5, Amsterdam/Atlanta 1996

Margalit, Avishai: Politik der Würde. Über Achtung und Verachtung, Frankfurt/Main 1999

Marx, Karl: Das Kapital. MEW 23. Berlin: 1972

Marx, Karl: Randglossen zum Programm der deutschen Arbeiterpartei. Gekürzt abgedruckt in: Horn, Christoph/Scarano, Nico (Hg.): Philosophie der Gerechtigkeit. Texte von der Antike bis zur Gegenwart. Frankfurt/Main 2002

Maslow, Abraham Harold: A Theory of Human Motivation, Psychological Review 50, 1943

McLeod, John: Counselling – eine Einführung in Beratung. Tübingen 2004

Mead, George H.: Geist, Identität und Gesellschaft. Frankfurt/Main 1975

Mecheril Paul/Rosenstreich, Gabriele: Diversity als soziale Praxis. Programmatische Ansprüche und ihre Instrumentalisierung in: alice. Magazin der Alice-Salomon-Fachhochschule, Nr. 10/2005, Berlin 2005

Mey, Günter: Erzählungen in qualitativen Interviews – Konzepte, Probleme, soziale Konstruktionen, in: Sozialer Sinn 1, 2001

Meyer, Dorit/Ginsheim, Gabriele: Gender Mainstreaming. Zukunftswege der Jugendhilfe – ein Angebot, Berlin 2002

Meier-Seethaler, Carola: Gefühl und Urteilskraft. Ein Plädoyer für die emotionale Vernunft. München 1997

Mendelsohn, Moses: Über die Frage: was heißt aufklären? Berliner Monatsschrift, Dezember 1784

Merkel, Wolfgang/Krück, Mirko: Soziale Gerechtigkeit und Demokratie: auf der Suche nach dem Zusammenhang, Bonn, 2003, Online unter: http://library.fes.de/fulltext/id/01706.htm

Miethe, Ingrid/Gahleitner, Silke Birgitta: Forschungsethik in der Sozialen Arbeit, in: Karin Bock & Ingrid Miethe. (Hg.): Handbuch qualitative Methoden in der Sozialen Arbeit Opladen: 573-581

Minssen, Heiner: Von der Hierarchie zum Diskurs? – die Zumutungen der Selbstregulation. München 1999

Möller, Susanne: Einfach ein gutes Team – Teambildung und -führung im Gesundheitswesen. Berlin 2010

Morgenstern, Martin und Robert Zimmer: Hintergründe : Die Philosophie und ihre Fragen. Deutscher Taschenbuch Verlag, 1998

Moser, Susanne: Immanuel Kant über die „natürliche" Unterlegenheit der Frau – eine feministische Kritik, in: Institute for Philosophical Research, Bulgarian Academy of Sciences (Hg.): Philosophy between Two Centuries. Sofia 2001

Mührel, Eric (Hg.): Ethik und Menschenbild der Sozialen Arbeit. Sozialpädagogik in der Blauen Eule/Band 6. Essen 2003

– N –

Nadig, Maya: Die verborgene Kultur der Frau – ethnopsychoanalytische Gespräche mit Bäuerinnen in Mexiko; Subjektivität und Gesellschaft im Alltag von Otomi-Frauen. Frankfurt 1986

Nagl-Docekal, Herta: Ist Fürsorglichkeit mit Gleichbehandlung vereinbar? In: DZPh 42 H 6 1994

Nagl-Docekal, Herta: Feministische Philosophie, Frankfurt/Main 1999

Nagl-Docekal, Herta/Pauer-Studer, Herlinde (Hg.): Jenseits der Geschlechtermoral. Beiträge zur feministischen Ethik, Frankfurt/Main 1993

Nassehi, Armin: Die Praxis ethischen Entscheidens. Eine soziologische Forschungsperspektive, in: Frewer, Andreas, Fahr, Uwe & Rascher, Wolfgang (Hg.) Klinische Ethikkomitees – Chancen, Risiken & Nebenwirkungen. Würzburg 2008

Neckel Sighard/Dröge Kai: Die Verdienste und ihr Preis: Leistungen in der Marktgesellschaft, in: Axel Honneth (Hg.): Befreiung aus der Mündigkeit. Paradoxien des gegenwärtigen Kapitalismus. Frankfurt/Main 2002

Negt, Oskar: Wer ist eine gute Lehrerin, wer ein guter Lehrer? In: Erziehung und Wissenschaft. H 6/2010

Noddings, Nel: Caring. A Feminine Approach to Ethics and Moral Education. Berkeley/ Los Angeles/London 1984

Nohr, Barbara/Veth, Silke: Gender Mainstreaming. Kritische Reflexionen einer neuen Strategie, Berlin 2002

Nunner-Winkler, Gertrud: Eine weibliche Moral? Differenz als Ressource im Verteilungskampf, in: Zeitschrift für Soziologie. Jg. 23, Heft 6. 1994

Nunner-Winkler, Gertrud (Hg.): Weibliche Moral. Die Kontroverse um eine geschlechterspezifische Ethik, Frankfurt/Main 1991

Nunner-Winkler, Gertrud/Nikele, Marion: Moralische Differenz oder geteilte Werte? Empirische Befunde zur Gleichheits-/Differenz-Debatte, in: Kölner Zeitschrift für Soziologie und Sozialpsychologie. Sonderheft 41. 2001

Nussbaum, Martha C./Sen, Amartya (Hg.): The quality of life. A study for the World Institute for Development Economics Research (WIDER) of the United Nations University, Oxford 1995

Nussbaum, Martha C.: Gerechtigkeit oder Das gute Leben. Frankfurt/Main 1999

Nussbaum, Martha C.: Vom Nutzen der Moraltheorie für das Leben, Wien 2000

Nussbaum, Martha C.: Langfristige Fürsorge und soziale Gerechtigkeit, in: DZPh, Berlin Jg. 51/2003 H 2. 2003

Nussbaum, Martha C.: Hiding from humanity: disgust, shame, and the law. Princeton/N.Y. 2004

Nussbaum, Martha: Die Grenzen der Gerechtigkeit. Berlin 2010

– O –

Özbek, Tülay & Wohlfart, Ernestine: Der transkulturelle Übergangsraum — ein Theorem und seine Funktion in der transkulturellen Psychotherapie am ZIPP, in: Wohlfart, Ernestine & Zaumseil, Manfred (Hg.): Transkulturelle Psychiatrie – Interkulturelle Psychotherapie, Heidelberg 2006

Okin, Susan Moller: Justice, Gender and the Family, New York 1989

Okin, Susan Moller: Gerechtigkeit und die soziale Institutionalisierung des Geschlechtsunterschiedes, in: Bert van den Brink, Willem van Reijen (Hg.), Bürgergesellschaft, Recht und Demokratie. Frankfurt/Main 1995

– P –

Pantucek, Peter: Ethische Konflikte in der Sozialarbeit. Referat auf der Danube Conference der International Federation of Socialwork – Europa. Bratislava, 30.08.2001. Online unter: http://www.sozialarbeit.at/pantu.doc.

Pauer-Studer, Herlinde: Das Andere der Gerechtigkeit. Moraltheorie im Kontext der Geschlechterdifferenz, Berlin 1996

Pauer-Studer, Herlinde: Einführung in die Ethik, Wien 2003

Perko, Gudrun/Pechriggl, Alice: Phänomene der Angst. Geschlecht – Geschichte – Gewalt, Wien 1996

Perko, Gudrun: Von dämonischen Tiefen zu Wucherungen an der Oberfläche, in: Das Böse ist immer und überall, Hg. Gerburg Treusch-Dieter. Aachen 1993

Perko, Gudrun: Was wir erinnern, in: Lektüren der Differenz, Ingrid Bennewitz (Hg.). Bern 2002

Perko, Gudrun: Respektvolle Umgänge: Über den Dialog, die Idee des Dialogischen und die Rolle der Imagination – von Sokrates über Arendt und Castoriadis, in: Verständigung in finsteren Zeiten. Interkulturelle Dialoge statt »Clash of Civilizations«, Hg. Leah Carola Czollek/Gudrun Perko, Papy Rossa, Köln 2003

Perko, Gudrun: Wie soll ich dich behandeln? Über das Ethos der Anerkennung als Grundlage des Dialoges, in: Quer. Lesen denken schreiben, Hg. Alice-Salomon-Fachhochschule, Nr. 10/04, Berlin 2004. Online unter: http://www.ash-berlin.eu/index.php?id=1055

Perko, Gudrun: Queer-Theorien. Ethische, politische und logische Dimensionen plural-queeren Denkens. Köln 2005

Perko, Gudrun/Czollek, Leah Carola: Diversity in außerökonomischen Kontexten: Bedingungen und Möglichkeiten seiner Umsetzung, in: Re-Präsentationen. Dynamiken der Migrationsgesellschaft, Anne Broden/Paul Mecheril (Hg.), Oldenburg 2007. Online unter: http://bieson.ub.unibielefeld.de/volltexte/2007/1105/html/index.html

Perko, Gudrun/Czollek, Leah Carola: Wie sollen wir handeln? Die Mahloquet als integrative Methode des Dialoges und Konfliktlösungsverfahren in ethischen Konfliktsituationen, in: Handbuch der Intensivpflege. Ein Lehr- und Arbeitsbuch für Mitarbeiter auf Intensivstationen, Gerhard Meyer/Heiner Friesacher/Rüdiger Lange (Hg.), Berlin 2009

Peters, Friedhelm: Diagnosen, Gutachten, hermeneutisches Fallverstehen – rekonstruktive Verfahren zur Qualifizierung individueller Hilfeplanung. Frankfurt 2002

Pfabigan, Doris: Anerkennungstheoretische Überlegungen zum Gesundheitsbegriff, in: Gesundheitsförderung auf Zeitreise. Herausforderungen und Innovationspotentiale auf dem Weg in die Zukunft, Hg. Ingrid Spicker, Gert Lang, Wien 2009

Pieper, Annemarie: Gibt es eine feministische Ethik?, München 1998

Pieper, Annemarie: Einführung in die Ethik. Tübingen/Basel 1994/2000

Pieper, Annemarie/Thurnherr, Urs: Angewandte Ethik. Eine Einführung, München 1998

Plassman, J. O.: „Orpheus" Altgriechische Mysterien. Köln 1982

Platon: Politeia, Stuttgart 1982

Pöggeler, Franz/ Arlt, Fritz: Geschichte der Erwachsenenbildung. Stuttgart 1975

Poliakov, Léon: Geschichte des Antisemitismus, 8 Bde. Frankfurt/Main 1979-1988

Prechtl, Peter: Hume, Artikel in: Lutz, Bernd (Hg.): Metzler Philosophen Lexikon. Stuttgart/ Weimar 1995

– R –

Rapp, Ursula: Macht, Politik und Sehnsucht: Der christliche Liebesbegriff, in: Czollek, Leah Carola/Perko, Gudrun: Verständigung in finsteren Zeiten. Interkulturelle Dialoge statt Clas hof Civilization, Köln 2003

Rawls, John: Eine Theorie der Gerechtigkeit. Frankfurt/Main 1975

Ricœur, Paul: Le Juste 1, Paris 1995

Ricœur, Paul: Das Selbst als ein Anderer. Paderborn 1996

Ricœur, Paul: Ethik und Moral, in: Ders.: Vom Text zur Person. Hermeneutische Aufsätze (1970 – 1999). Hamburg 2005

Ritz, Manuela: Adultismus – ein un-bekanntes Phänomen: Ist die Welt nur für Erwachsene gemacht? In: Hand-buch Kinderwelten. Vielfalt als Chance. Grundlagen einer vorurteilsbewussten Erziehung, Berlin u.a. 2008

Ritter, Joachim/Gründer, Karlfried/Gabriel, Gottfried: Historisches Wörterbuch der Philosophie. Bd. 1-12. Basel 1971-2004

Röttgers, Kurt: Verantwortung nach der Moderne in sozialphilosophischer Perspektive, in: Beschorner, Thomas, Linnebach, Patrick, Pfriem, Reinhard & Ulrich, Günter (Hg.): Unternehmensverantwortung aus kulturalistischer Sicht. Marburg 2007

Rommelspacher, Birgit (Hg.): Die offene Stadt. Interkulturalität und Pluralität in Verwaltung und sozialen Diensten. Dokumentation der Fachtagung vom 23.09.2003 an der Alice-Salomon-Fachhochschule, Berlin 2004

Rommelspacher, Birgit: Anerkennung und Ausgrenzung. Deutschland als multikulturelle Gesellschaft. Frankfurt/Main 2002

Rousseau, Jean-Jacques: Emile oder Über die Erziehung. Stuttgart 1963

Rousseau, Jean-Jacques: Vom Gesellschaftsvertrag oder Grundsätze des Staatsrechts, Hrsg. u. Übers.: Brockard, Hans. Mitarb.: Pietzcker, Eva, Stuttgart 1977 (Erstausgabe 1762)

Rousseau Jean-Jacques: Abhandlung über den Ursprung und die Grundlagen der Ungleichheit unter den Menschen, Paderborn 2008

– S –

Salomon, Alice: Frauenbildung und soziale Berufsarbeit. Berlin/ Leipzig 1917

Salomon, Alice: Leitfaden der Wohlfahrtspflege. Leipzig/ Berlin 1928

Salomon, Alice: Die sittlichen Grundlagen und Ziele der Wohlfahrtspflege, in: Dies.: Ausgew. Schriften. Bd. 3. München/Unterschleißheim 2004

Schaeffer-Hegel, Barbara: Die Freiheit und Gleichheit der Brüder. Weiblichkeitsmythos und Menschenrechte im politischen Diskurs um 1789, in: Deuber-Mankowsky/Ramming/Tielsch (Hg.): 1789/1989. Die Revolution hat nicht stattgefunden. Tübingen 1989

Schattenhofer, Karl: Was ist eine Gruppe? Verschiedene Sichtweisen und Unterscheidungen, in: Edding, Cornelia/ Schattenhofer, Karl (Hg.): Handbuch. Alles über Gruppen. Theorie, Anwendung, Praxis. Weinheim 2009

Schayck van, Andrea: Ethisch handeln und entscheiden. Spielräume von Pflegenden und die Selbstbestimmung des Patienten. Stuttgart 2000

Schmidtbauer, Wolfgang: Hilflose Helfer. Über die seelische Problematik der helfenden Berufe. Reinbek bei Hamburg 1992

Schröer, Hubertus: Vielfalt gestalten. Kann Soziale Arbeit von Diversity-Konzepten lernen? 2005, Online unter: http://www.i-iqm.de/dokus/vielfalt_leben_und_gestalten.pdf (12.06.2006)

Schneider, Johann: Gut und Böse – Falsch und Richtig, Zu Ethik und Moral der sozialen Berufe, Frankfurt am Main, 1999

Schweikardt, Christoph: Die Entwicklung der Krankenpflege zur staatlich anerkannten Tätigkeit im 19. und frühen 20. Jahrhundert. München 2008

Schwemmer, Oswald: Stichwort Gerechtigkeit, in: Enzyklopädie Philosophie und Wissenschaftstheorie, hrsg. von Jürgen Mittelstraß, Band 1, Stuttgart 1995

Siep, Ludwig: Anerkennung als Prinzip der praktischen Philosophie. Untersuchungen zu Hegels Jenaer Philosophie des Geistes. Habilitationsschrift. Freiburg 1975.

Smith, Adam: Theorie der ethischen Gefühle. Hamburg 2004

Solas, John: What kind of social justice do social work seek? In: International Social Work, 51 (6), 2008

Spinoza, Baruch: Ethik in geometrischer Ordnung dargestellt. Hamburg 2007

Stangneth, Bettina: Antisemitische und antijudaistische Motive bei Immanuel Kant? In: Horst Gronke/Thomas Meyer u.a. (Hg.): Antisemitismus bei Kant und anderen Denkern der Aufklärung. Würzburg 2001

Staub-Bernasconi, Silvia: Das fachliche Selbstverständnis Sozialer Arbeit – Wege aus der Bescheidenheit. Soziale Arbeit als Human Rights Profession, in: Wendt, Wolf Rainer (Hg.): Soziale Arbeit im Wandel ihres Selbstverständnisses. Freiburg im Breisgau 1995

Staub-Bernasconi, Silvia: Soziale Arbeit als „Menschenrechtsprofession", in: Wöhrle, Armin: Profession und Wissenschaft sozialer Arbeit. Herbolzheim 2003

Stierlin, Helm: Gerechtigkeit in nahen Beziehungen. Systemisch-therapeutische Perspektiven. Heidelberg 2007

Sorg, Richard (Hg.): Soziale Arbeit zwischen Politik und Wissenschaft. Münster 2003

Stimmer, F.: Grundlagen des Methodischen Handelns in der Sozialen Arbeit. 2006

– T –

Taylor, Charles: Multikulturalismus und die Politik der Anerkennung. Frankfurt/Main 1992

Taylor, Charles: Das Unbehagen der Moderne. Frankfurt/Main 1995

Taporelli d'Azeglio, Luigi: Versuch eines auf Erfahrung begründeten Naturrechts, 2 Bände, Regensburg 1845

Tetens, Holm: Philosophisches Argumentieren. München 2004

Thole, Werner/Cloos, Peter/Ortmann, Friedrich: Soziale Arbeit im öffentlichen Raum. Soziale Gerechtigkeit in der Gestaltung des Sozialen. Wiesbaden 2005

Thukydides: Der Peloponnesische Krieg, Stuttgart 2000

Tronto, Joan C.: Moral boundaries – a political argument for an ethic of care. New York/ London 1993

Tschudin, Verena: Ethik in der Krankenpflege Basel 1988

Thürmer-Rohr, Christina: Die Stummheit der Gewalt und die Zerstörung des Dialoges, in: Utopie kreativ. 2002

Tugendhat, Ernst: Vorlesungen über Ethik. Frankfurt/Main 1993

– V –

Vattimo, Gianni: Zwischen Populismus und Globalisierung. Online unter: http://www.hannah-arendt.de/preistraeger/preis_2002_3.html[2.August 2010]

Vernant, Jean-Pierre: Die Entstehung des griechischen Denkens, Frankfurt/Main 1982

Volz, Fritz Rüdiger: Zur Agorà-Zentriertheit und Oikos-Vergessenheit herrschender Ethiken. Ein indirekter Beitrag zur „Care-Ethik", in: ZfSp 2. Jg. 2004 H 2.2004

Vorländer, Karl: Immanuel Kant: der Mann und sein Werk. Hamburg 1992

Vossenkuhl, Wilhelm: Die Möglichkeit des Guten – Ethik im 21. Jahrhundert. München 2006

– W –

Wagner, Caroline; Zugang finden – Der Umgang mit dementen Angehörigen. Online unter: http://www.wdr.de/tv/service/familie/inhalt/20040707/b_4.phtml[14.April 2006]

Walzer, Michael: Sphären der Gerechtigkeit. Ein Plädoyer für Pluralität und Gleichheit. Frankfurt/Main/New York 1992

Weber, Max: Politik als Beruf. Stuttgart 1992

Weinbach, Heike: Social Justice statt Kultur der Kälte. Alternativen zur Diskriminierungspolitik in der Bundesrepublik Deutschland. Berlin 2006

Werner, Micha H.: Verantwortung, in: Düwell, Marcus, Hübenthal, Christoph, & Werner, Micha H. (Hg.): Handbuch Ethik. Stuttgart 2002

WHO/World Health Organization (1986): Ottawa-Charta. Online unter: http://www.euro.who.int/aboutwho/policy/20010827_2 [4.April 2009]

Wildt, Andreas: Autonomie und Anerkennung. Hegels Moralitätskritik im Lichte seiner Fichte-Rezeption. Stuttgart 1982

Wilken, Udo (Hg.): Soziale Arbeit zwischen Ethik und Ökonomie. Freiburg 2000

Wimmer, Franz: Interkulturelle Philosophie. Eine Einführung, Wien 2004

Winker, Gabriele/Degele, Nina: Intersektionalität. Zur Analyse sozialer Ungleichheiten. Bielefeld 2009

Wittenberger, Gerhard: Emanzipatorische Praxis – Psychoanalyse – Supervision. In: Forum Supervision, 16 (31) 2008

– Y –

Young, Iris Marion: Justice and the Politics of Difference. Princeton/NJ. 1990
Young, Iris Marion: Fünf Formen der Unterdrückung, in: Herta Nagl-Docekal,
    Herlinde Pauer-Studer (Hg.), Politische Theorie, Differenz und Lebensqualität.
    Frankfurt/Main 1996
Young, Iris Marion: Inclusion and Democracy. New York 2000

– Z –

Zeller, Susanne: Wir haben Bürgerpflichten zu erfüllen! Die Begründerinnen der
    Sozialen Arbeit in Deutschland und ihre Bezüge zur (Sozial)Ethik des Juden-
    tums. Online unter: http://www.sowe.fho-emden/Aktuelles/ethik_und_men-
    schenbild_der_sozia.htm [23.9.2001]
Ziegler, Konrat (Hg.): Paulys Realencyclopädie der classischen Altertumswissen-
    schaft, München 1980 (orig. 1859-1931)

Internetadressen

Arbeitskreis medizinischer Ethikkommission: http://www.ak-med-ethik-komm.
de/[23.4.2011]

Canadian Counselling and Psychotherapy Association: http://www.ccpa-accp.ca
[7.5.2011]

Deutscher Ethikrat: http://bundesrecht.juris.de/ethrg/__2.html [23.4.2011]

Ethikkommission: Deklaration von Helsinki/ Weltärztebund: http://www.wma.
net/en/30publications/10policies/b3/index.html[23.4.2011])

Deutsche Forschungsgemeinschaft (DFG): http://www.dfg.de/antragstellung/
gwp/index.html [30.4.2011].

Hochschulrektorenkonferenz (hrk): www.hochschulkompass.de/studium/suche
[30.4.2011]

International Council of Nurses: http://www.icn.ch [7.5.2011]

International Federation of Social Workers (ifsw): http://www.ifsw.org/
f38000032.html [7.5.2011]

Satzung des Arbeitskreises medizinischer Ethikkommission: http://www.
ak-med-ethik-komm.de/documents/SatzungArbeitskreis27.11.2010.pdf).
[23.4.2011]

World Federation of Occupational Therapists: http://www.wfot.org [7.5.2011]

Über die Autorinnen

Ruth Großmaß, Prof. Dr. ist Hochschullehrerin für die Fächer Ethik und Sozial-philosophie; Studium der Fächer Philosophie, Germanistik und Pädagogik, nach längerer Berufspraxis im Arbeitsfeld Beratung seit 2004 Professorin an der Alice-Salomon-Fachhochschule Berlin.

Publikationen 2010: Soziale Arbeit – eine Menschenrechtsprofession? Zur ethischen Dimension der beruflichen Praxis, in: Geißler-Piltz, Brigitte & Räbiger, Jutta (Hg.): „Soziale Arbeit grenzenlos" – Festschrift für Christine Labonté-Roset, 21-34; Hard to reach – Beratung in Zwangskontexten, in: Labonté-Roset, Christine/ Hoefert, Hans-Wolfgang & Cornel, Heinz (Hg.): Hard to reach – Schwer erreichbare Klienten in der Sozialen Arbeit. Berlin; Frauenberatung im Spiegel von Beratungstheorie und Gender-Diskursen, in: Traude Ebermann, Traude/ Fritz, Julia/ Macke, Karin & Zehetner, Bettina: In Anerkennung der Differenz. Feministische Beratung und Psychotherapie. Gießen; Justice versus Care – A Dilemma of Ethics, in: Zaviršek, Darja/ Rommelspacher, B. & Staub-Bernasconi, Silvia (Hg.): Ethical Dilemmas in Social Work. International Perspectives. Ljubljana; Zus. mit Edith Püschel: Beratung in der Praxis. Konzepte und Fallbeispiele aus der Hochschulberatung. Tübingen: dgvt.

Näheres unter: http://www.ash-berlin.eu/organisation/lehrende/dozentenverzeichnis/?dozid=433

Gudrun Perko, Jg. 1962, Mag. Dr. phil. ist Philosoph_in, diplomierte Sozialarbei-ter_in, Wissenschaftscoach, Mediator_in, freiberufliche Trainer_in in Erwachse-nenbildungsbereichen. Gründer_in von perko-profundus. Institut für Wissen-schaftscoaching, philosophische Weiterbildung und Mediation; Mitbegründerin des Institutes Social Justice (http://www.social-justice.eu/). Zur Zeit: Gastprofes-sorin an der FH-Potsdam zu Gender und Diversity Management (Fachbereich Sozialwesen), wo sie u. a. Gender, Queer, Diversity und Ethik unterrichtet.

Publikationen: Verständigung in finsteren Zeiten. Interkulturelle Dialoge statt »Clash of Civilizations«, (Hg.) gem. mit Leah Carola Czollek, Köln 2003; Queer-Theorien. Über ethische, politische und logische Dimensionen des plural-queeren Denkens, Köln 2005; Lehrbuch: Gender und Queer. Grundlagen, Methoden und Praxisfelder (Modul Soziale Arbeit), gem. mit Leah Carola Collek und Heike Weinbach, Juventa, Weinheim/München 2009.

Näheres unter: www.perko-profundus.de

Sachregister